HISTOIRE
DE LA
CAMPAGNE DE 1815

ŒUVRES COMPLÈTES
DE
EDGAR QUINET

10 vol., format gr. in-18, 25 fr.; format in-8, 50 fr.

— PAGNERRE, ÉDITEUR —

Tome I. — Le Génie des religions. — De l'Origine des dieux.
Tome II. — Les Jésuites. — L'Ultramontanisme. — Introduction à la Philosophie de l'histoire de l'humanité. — Essai sur les Œuvres de Herder.
Tome III. — Le Christianisme et la Révolution française. — Examen de la Vie de Jésus-Christ, par Strauss. — Philosophie de l'histoire de France.
Tome IV. — Les Révolutions d'Italie.
Tome V. — Marnix de Sainte-Aldegonde. — La Grèce moderne.
Tome VI. — Les Roumains. — Allemagne et Italie. — Mélanges.
Tome VII. — Ahasvérus.
Tome VIII. — Prométhée. — Napoléon. — Les Esclaves.
Tome IX. — Mes Vacances en Espagne. — De l'histoire de la Poésie. — Les épopées françaises inédites du douzième siècle.
Tome X. — Histoire de mes idées. — 1815 et 1840. — Avertissement au pays. — La France et la Sainte-Alliance en Portugal. — Œuvres diverses.

MERLIN L'ENCHANTEUR

2 vol. in-8, 15 fr.

— MICHEL LÉVY FRÈRES, ÉDITEURS —

PARIS. — IMP. SIMON RAÇON ET COMP., RUE D'ERFURTH, 1.

HISTOIRE
DE LA
CAMPAGNE DE 1815

PAR

EDGAR QUINET

PARIS
MICHEL LÉVY FRÈRES, LIBRAIRES-ÉDITEURS
RUE VIVIENNE, 2 BIS, ET BOULEVARD DES ITALIENS, 15
A LA LIBRAIRIE NOUVELLE
—
1862

Tous droits réservés.

HISTOIRE
DE LA
CAMPAGNE DE 1815

PREMIÈRE PARTIE

LES HISTORIENS DE L'EMPIRE

I

LA FATALITÉ.

Celui-là rendrait à la raison publique un véritable service, qui, sans crainte, sans éblouissement et sans colère, rétablirait la logique et l'enchaînement des choses dans l'histoire de Napoléon. Nous avons tant de goût pour la fable, que nous ajoutons des merveilles aux événements merveilleux. Nous aimons tant la force, que nous sommes toujours prêts à l'assister, à l'augmenter des pouvoirs de notre imagination. Tout

homme qui a courbé les autres sous sa main traîne
après lui une légende qui le grandit par delà les limites de la nature humaine, soit que nous pensions que,
pour nous faire courber la tête, il faille absolument
des demi-dieux, soit que nous soyons si naturellement
courtisans, que notre fantaisie s'exalte à la seule vue
du plus fort. Nous lui prêtons à l'envi le secours de
notre crédulité et de nos superstitions.

Napoléon nous connaissait bien lorsqu'en racontant
ses prospérités ou ses revers, il ne parlait jamais que
d'*étoile*, de *destin*, de *coups de foudre*, comme s'il
s'agissait non d'une histoire arrivée sous nos yeux,
mais d'un monde supérieur, où notre raison n'a rien
à démêler. Ce langage, plus conforme à l'antiquité
païenne qu'à notre époque de critique et de philosophie, nous l'avons conservé. Et quelle peine n'avons-
nous pas à nous en délivrer! Pour les autres époques
des temps modernes, nous consentons à chercher une
explication simple et naturelle des faits; mais, pour ce
que nous appelons l'épopée de l'Empire, nous rejetons
cette méthode raisonnable, nous aimons à laisser dans
le mystère la raison des événements. Il semblerait que
nous ferions déchoir cette épopée si nous rattachions
simplement les effets à leurs causes. Nous brisons la
chaîne qui les unit, prenant je ne sais quel plaisir qui
tient du vertige à contempler ces prospérités, ces ad-
versités, ces sommets et ces abîmes, comme si aucun

lien ne les rattachait les uns aux autres, et que le hasard, ou ce que nous appelons une fatalité inexplicable, une bizarrerie du destin, eût seul changé la face des choses. Les ouvrages les plus considérables de notre temps sur l'histoire de l'Empire ne se sont point encore entièrement affranchis de cette méthode asiatique.

Comment s'en étonner? Cette méthode est celle de Napoléon lui-même; son esprit pèse encore sur les nôtres. Non-seulement il a fait pendant vingt ans l'histoire, mais encore il l'a racontée à sa guise. Jamais homme d'action n'a tant parlé, raisonné, écrit sur ce qu'il a fait; et, de même qu'il a ébloui le monde par ses actes, il l'a jeté dans un autre éblouissement par la manière dont il les a commentés, en sorte que nous sommes restés sous le double joug de ses actions et de sa pensée.

Napoléon n'a pas été un de ces Taciturnes qui maîtrisent la terre sans rien dire. Lui seul au contraire parlait dans un monde muet, et ses explications allaient retentir partout. Aussi longtemps qu'il a parlé dans la victoire, ses réflexions se sont accordées avec la nature des choses. Il a montré admirablement pourquoi il a vaincu à Lodi, à Arcole, à Rivoli, à Marengo; mais c'est surtout après la défaite qu'il a parlé au monde, et il est incroyable combien il a mis d'obstination à prouver que la fortune a eu tort, que les rois et les peuples se sont trompés; car on ne voit pas qu'il ait accepté une seule des leçons de l'adversité. Au contraire, jusqu'au bout il l'a gourmandée comme une coupable qui, par un caprice de femme, a détruit les combinaisons les meilleures de la sagesse et du génie.

Dans une situation si fausse, décidé à soutenir cette lutte à outrance contre le ciel et la terre, j'admire qu'il ait conservé intacte la trempe de son esprit.

Si l'on ne cherche que le drame, c'en est un assurément de voir Napoléon, sur son rocher, repousser comme des outrages les leçons de la mauvaise fortune et s'envelopper de fictions plutôt que d'accepter une seule des vérités qu'elle apporte avec elle. Cette obstination à se tromper l'a servi aux yeux du plus grand nombre. Se proclamer infaillible jusque dans le fond de l'abîme, voilà une sorte de grandeur qui ne manquera jamais d'éblouir le monde. Et l'éblouir, c'est l'asservir encore.

Mais pouvons-nous, devons-nous imiter cette inflexibilité dans un système impossible? Pauvres ilotes, ivres de la gloire d'autrui, voulons-nous prolonger pour notre compte cette résistance à l'évidence, à la vérité? Non, certes! Si Napoléon a pu sans péril pour sa gloire condamner la raison des choses sous le nom de destin, nous ne pourrions l'imiter en cela sans dommage pour notre intelligence. Affranchissons-nous donc du servage d'un grand esprit quand il s'aveugle;

travaillons à émanciper au moins l'histoire. La vérité !
la vérité ! voilà le règne de la liberté durable. Cherchons à y rentrer.

Il devient visible à tous qu'il y a en France, dans le
domaine de l'histoire, un premier effort de l'esprit
français pour échapper à la légende et empêcher qu'une
certaine mythologie ne remplace la vérité. Peu à peu
la figure réelle de Napoléon se dégage au milieu des
traditions fictives qui l'ont plus ou moins voilée. Les
intelligences plus mûres la ramènent forcément aux
proportions purement historiques. Il me semble que
vous ne pourriez citer un ouvrage important sur cette
matière qui ne fasse descendre Napoléon de son piédestal de nuages pour le soumettre aux conditions et
aux lois de la critique ordinaire. Sans parler des *Mémoires du roi Joseph*, tous les ouvrages récents, les
Souvenirs de M. Villemain, l'*Histoire parlementaire* de
M. Duvergier de Hauranne, les derniers volumes de
M. Thiers, la *Campagne de 1815*, par M. le colonel
Charras, aboutissent par des voies différentes à un résultat semblable, la critique formelle du héros, une
sorte de révolte contre la tyrannie de sa mémoire, ou
du moins un besoin manifeste d'échapper aux éblouissements de la renommée. C'est là un signe des temps,
bien faible assurément, mais où il est permis de lire
avec quelque sécurité dans l'avenir.

Vous pouvez en induire déjà que l'esprit français

ne restera pas enveloppé, ébloui des rayons de Napoléon, ainsi que cela est arrivé chez d'autres peuples qui n'ont pas su se dégager à temps de l'étreinte d'un grand homme. L'esprit grec a été irrémédiablement gâté par Alexandre et a pris avec lui la robe orientale. Après César, l'esprit italien est resté césarien jusque dans le moyen âge. Après Charlemagne, la légende carlovingienne s'est répandue. Elle a grandi, elle a régné, elle a possédé les imaginations pendant des siècles. Elle s'est substituée à la réalité, à l'histoire, à la vie elle-même, sans que les intelligences aient fait aucun effort sérieux pour ressaisir la vérité. Chacun de ces grands hommes a projeté après lui une grande ombre dans laquelle des nations entières ont disparu ; éclipsées par des mémoires trop pesantes, elles n'ont eu la force ni de les porter ni de les répudier.

Napoléon n'exercera pas cet empire absolu sur les âmes. Déjà plus d'une s'est relevée et a osé le regarder en face. Soit que notre époque entière répugne à ces sortes de superstitions, soit que l'esprit français y soit particulièrement opposé, chaque jour amène un nouvel effort pour ressaisir impartialement l'histoire et disputer la place à la légende ; mais ces efforts ont besoin d'être soutenus; il faut surtout qu'ils s'appliquent aux événements où la conscience publique est le plus aisément complice de l'artifice ou de la fable. Expliquons-nous sur cela clairement.

II

LA LÉGENDE ET L'HISTOIRE.

Qu'est-ce que la légende napoléonienne? Il y en a plusieurs sortes. Et d'abord il y a celle qui, née simplement de l'ignorance, forme l'histoire pour les grandes masses du peuple. A cette espèce appartient la tradition fabuleuse qui, par exemple, attribue à Napoléon tous les actes utiles, toutes les lois bienfaisantes, toutes les batailles de la révolution française. Cette sorte de fiction rentre dans la classe de celles du moyen âge sur Charlemagne, Attila, Théodoric de Berne. On peut y voir un effort ingénu des masses pour produire de notre temps une mythologie que tout rend impossible. Ce n'est pas de ce genre de fable que j'ai à parler ici.

Il est une autre sorte de légende napoléonienne, celle des classes cultivées, des lettrés, des savants, des historiens même. Elle ne se forme pas ingénument, comme celle de la foule; mais, pour être presque aussi insoutenable que la première devant la raison, elle n'est guère moins tenace. J'appelle de ce nom le parti pris d'arranger l'histoire de Napoléon en dépit des dates, des époques, des lieux, des distances, de la géographie, des documents les plus authentiques, une certaine manière de présenter les choses dont on ne veut plus sortir malgré l'évidence contraire; les grandes maximes du genre humain qui régissent tous les autres peuples exclues de cette histoire et tenues pour inapplicables; une volonté fixe de rejeter le sens commun dès qu'il s'oppose à notre échafaudage; avec plus de connaissances que la foule, le même mépris de l'esprit de suite, la même logique fantasque, souvent le même oubli des faits réels, sans avoir pour excuse l'imagination ou la poésie de la fable.

Par exemple, nous répéterons à satiété que le 18 brumaire était nécessaire pour sauver la France de l'invasion étrangère, et nous savons pourtant à merveille que la France venait d'être sauvée par la bataille de Zurich. Il y a quelques jours, je visitais ce champ de bataille. En revoyant presque intacts, au passage de Dietikon, recouverts d'une épaisse végétation, les vastes travaux de l'armée à sa tête de pont, je n'ai pu m'empêcher de me dire : « Celui qui verra ces travaux, ces redans, ces bastions faits pour un jour, avec une solidité qui a bravé plus d'un demi-siècle (car ils semblent faits d'hier), celui-là pourra juger de la prudence consommée qui se mêlait aux entreprises les plus hardies des armées républicaines, et il ne pourra guère songer que ces armées eussent grand besoin du 18 brumaire pour sauver chez elles la discipline ou les traditions de l'art militaire. »

Nos historiens acceptent le 18 brumaire dans son principe, ils en font la pierre fondamentale de l'édifice; c'est à leurs yeux le salut et la grandeur renaissante de la France. Je le veux bien; mais alors qu'ils gardent une certaine conséquence avec eux-mêmes, sans laquelle l'histoire perd sa propre dignité.

S'il est juste, s'il est heureux qu'un homme seul ait pris sur lui, au 18 brumaire, la responsabilité des destinées de la France; s'il est sage et glorieux que tous les autres se soient démis devant lui et soient rentrés, les yeux fermés, dans la poussière; si c'est une félicité qu'il ait, dès le commencement, détruit, renversé tout obstacle à sa fantaisie; si vous n'avez pour cette journée que des louanges ou des acclamations, veuillez donc considérer que vous vous ôtez par là le droit de blâmer ce même homme, quand il tire les conséquences nécessaires de cette prise de possession de la patrie et des lois. Pourquoi dès lors l'accuser quand il agit en maître? Après l'avoir mis au-dessus des lois, pourquoi lui reprocher de s'en faire un jeu? Vous le placez au pinacle, au-dessus de tous les serments jurés; est-ce à vous de le condamner s'il est pris de vertige? Où est la logique? où est la conscience? où est le simple sens commun?

Vous l'avez fait seul juge de sa grandeur et de votre propre salut. Vous-même, vous avez déchaîné cet Alexandre. De quel droit le gourmandez-vous s'il s'enivre dans la coupe de Darius? Pourquoi voulez-vous l'arrêter à l'Elbe? pourquoi au Niémen? pourquoi lui fermer les Pyrénées, le retenir plus longtemps à Vitepsk, le ramener si tôt sur le Rhin? Vous lui avez lâché la bride et vous vous plaignez qu'il vous emporte plus loin que vous ne vouliez aller. Que signifient ces lamentations sur sa dureté, sa tyrannie, son aveuglement, s'il n'écoute pas vos avis? Vouliez-vous lui donner la toute-puissance pour qu'il ne s'en servît pas? Qu'êtes-vous pour entrer dans ses conseils? Vous l'avez fait de vos mains vous-même de la race des Cambyse. Ces hommes ne prennent point de conseillers. Ils vont, ils poussent les autres devant eux; ils les ensevelissent à leur gré dans la neige ou dans le sable de Jupiter Ammon. Nul n'a donc à leur demander compte de ce qu'ils ont fait.

Voilà la logique de l'histoire. Aussi je ne puis comprendre un historien qui, ayant lui-même ouvert la barrière à l'un de ces hommes et mis les lois sous ses pieds, prétende tout à coup le retenir, lui barrer le passage et en faire un despote modéré. L'intervalle immense que vous avez placé entre cet homme et vous ne peut plus être comblé, car cette différence se compose non-seulement de sa grandeur, mais de votre abaissement ; ce que vous appelez maintenant son égarement, sa folie, qui vous dit si ce n'est pas une sagesse supérieure à la vôtre?

Que les Français de 1799, sous le poids de l'heure présente, sous l'impression immédiate de la force, ignorant d'ailleurs les conséquences que réservait l'avenir, aient accepté aveuglément une œuvre de violence et de ruse dissimulée par la gloire, il faut bien se résigner à le comprendre. Mais que nous, après un demi-siècle, quand nulle nécessité ne nous presse, quand la lumière s'est faite, quand chaque faute a engendré sa part de calamités ou d'opprobres, que nous fermions les yeux à la lumière du ciel pour nous replacer au point de vue nécessairement borné des contemporains ; que de l'expérience si chèrement acquise nous ne fassions rejaillir sur les actes passés aucune lueur de justice ou même de raison, voilà une chose vraiment extraordinaire! Si nos pères, après le premier abandon de la liberté conquise, sont tombés sous un dur régime, quoique glorieux, que méritons-nous donc, nous qui, après soixante années d'expérience, applaudissons encore à cet abandon du droit dans la journée du 18 brumaire, et nous y associons de nouveau sans avoir pour nous l'excuse de l'ignorance ou de la surprise? Qu'est-ce qui nous est réservé, si, dans cet intervalle rempli de tant d'enseignements, nous n'avons rien appris? Dans l'histoire, nous ajoutons à la servitude des temps passés la servilité de nos âmes; de tout cela se forme dans nos narrations un ensemble pire cent fois que la réalité que nous avions à décrire.

N'imitez plus Napoléon dans le récit qu'il fait du 18 brumaire. Ce récit, nu, pauvre, haché, mesquin, est la seule de ses œuvres où l'on ne sente pas même la vertu de la force. La nécessité où il s'est condamné de divulguer lui-même ses rôles appris, ses fausses caresses, ses dissimulations à table, au lit, au conseil, abaissent outre mesure son esprit. César n'a pas écrit les anecdotes cavalières du passage du Rubicon.

Cette manière de concevoir l'histoire de Napoléon n'est pas seulement la destruction de la logique, c'est surtout la destruction de toute idée de dignité et de justice; car, s'il est peu raisonnable de condamner sans merci les vertiges du pouvoir absolu que l'on a fait soi-même, il est peu juste et peu digne de se plaindre d'avoir eu à en souffrir. Il serait trop commode que l'on pût à son gré déchaîner ou retenir de tels maîtres et frapper l'univers avec ces marteaux de Dieu sans en ressentir pour son compte aucun dommage. Cela ne se peut et cela ne se doit pas. L'exemple serait trop mauvais pour le monde, si un peuple pouvait s'abandonner aux fantaisies d'un seul sans avoir rien à souffrir ni dans sa dignité, ni dans sa paix, ni dans sa prospérité.

Ainsi, dès le commencement, notre conception de l'histoire de Napoléon chancelle sur sa base. Cette conception n'a aucune force logique, elle appartient à la fantaisie toute seule, non pas à la raison. Nous voulons le germe et nous ne voulons pas l'arbre. Nous voulons bien la servitude, mais nous voulons qu'elle s'exerce à notre caprice. Nous consentons de grand cœur à être esclaves, mais nous voulons brider le maître. Nous acceptons la cause, nous rejetons l'effet. Voyons s'il n'est aucun moyen d'accorder l'une et l'autre.

III

PRINCIPES DES CAMPAGNES DE 1812, 1813, 1814.

Pour ramener l'histoire de Napoléon aux conditions de toute autre histoire humaine, il faut bien reconnaître que le 18 brumaire contient en soi l'Empire et que l'Empire contient tout ce qui a suivi jusqu'à sa chute, en y comprenant les deux invasions de 1814 et de 1815. Cette proposition est si simple, qu'on s'étonne d'avoir à la rétablir dans nos histoires, puisqu'elle n'est rien autre chose que l'exposition abrégée des faits.

En même temps qu'ils acceptent le 18 brumaire comme la source d'où découlent leurs récits, nos historiens déclarent que la France était incapable de se régir par elle-même; il lui fallait se remettre entre les mains d'un sauveur qui penserait et agirait pour elle. Tout l'avenir prochain allait donc dépendre du caractère, du tempérament de ce sauveur, et, si la nature en a fait le plus grand homme de guerre des temps modernes et le plus impatient de domination, il est évident que les conquêtes deviendront l'occupation de sa vie, la loi de sa destinée. Si d'ailleurs, par ses origines, par sa descendance étrangère, il a dans son esprit un certain idéal de pouvoir que lui seul possède, il n'est pas moins évident qu'il se servira de toutes les forces de la France pour réaliser cette idée particulière. Si de plus cette idée se trouve fausse et irréalisable, il est encore manifeste qu'il se servira de la France comme d'un instrument, jusqu'à ce que cet instrument se brise entre ses mains dans une œuvre impossible. La logique sera maintenue dans l'histoire, parce qu'on y verra les causes produire leurs effets, et la justice aussi sera sauvée, parce qu'un grand peuple sera puni de ses complaisances pour un seul, et un homme de ses caprices au détriment de tous. Par là, les choses seront liées entre elles. Elles contiendront la raison des événements. Ce sera une base ferme et sensée sur laquelle vous pourrez asseoir le récit des faits, sans crainte d'être en perpétuelle contradiction avec vous-même et de voir votre œuvre se ruiner à mesure qu'elle avance.

Si cela est vrai, il reste à savoir quelle était l'idée propre à Napoléon, celle qui n'appartient qu'à lui, à quelle forme de pouvoir il aspirait naturellement par son origine. Ce n'est pas répondre que de dire qu'il aspirait à la domination, au pouvoir absolu, comme tant d'autres conquérants. Non, il faut préciser davantage. La forme de pouvoir à laquelle aspirait Napoléon n'avait rien de vague; elle avait un caractère, un nom particulier, une tradition déterminée. Elle s'appelait le grand empire.

Or, à quelle tradition française appartient l'idée de ce genre de pouvoir? Elle n'appartient à aucune époque suivie de la France du moyen âge ou de la France moderne. Parmi tous les hommes qui ont pu rêver chez nous la puissance absolue, Louis XI, Richelieu, Louis XIV, il n'en est aucun qui ait rencontré ou imaginé cette forme; elle n'est pas française.

D'où vient-elle donc? J'ai montré ailleurs [1] que Napoléon demeure inexplicable, si l'on ne voit en lui son origine italienne, qui a marqué son esprit du sceau des grands Italiens. C'est dans son ascendance florentine, gibeline, qu'il a trouvé cet idéal invétéré chez lui du grand empire gibelin, carlovingien, que ne pouvait lui donner aucune des formes, aucune des magistratures de la Révolution française, ou même de la monarchie moderne. Cet empire sans limite, *qui n'est pas même circonscrit par l'Océan*, se trouve au fond de l'esprit de presque tous les hommes importants d'Italie; cette même pensée s'est naturellement retrouvée et développée dans Napoléon à mesure qu'il s'est vu maître

---

[1] *Les Révolutions d'Italie*, liv. IV, chap. II

de donner un libre cours à ses fantaisies par l'abdication de la France.

Construire l'empire gibelin, carlovingien, tel qu'il a été rêvé par le génie renaissant de l'Italie, lui conquérir ses frontières imaginaires, faire servir à ce résultat impossible les forces de la Révolution française, voilà quel est devenu le but du grand Italien qui s'est servi du bras de la France. Et, comme cette idée appartient à l'imagination plus qu'à la raison, voilà pourquoi vous voyez cette chose surprenante, une politique si fantasque, si impossible chez un homme d'un si grand calcul; car cette pensée de l'empire gibelin, universel, étant chez lui une tradition de race, en avait la ténacité; il lui parut légitime de jouer la fortune de la France pour cette imagination.

Si vous ne vous placez au foyer même de l'esprit de l'Italie, il est impossible de s'expliquer la conception de Napoléon, ce qu'elle a de chimérique pour nous, ce qu'elle avait de saisissant, d'entraînant, d'irrésistible pour lui. La *monarchia del mondo*, cette idée qui se montre chez le moindre chroniqueur italien et fait le fond de la politique de Dante, devient aussi le fond des entreprises de Napoléon; mais, si cette fantaisie ruineuse n'avait pas détruit l'ouvrage du poëte, elle ne pouvait manquer de détruire l'ouvrage du conquérant.

Nous ne comprenons pas que Napoléon n'ait pas

voulu s'arrêter à telle frontière, écouter tel conseil que la sagesse la plus vulgaire aurait entendu. Si nous descendions plus avant dans sa pensée, nous y trouverions l'explication du vertige; nous nous apercevrions qu'il voyait des yeux de l'esprit cet empire légendaire, qu'il s'était identifié avec cette imagination d'une race d'hommes, et se sentait périr s'il en laissait la moindre partie. Chose étrange! c'est précisément ce fond chimérique qui a séduit le plus l'imagination des hommes, comme si d'être sacrifiés pour une fumée leur semblait la destinée pour laquelle ils sont faits!

Rien de plus effrayant qu'une idée fausse qui se rend maîtresse d'un grand esprit; elle y prend des proportions gigantesques. Ce qui fut d'abord entamé dans Napoléon, c'est le politique. Il modela son empire sur l'empire légendaire, non de l'antiquité, mais du moyen âge; et, comme il avait des barons et des ducs, il voulait aussi avoir des rois vassaux et un pape vassal, ce qui fit que ses conquêtes n'avaient aucune solidité. Comme il désespérait ses adversaires et qu'il ne les détruisait pas, comme il humiliait les peuples et qu'il ne les possédait pas, il ne pouvait manquer d'arriver que tous ses ennemis, qu'il laissait subsister, se relevassent contre lui à la première occasion. Baylen souleva toute l'Espagne, Moscou toute l'Europe.

Ce qu'il y eut de décisif, c'est que les fausses idées qui altéraient sa politique finirent par altérer ses combinaisons militaires. Dès lors l'empereur perdit le général. Et cela se reconnaît dès le commencement des affaires d'Espagne. Quand on voit ces trois ou quatre armées d'Andalousie, du centre, d'Aragon, de Portugal, agir séparément, sans presque aucun lien entre elles, on cherche sans les retrouver les principes des campagnes précédentes : ils commencent à passer chez l'ennemi. De notre côté, le besoin d'avoir l'air de posséder ce que nous ne possédons pas nous entraîne à occuper toutes les provinces à la fois au risque de n'en garder aucune.

Dans les campagnes d'Italie, vous admirez un général qui ne donne rien à la fumée, à l'apparence, aux vaines imaginations. Tout est réservé pour l'utile. Il refuse d'aller occuper Rome, grande occasion pourtant de vain éclat et d'inutile renommée. Combien en Espagne on est loin déjà de cette sagesse accomplie ! Ce n'est plus un général décidé à vaincre, c'est avant tout un monarque qui doit faire croire au monde qu'il tient toutes ses provinces dans sa main. Le politique ruine déjà le capitaine.

Pour pallier le désastre de Baylen, avant-coureur de Moscou et de Leipzig, la légende imagine que ce champ de bataille est un défilé, une gorge hérissée au milieu de montagnes inaccessibles ; et cette géographie fabuleuse devient le fond de presque tous les récits. J'ai vu ces lieux funestes : c'est une plaine à peine ondulée, et semée de champs d'oliviers ouverts de toutes parts. Malgré l'évidence, la légende persistera dans sa topographie fictive. Que dirait-on d'un historien qui s'obstinerait à élever des *sierras* impraticables entre Paris et Saint-Denis ?

Si Napoléon a accusé l'hiver dans la campagne de 1812, il n'a pu accuser que lui-même dans celle de 1813; car alors ses plus belles combinaisons militaires, ses plus heureuses inspirations, ont été visiblement entamées et corrompues par les fausses idées qui obsédaient son esprit en ce temps-là.

On demande pourquoi la stratégie intéresse par elle-même, indépendamment de la cause à laquelle elle s'applique. En voici la raison : l'art militaire est une géométrie vivante dans laquelle la raison s'exerce avec toute sa plénitude. La moindre erreur de calcul, la moindre disproportion entre la conception et la réalité, sont punies dans cet art par des châtiments foudroyants. Toute prédominance de l'imagination sur le possible, tout désaccord entre le but et le moyen, détruisent en même temps l'œuvre et l'ouvrier. Or, il est certain que les conceptions militaires de Napoléon en 1813 ne donnent plus à votre esprit cette sécurité, cette satisfaction, qui naissent de l'accord véritable, mathématique, entre les moyens et le but. Napoléon ne se contente plus du possible, il veut regagner d'un seul coup de dé tout ce qu'il a perdu. Il fait entrer le hasard dans ses combinaisons pour une part qu'il ne lui avait jamais accordée.

Et d'abord, pour accomplir la vision du grand empire et en tenir les frontières imaginaires, il faut bien ensevelir 190,000 de ses meilleurs soldats, qu'il ne reverra plus, dans les garnisons de la Vistule, de l'Oder, de l'Elbe, 30,000 à Dantzig, 40,000 à Hambourg, 30,000 à Dresde, 20,000 à Magdebourg, autant à Torgau. Cette base vicieuse, chimérique, donnée à sa conception générale de la campagne, ne pourra être corrigée par aucun succès de détail. Dès ce moment, vous voyez un esprit inépuisable qui enfante, sous le coup de la nécessité, des plans grandioses ; et ces plans les plus magnifiques se retournent contre lui, parce qu'il leur a ôté la base solide qui les rendait possibles. Plus ses conceptions sont hautes, plus elles retombent avec fracas sur lui pour l'écraser. Là où un esprit médiocre eût pu sauver de grands débris, se retirer à temps, imposer peut-être une paix honorable, le plus beau calculateur du monde ne peut que précipiter sa chute, car il y fait servir sa force entière. Il lui faut un Marengo, un Austerlitz, ce qu'il appelle *un coup de foudre*. Pour ressaisir ce tonnerre dont la mémoire l'obsède et l'éblouit, il foulera aux pieds ses propres règles, il enflera ses projets. Nous voulons bien, s'il le faut, admirer la pensée de se rejeter contre l'armée de Silésie après avoir battu à Dresde l'armée de Bohême; mais cette entreprise démesurée n'en est pas moins cause qu'il laisse la victoire de Dresde inachevée et qu'il précipite Vandamme dans le gouffre de Culm.

Il y eut un autre malheur dans cette campagne : les ennemis ont enfin appris de lui l'art par lequel il les a vaincus. Ce sont eux qui, par cette marche concentrique sur Leipzig, appliquent ses maximes. C'est lui qui les enfreint par la dissémination de ses forces aux extrémités de son empire imaginaire; non qu'il ne sût mieux que personne comment il fallait vaincre, mais parce qu'il était la proie d'une idée fausse, parce qu'il comptait sur l'étoile de l'Empire, sur le soleil d'Austerlitz, et qu'il faisait entrer pour une trop forte part sa grande imagination dans un art qui l'exclut. Si dans les campagnes d'Italie, en 1796, 1797, il eût agi comme dans la campagne de 1813, si, au lieu de se concentrer autour de Vérone, il eût voulu à la fois continuer le siége de Mantoue, occuper Rome, menacer Naples, s'assurer la Toscane, c'est-à-dire éblouir au lieu de frapper, il eût trouvé en 1797 Leipzig à Arcole et à Rivoli.

Tout événement de guerre étant, d'après Napoléon, un drame qui a son commencement, son milieu et sa fin, la campagne de 1812 a été le premier acte de l'invasion de la France; la campagne de 1813 a été le second. Celle de 1814 a un caractère particulier qu'il faut signaler aussi. Comme tous les hommes qui sont consommés dans une science ou dans un art dont ils ont outre-passé les limites, Napoléon en 1814 a fini par demander à son art ce que celui-ci ne peut donner en aucun cas, la puissance de remplacer un peuple dans la défense de son territoire contre l'univers conjuré. Napoléon s'est obstiné à croire dans cette campagne que la science de la guerre possède ce secret, qu'elle pouvait faire ce miracle et remplacer une nation armée. Il a cru à la toute-puissance de la stratégie : cela n'a pas servi médiocrement à le perdre, et nous par lui et avec lui. Au moindre succès, il comptait sur la restauration subite du grand empire chimérique de Hambourg à Rome. A Châtillon, il se revoyait sur la Vistule, et il est de fait que jamais peuple ne fut tenu endormi dans une pareille ignorance du danger de mort qui pesait sur lui. En Espagne, en Russie, en Allemagne, les peuples étrangers avaient été armés pour la défense de leurs foyers; pour nous, nous étions déjà enveloppés que nous ne soupçonnions pas même qu'il pût s'agir de nous.

Nul appel, nul avertissement, nulle parole de confiance à cette nation sur qui on avait déchaîné les colères du monde. On attendait pourtant quelque chose, mais vaguement. Je me souviens que, moitié insouciance d'enfant, moitié attente, je m'acheminai sur la grand'route. Il pleuvait. Je vis des cavaliers en manteaux blancs qui s'approchaient et formaient une longue file jusqu'à l'extrémité de l'horizon : c'était l'invasion qui s'étendait silencieusement sur notre bourgade! La France était aux mains de l'ennemi que nous n'en savions rien encore.

IV

RELATIONS ÉCRITES PAR NAPOLÉON. — LES HISTORIENS RÉCENTS.

Nous voici arrivés par une pente irrésistible à la seconde invasion ; nous touchons à 1815 et à Waterloo. C'est là que je veux m'arrêter, puisqu'aussi bien, depuis six ans[1], j'ai ce champ de bataille pour unique horizon, et que, dans ce long intervalle, j'ai eu autant d'occasions que personne de réfléchir sur ce désastre et d'en chercher les causes. Moi aussi, je connais ce tombeau, parce que je l'habite.

Lorsque de pareilles calamités se renouvellent coup sur coup, il est peu raisonnable d'imaginer qu'elles ont été produites par une circonstance fortuite, un ordre oublié ou négligé, un orage, une pluie qui s'obstine. Non, la fortune, toute capricieuse qu'on la fait, ne l'est pas à ce point. Elle est mobile, elle n'est pas insensée. Quand de semblables désastres se répètent,

[1] Écrit en 1857.

avouons qu'un vice profond, irrémédiable, était dans les choses et dans l'homme. Il y a eu non pas seulement une faute (car la fortune est quelquefois assez bonne pour ne pas les punir toutes), mais une accumulation de fautes qui sont devenues irréparables à cause de leur nombre même.

Napoléon a raconté avec une complaisance visible ses premières campagnes : Toulon, l'Italie, l'Égypte, Marengo, forment dans ses *Mémoires* un récit continu. Évidemment il s'est plu à décrire avec sérénité, dans le langage transparent des mathématiques, cette géométrie héroïque, dans laquelle chaque théorème est une bataille. Par malheur, il s'est arrêté à la première moitié de sa vie; il a pris Marengo pour borne, soit que le mal de l'exil qu'il avait fait connaître à tant d'autres l'ait saisi à son tour et l'ait dégoûté même de la renommée, soit que la maladie l'ait empêché de dicter plus longtemps. On peut aussi penser qu'il a voulu s'arrêter sur ce sommet de Marengo, où aucun nuage ne se montrait encore; il aura refusé d'attacher trop longtemps son esprit et ses yeux sur cette pente rapide de l'Empire, qui, à travers la toute-puissance, le menait si vite au dénoûment de Sainte-Hélène. Quoi qu'il en soit, vous ne trouvez dans ses récits aucune trace du second intervalle de sa carrière. Le long espace compris entre 1800 et 1815, c'est-à-dire tout l'Empire, reste vide dans ses *Mémoires*, comme s'il eût tenu voilées les victoires déjà trop achetées d'Essling, Wagram, Friedland, la Moscova. Sans doute ces journées approchaient trop de la catastrophe ; elles la lui dissimulaient trop mal. Et c'est la raison pour laquelle il s'est attaché exclusivement dans son récit aux deux époques extrêmes de sa vie : à la première parce qu'il y goûtait une gloire sans ombre et sans appréhension, à la dernière parce qu'il y avait trouvé sa ruine, et qu'il fallait s'en justifier devant lui-même et devant la postérité.

Aussi la campagne de Waterloo a-t-elle pris une grande part dans ses travaux d'historien. Après le long silence gardé sur tout l'Empire, il est revenu à diverses reprises sur cette campagne. Il en a fait au moins deux relations achevées, sans compter les versions qui ne sont pas venues jusqu'à nous. La première de ces relations a été rapportée de Sainte-Hélène par le général Gourgaud ; elle a même paru sous son nom. C'est elle qui a fixé l'opinion sur cette matière. Tous les faits que cette relation a avancés ont été admis sans contrôle. Tous les hommes qu'elle a accusés sont restés condamnés sans examen. La foule, le peuple, les gens du monde, les écrivains, les historiens, ont été saisis de la même passion de crédulité et quelquefois d'injustice. Personne, pour ainsi dire, n'en est revenu encore, tant un grand capitaine qui écrit son apologie est d'abord invincible ! car, à la première lecture de ces pages nerveuses, hâtives, impérieuses, qui flétrissaient la fortune, il n'est aucun de nous qui n'ait reconnu la main d'où elles sortaient, et qui ne se soit écrié : « C'est lui ! »

Cependant cette première relation, ardente encore du feu de la bataille, n'était qu'un premier jet, une ébauche de Napoléon. Il a fait une seconde histoire de la campagne de 1815, et cette fois lentement, revenant, avec une patience dont on ne l'eût pas cru capable, sur le fond et sur la forme des choses. Que ceux qui ont avancé qu'il s'inquiétait peu des conditions de l'écrivain l'ont mal connu ! Plût à Dieu qu'il n'eût pas possédé cet art dans sa plénitude ! Il eût moins aisément ébloui la postérité sur ses fautes, il eût laissé une plus entière liberté de jugement ; car, pour le coloris, pour la force d'exposition, le mouvement, l'art de surprendre la raison, de convertir en drame les incidents de la stratégie, Napoléon n'a point de maîtres. Comment m'étonnerais-je de l'éblouissement que cette narration a causé ? Toutes les fois que je la relis, la grandeur majestueuse du récit, l'émotion des détails, le pathétique des choses, me gagnent à mon tour. Moi aussi, pris au piége du génie, je suis près de n'accuser que l'aveugle fatalité. Je ne trouve aucune faute dans celui qui s'enveloppe de cette magie ; j'oublie la raison, j'oublie la vérité, j'ajourne la justice, la liberté ; il faut pourtant y revenir.

Au reste, quelque supériorité de tout genre que cette seconde relation ait sur la première, elle passa inaperçue. Un petit nombre d'hommes du métier la lurent; le public l'ignora, il l'ignore encore aujourd'hui. Combien de personnes éclairées, instruites même, confondent encore les *Mémoires* de Napoléon avec le *Mémorial* de Las Cases! L'impression que le monde avait reçue était fixée, il ne voulait plus s'en départir. Napoléon lui-même n'eût rien pu changer à cette première émotion causée par le premier écrit de Napoléon à Sainte-Hélène.

Outre le besoin de l'apologie, il y avait une autre cause qui avait dû altérer profondément l'histoire de cette campagne. Le chef de l'armée n'avait plus revu ses lieutenants depuis le moment du désastre; il n'avait pas entendu de leur bouche le récit des faits auxquels ils avaient participé, leurs explications, leurs excuses, quelles difficultés ils avaient rencontrées, à quel moment ils avaient reçu les ordres, à quel autre ils les avaient exécutés. Réduit pour la première fois à la connaissance des choses qui s'étaient passées immédiatement sous ses yeux, il restait dans l'incertitude sur toutes les autres. Il était obligé de combler le vide en imaginant ce qu'il n'avait pu connaître. Souvent ces imaginations, envenimées par l'adversité, étaient tout l'opposé du vrai. C'est ainsi, et par d'autres raisons de ce genre, que cette relation, si riche de coloris, de mouvement, composée avec un art infini, a entraîné les historiens à se jouer avec elle des lieux, des temps, des distances. Tous ne firent que la répéter ou la transcrire, sans que l'idée soit venue chez nous à personne d'y appliquer les règles les plus simples de la critique ordinaire.

En 1840 seulement, c'est-à-dire vingt-cinq ans après l'événement, un homme qui a trop peu vécu, déjà cher à l'armée, poussé alors par un sentiment pieux envers un père illustre, fit une première tentative pour détromper la France. M. le duc d'Elchingen, dont une partie de la vie a été employée à scruter profondément cette journée des Quatre-Bras dans laquelle on a voulu ensevelir la mémoire du maréchal Ney, publia un ouvrage important sous un petit volume. Ce n'était point des récriminations, comme on pouvait s'y attendre, mais les papiers mêmes de l'état-major du maréchal Ney, les ordres de marche, de mouvement, d'attaque, les lettres, les instructions de Napoléon durant les quatre journées de la campagne de 1815. Le duc d'Elchingen avait eu l'heureuse idée de faire une sorte d'enquête auprès des commandants de corps, Reille, d'Erlon, auprès des aides de camp de l'empereur, Flahaut, Dejean, chargés de porter les ordres, auprès du major général Soult, et il donnait les réponses originales de ces généraux aux questions précises qu'il leur avait posées. Par là, il assurait à l'histoire le témoignage de quelques-uns des principaux acteurs pendant qu'ils vivaient encore. Avec une discrétion, une modération que, pour ma part, je ne puis trop admirer dans une cause si poignante, le duc d'Elchingen se contenta d'ajouter à ces documents précis, à ces pièces officielles, un commentaire en peu de lignes sur les dates, les distances à parcourir. Il n'y avait là aucune de ces argumentations à double tranchant où la stratégie se complaît quelquefois, car elle aussi a ses sophismes. C'était un simple appel à l'évidence, au sens commun. Ce recueil de documents authentiques était la première base solide pour une histoire militaire de la campagne de 1815.

Admirez ici la puissance invétérée de la légende dans les classes même savantes. Il vous semble que tout le monde eût dû être frappé de voir les ordres authentiques de Napoléon, le 15, le 16, le 17 juin 1815, en pleine contradiction le plus souvent avec les récits de Napoléon à Sainte-Hélène. Il semble au moins que les historiens de profession eussent dû prêter quelque attention à ces faits si graves, soudainement révélés, les discuter au moins, les accepter ou les nier. Il n'en fut rien. En dépit des documents officiels, authentiques, placés sous leurs yeux, les historiens s'obstinèrent à ne pas même en faire mention : ils ne les regardèrent pas, ils ne les contredirent pas. Leurs yeux étaient éblouis par la version de Sainte-Hélène, leur siége était fait ; ils continuèrent de la transcrire sans y changer un mot.

Un seul écrivain militaire et, il est vrai, l'un des plus considérables, le général Jomini, grand admirateur de Napoléon même après avoir passé dans le camp ennemi, fut ému, ébranlé par ces faits qui venaient à la lumière. Il reconnut que ces faits jetaient un *nouveau jour* sur la campagne de Waterloo. Bien que son siége aussi à lui fût achevé, bien que son *Précis historique et militaire* fût déjà imprimé, il n'hésita pas à corriger ses vues; il eut la rare bonne foi d'y faire d'importants changements, comme on peut le voir dans sa correspondance avec le duc d'Elchingen, sur laquelle je serai forcé de revenir plus tard.

Ainsi quelques mots, quelques notes timides, voilà tout ce que la vérité et l'évidence avaient pu gagner chez nous en un quart de siècle sur les versions et les imaginations de Sainte-Hélène; tant on avait peur de diminuer Napoléon ou plutôt de le contredire, certain que l'on aurait contre soi les superstitions de la foule, qui aime son aveuglement et ne veut point en guérir.

Il fallait pourtant sortir à la fin de cette sorte d'incantation, s'il est vrai que l'histoire est, non pas un jeu, mais une vérité. Après quarante ans, il était temps de regarder en face cette grande catastrophe, et, si

Napoléon y est pour quelque chose, le moment était venu de le dire, de le montrer et de le publier sans mollir. Pour moi, j'avoue que j'attendais avec impatience qu'un écrivain se livrât à ce travail de critique, qui m'avait semblé, dès la publication du duc d'Elchingen, une des nécessités de notre époque. Dans mon trop d'impatience, j'en avais même ébauché quelques points dès 1844. Je comptais d'ailleurs sur la clairvoyance de M. Thiers pour satisfaire ce besoin de vérité que tous les récits de Waterloo avaient excité en moi sans y répondre. Ayant ouï dire, à tort, que M. Thiers ne traiterait pas de la campagne de 1815, je désespérais presque de voir, de mon vivant, cette restauration attendue de l'histoire militaire des Cent-Jours, lorsque je sus qu'un homme parfaitement compétent et préparé, M. le colonel Charras, avait pris cette tâche. Il me semble l'avoir remplie avec la vigueur d'esprit nécessaire en pareille matière.

Pour cela, il fallait des conditions qui se rencontrent rarement, car on ne trouve point ici, pour se guider, l'immense correspondance de Napoléon, qui, en d'autres époques, vous conduit presque à coup sûr. Au milieu de cette mêlée de plaintes, d'accusations, de justifications entre Napoléon et ses lieutenants, entre les apologistes de Ney et Gourgaud, entre Grouchy et Gérard, entre les Anglais et leurs alliés qui se disputent leur part de victoire, comme les autres se renvoient leur part de défaite, le discernement militaire est presque aussi nécessaire que sur le champ de bataille. Il fallait donc un écrivain qui eût passé une partie de sa vie dans les camps, à l'école de nos meilleurs généraux. Officier en Afrique depuis 1841, chef des affaires arabes, après s'être distingué dans le combat de Djida et dans la belle opération qui réduisit le califat Sidi-Embarek, l'auteur remplissait la première de ces conditions. Elle ne suffisait pas ; il devait en outre avoir manié les ressorts de l'administration d'une grande armée. Les circonstances avaient aussi donné cet avantage à l'auteur, qui, en qualité de sous-secrétaire d'État, avait contribué à mettre l'armée sur le pied de guerre et à la préparer à tout événement. Après avoir aperçu la vérité, il s'agissait d'oser la dire. Pour cela, il était nécessaire que l'amour de la vérité et de la France l'emportât sur toutes les considérations ordinaires de complaisance, de routine ou de vanité. Enfin, et par-dessus tout, il fallait être libre d'idolâtrie envers Napoléon. A chacun de ces points de vue, l'histoire critique de la campagne de 1815 ne pouvait tomber en de meilleures mains que celles de M. le colonel Charras.

J'ai entendu faire deux objections à son ouvrage. La première est singulière. C'est le sujet même que l'on conteste. Pourquoi, disent quelques personnes, raconter un désastre tel que celui de Waterloo? N'est-ce pas un devoir de l'ensevelir dans l'oubli? Le patriotisme, n'est-ce pas de dire avec le poëte :

> Jamais son nom n'attristera mes vers?

J'avoue que je suis d'une opinion bien opposée. Je crois que nous avons assez gémi sur cette journée pour avoir acquis le droit d'en scruter les causes et d'en chercher l'auteur. Il me semble que toute la génération à laquelle j'appartiens a été conduite par des raisons à peu près semblables à la même pensée. Une marque de force chez un peuple, n'est-ce pas de sonder ses plus grandes blessures? C'est du moins la chose la plus utile quand le moment est venu de la faire avec maturité. Il y a un grand courage à manier stoïquement ses plaies, et la France ne doit manquer d'aucune sorte de courage. Qui jamais a reproché à Thucydide d'avoir décrit en deux livres le désastre de la campagne de Sicile, le Waterloo des Athéniens?

La seconde objection est presque aussi étrange. On voudrait que l'auteur eût été plus avare de détails militaires, qu'il eût moins accordé à la stratégie et plus à la politique. Fallait-il donc retrancher du sujet le sujet lui-même? Le côté neuf de cette histoire, fait pour attirer un esprit solide, est précisément le côté militaire. C'est là que tout est en litige, excepté l'incomparable bravoure des combattants. Napoléon est-il, oui ou non, responsable du désastre de l'armée française? Telle est la question : ample matière non encore épuisée, à peine effleurée chez nous.

Je suppose que l'auteur a dû être tenté plus d'une fois de s'étendre outre mesure en considérations générales sur les Cent-Jours; il aurait eu besoin, j'imagine, de peu d'efforts pour se laisser aller à cette pente. Je le loue d'y avoir résisté. Il a bien fait de s'attacher principalement au nerf de son sujet, et de réserver, pour le traiter à fond, ce qu'il a d'énergie stoïque et de précision dans l'esprit. Par cette réserve, il a échappé au reproche d'avoir composé un ouvrage de parti. Ceux mêmes qui eussent été le plus disposés à lui adresser ce reproche seront obligés, je crois, de reconnaître que la science pratique des faits, la recherche minutieuse des détails, la vue de l'ensemble, l'intelligence des grandes opérations, l'approximation patiente de la vérité, peuvent difficilement être portées plus loin; et ils en concluront que l'auteur s'est placé par cet ouvrage au premier rang des écrivains militaires de notre temps. J'ai vu, revu tous les lieux dont il parle; j'ai fait mesurer de longues distances sur lesquelles on dispute encore; je n'ai pu le prendre en faute sur un point de quelque importance. Quant à l'exactitude dans l'exposé des détails de guerre, d'autres l'ont déjà constatée. « C'est la première fois que je comprends une bataille à la lecture, » disait un général qui en a gagné plusieurs.

On ne risque rien à affirmer de ce livre que personne désormais ne s'occupera de la campagne de 1815 sans le connaître et l'étudier à fond. J'aurais voulu l'analyser; l'abondance des choses m'en a empêché. Un récit vif, coloré, éloquent, entraînant, ne se résume pas. Ce que je puis, c'est de m'attacher aux points décisifs de cette campagne; c'est de présenter les questions principales qu'elle soulève avec les solutions diverses que le temps et la pénétration des historiens ont indiquées chez les peuples les plus intéressés, les Français, les Anglais, les Prussiens, les Hollandais, les Belges.

Je me serais fait scrupule de revenir sur des points qui viennent d'être approfondis, éclairés avec une supériorité incontestable, si je ne savais que d'autres ouvrages du même genre se préparent et ne tarderont pas à paraître. La France, je pense, ne veut pas, ne peut pas rester étrangère plus longtemps à la vaste enquête qui s'est ouverte en Europe, depuis près d'un demi-siècle, sur des événements où elle est bien aussi pour quelque chose. D'ailleurs, il est des événements inépuisables par leur nature même; ils prennent la forme de chacun des esprits qui les racontent. L'erreur enracinée ne se détruit pas d'un seul coup; il faut plus d'un effort pour l'abattre. La preuve la meilleure du mérite et de la vitalité d'un livre tel que celui de M. le colonel Charras sera toujours d'inspirer, non pas seulement une adhésion stérile, mais d'autres travaux entrepris dans un même esprit de dévouement à la France et d'équité pour le reste du monde [1].

[1] Outre l'ouvrage capital de M. le colonel Charras, les principaux de ceux que j'ai consultés sont les suivants :
Le général Gourgaud, *Campagne de* 1815. Paris, 1820.
Napoléon, *Mémoires pour servir à l'histoire de France*, tome IX. Paris, 1830.
Le duc d'Elchingen, *Documents inédits sur la campagne de* 1815. Paris, 1840.
Correspondance entre M. le général Jomini et M. le duc d'Elchingen. Décembre 1841.
Le général Gérard, *Quelques documents sur la bataille de Waterloo, dernières observations.* Paris, 1829.
Le général Jomini, *Précis politique et militaire de la campagne de* 1815. Paris, 1859.
De Grouchy, *Observations sur la Relation de la campagne de* 1815 *publiée par le général Gourgaud.* Paris, 1829.
E. van Löben Sels, *Précis de la campagne de* 1815 *dans les Pays-Bas.* La Haye, 1849.
V. Damitz, *Geschichte des Feldzugs von* 1815. Berlin, 1837.
V. Clausewitz, *Hinterlassene Werke*, VIII^r, Band. Berlin, 1855.
Carl von Plotho, *der Krieg des verbundeten Europa.* Berlin, 1818.
Gurwood, *the Dispatches of the field-marschal duke of Wellington*, tome XII. London, 1838.
W. Siborne, *History of the War in France and Belgium in* 1815. London, 1844.
Le général Renard, *les Allégations anglaises.* Bruxelles, 1857.

V

RESTAURATION DE 1814.

Au commencement de 1814, les Français s'étonnaient encore d'avoir été vaincus; ils cherchaient sur qui ils pourraient faire peser la responsabilité de leur défaite. Bientôt la maison de Bourbon, qui avait le plus profité des désastres, en parut la première complice. Dès lors cette dynastie put voir combien c'est un don funeste et difficile à garder que celui d'un trône reçu de la main de l'étranger. En peu de mois, la nation avait fait cette découverte que son principal ennemi, c'était son gouvernement. Chacun sentait déjà ce qu'il y a d'insupportable dans une paix imposée. Ceux qui avaient espéré goûter au moins le repos dans la Restauration s'étonnaient de trouver en toutes choses une guerre intestine, l'étranger, d'autres mœurs, un autre siècle, et comme une autre race d'hommes que l'on ne connaissait plus. De son côté, la légitimité reprochait comme une félonie aux hommes de la Révolution l'attachement qu'ils gardaient à leurs souvenirs et à leurs intérêts.

La sincérité même des passions de la Restauration était pour elle une cause de faiblesse. Nul gouvernement n'a mis tant de bonne foi et de franchise dans ses haines : il a combattu à visage découvert le siècle nouveau ; par là, il a été le plus éloigné de l'esprit politique qui a fini par prévaloir. La Restauration a toujours ignoré ce grand secret que nous avons si bien appris, qu'en accordant aux hommes de nos jours les mots, les apparences, il est possible de leur enlever les choses, presque sans qu'ils s'en doutent. Le caractère du gouvernement de la légitimité est d'avoir attaché aux mots, aux couleurs, aux cocardes, aux oripeaux, à ce qui frappe les yeux de la multitude, autant d'importance qu'aux affaires elles-mêmes. La moindre concession de langage sur ces points lui était odieuse ; elle mit ainsi tout le monde dans la confidence de l'horreur qu'elle éprouvait pour les bienfaits de la Révolution. Il en est résulté que tout est devenu signe de ralliement contre une dynastie qui procédait avec la témérité passionnée d'un autre siècle au milieu des calculs du nôtre.

Quand le peuple lui-même eût voulu se tromper, il n'aurait pu y réussir. La Restauration, en affichant partout sa victoire, la dénonçait à la haine publique. Le gouvernement des Bourbons, pour le vain plaisir d'humilier ses anciens adversaires, risquait à chaque moment son existence. Il jouait pour une cocarde le trône de France. Même les numéros des régiments leur furent ôtés, comme si on leur eût enlevé par là leurs souvenirs !

Quelle n'a pas été l'influence du drapeau blanc substitué au drapeau de la Révolution ! Le peuple, qui ne lit pas, juge de tout par les signes, par l'apparence; et d'ailleurs une certaine simplicité, qui était le fond de l'esprit français, l'avait protégé jusque-là contre les subtilités : la nation portait dans la lutte la même loyauté que son gouvernement. Tous les deux ne suivaient que leurs passions crédules, sans y mêler presque aucun artifice. En voyant arboré le drapeau de l'ancien régime, les masses voyaient déjà en imagination le retour de la dîme, de la corvée, des droits féodaux, de la noblesse et du clergé, c'est-à-dire de tout ce que l'on avait appris à haïr et à craindre depuis un quart de siècle. Au contraire, les couleurs proscrites réveillaient en un clin d'œil les espérances les plus éloignées. Il faut avoir vécu dans ce temps-là pour savoir ce que produisait sur la foule l'apparition d'un lambeau de drapeau enfoui et sauvé par hasard. C'était la bonne fortune, l'honneur, la vie heureuse, qui revenaient, car on avait déjà oublié le sang versé. Que serait-ce donc si ce drapeau était rapporté miraculeusement de l'île d'Elbe !

Ainsi la nation se sentait blessée dans les petites choses autant que dans les grandes, et, comme l'occasion ne manque jamais pour les premières, la blessure était de chaque instant; l'irritation croissait à vue d'œil. La honte, le ressentiment de la défaite chez un peuple alors fier, qui avait subi des calamités, mais point encore de flétrissure; la menace perpétuellement suspendue de perdre ce que l'on avait sauvé, l'intérêt, la peur même, tout ce qui peut exciter l'esprit d'une nation se réunissait peu à peu contre le gouvernement de la Restauration; plusieurs l'appelaient déjà le gouvernement de l'invasion. Avec sa mobilité surprenante, Paris avait oublié qu'il s'était pavoisé des couleurs de l'ennemi, du moins il s'efforçait déjà de le faire oublier aux autres.

Dans ces circonstances, les germes des passions et des haines qui devaient renverser ce gouvernement par la main de la nation elle-même en 1830 étaient déjà tout formés. En se développant, ces germes ne pouvaient manquer de détruire un édifice si mal cimenté, qui, à peine commencé, penchait déjà vers sa ruine; mais il pouvait aussi se faire que cette ruine fût hâtée, précipitée avant l'heure même par l'effort d'une volonté seule.

Si, avant que la nation soit prête à faire explosion, il se trouve un homme qui serve de ralliement aux passions nouvelles, qui ait gardé dans sa chute le prestige de la prospérité; si, usant de l'habileté qui a manqué à la Restauration, il s'enveloppe de ces signes, de ces apparences, de ces drapeaux, qu'elle a rejetés, et s'il confond ainsi sa cause avec celle de la France, alors cet homme pourra devancer de quinze ans l'œuvre de la nation entière.

Qu'il vienne, qu'il se montre seulement! Sans lui demander de gages, tous l'accepteront d'abord comme une délivrance, par cela seul qu'il s'agit d'un changement. Les ressentiments s'uniront pour lui ouvrir le chemin. Ce ne sera pas l'acclamation naïve d'un peuple entier qui n'a jamais été trompé! Ce sera le silence d'un peuple qui attend un vengeur; et, comme la haine et non l'amour sera le principal mobile des actions, la concorde ne se montrera qu'un moment. Tous seront unis jusqu'à ce que le gouvernement imposé soit renversé; celui qui doit le détruire ne trouvera point d'obstacles. Les difficultés ne recommenceront pour lui que lorsqu'il sera redevenu le maître.

Cependant, au congrès de Vienne, les empereurs de Russie, d'Autriche, les rois, les princes, les plénipotentiaires de tous les États d'Europe refaisaient, parmi les fêtes, la carte du monde. L'Angleterre, la plus avide, se payait, sur tous les rivages, de ses subsides, par Malte, le Cap, l'île de France. La France perdait ses frontières du Rhin; elle restait ouverte à la Prusse, à l'Autriche, à la Bavière. La Pologne disparaissait, quoiqu'on lui laissât son nom ; l'Italie était rendue à l'Autriche, la Sicile à Naples, les Espagnols étaient livrés poings liés à Ferdinand VII. Et dans cet abandon de tout droit, c'était le peuple le plus libéral — les Anglais — qui exigeait comme sa récompense la servitude du monde. Ceux-là surprirent par leur facilité à oublier leurs promesses. Toute leur haine se montra quand on les vit, eux puissance protestante, demander impérieusement que la France fût soumise au bras séculier du catholicisme sans mélange de liberté pour les autres cultes. L'aversion fut ce jour-là plus sincère que la foi. Un si grand désir de nuire et d'offenser sous des paroles pieuses étonna, quoiqu'on s'y attendît. Au reste, dans cette paix encore sanglante, un point semblait menacer. Cachée dans les flots, l'île d'Elbe effrayait par le voisinage. Quelques-uns cherchaient un lieu de proscription qui ne pût être aperçu d'aucun rivage ; ils avaient déjà prononcé le nom de Sainte-Hélène.

VI

RETOUR DE L'ILE D'ELBE. — L'ACTE ADDITIONNEL.

« Napoléon a débarqué à Cannes le 1ᵉʳ mars! » J'entends encore à mon oreille le retentissement de ces mots la première fois qu'ils furent prononcés devant moi. Pendant quelques jours, les nouvelles restèrent interrompues. On ne savait que penser, lorsqu'on apprit que l'empereur était à Grenoble, et presque aussitôt à Lyon, à Mâcon, à Châlon. On le sent passer invisible à quelques lieues comme un tourbillon qui entraîne tout après soi. Les détachements, les bataillons, les régiments que l'on voulait éloigner de lui s'arrêtent, ils se retournent, ils ont changé de cocarde, ils rentrent dans son orbite. Ce fut une force d'attraction irrésistible, aveugle; l'étonnement d'abord, puis l'éblouissement, puis l'admiration nous conquirent presque tous au même moment.

Mais ce moment fut court; il dura aussi longtemps

que la marche merveilleuse de Cannes à Paris. Dès que le succès fut assuré et qu'il n'y eut plus lieu de craindre pour l'entreprise elle-même, l'imagination tomba; les plus enthousiastes cédèrent à la réflexion. Napoléon et la France se regardèrent en face et se trouvèrent changés, comme s'ils eussent été séparés par des générations nouvelles. Ils eurent peine à se reconnaître l'un l'autre.

Napoléon ne revenait pas tel qu'il était parti; il avait appris une grande chose dans l'exil : son génie tout seul, soutenu de son art consommé, ne suffisait plus à porter le poids des difficultés. Pour y faire face, il fallait le concours de la volonté et des énergies de la nation française. Revenait-il converti à la liberté? Ce serait se montrer trop crédule de le penser; mais il avait entrevu qu'elle peut être une force; à ce titre, il consentait à en faire l'essai.

Pour nous, nous avions non pas goûté, mais aperçu la liberté comme une espérance, et cette chose si nouvelle nous avait séduits déjà par son ombre même. Il semble donc que l'accord dût être facile entre l'ancien maître, qui proposait de se réconcilier avec la liberté parce qu'elle pouvait lui être utile, et la nation, qui la voulait aussi parce qu'elle la croyait alors le premier des biens et le plus nécessaire, celui sans lequel tous les autres ne sont rien; mais cet accord fut au contraire le point impossible à réaliser. Chacun devait apprendre bientôt à ses dépens qu'il n'est rien de plus illusoire que de prétendre changer la nature des choses.

Le jour de la rentrée de Napoléon dans Paris, Benjamin Constant, qui venait de l'attaquer la veille, se crut perdu. Je tiens de celui-là même qui lui fournit alors un refuge que Benjamin Constant ne songeait qu'à en finir avec la vie; déjà il avait commencé ses apprêts, certain qu'il ne ferait que devancer ainsi de quelques heures le châtiment. Une dépêche le mande aux Tuileries. Il obéit non sans crainte. Napoléon le reçoit d'un air riant. C'est à lui qu'il veut parler de liberté et de constitution; c'est à lui qu'il veut s'ouvrir. Et d'abord il lui dira ce qu'il ne dit à personne, que la guerre est inévitable. D'ailleurs, pourquoi serait-il opposé à la liberté? Il la veut, puisque la France croit la vouloir; mais elle ne l'a pas toujours voulue. Et, sachant qu'il s'adresse à un écrivain, c'est la liberté de la presse qu'il invoque; il est pleinement converti sur ce point. L'interdire serait un acte de folie. Qu'au reste Benjamin Constant lui apporte ses idées, ses vues; il est prêt à accepter ce qui est possible. Tout cela entremêlé de sourires et de caresses, comme en ont les maîtres du monde. Ces discours ne durèrent pas moins de deux heures. Le tribun se retira ébloui des confidences et de la conversion du maître. Il ne pense plus à mourir. De cet éblouissement va sortir le préambule de l'acte additionnel, compromis funeste qui perdra tout à la fois la liberté et le despote.

Était-ce en effet pour Napoléon une nécessité de se réconcilier en 1815 avec la liberté? Le devait-il? le pouvait-il? Au lieu de convoquer les Chambres, que ne se contentait-il de réunir les armées? Qu'avait-il à gagner à changer sa nature? Y réussirait-il? Était-il sage, après avoir désespéré quinze ans les amis de la liberté, de les prendre pour appui? N'était-ce pas tout perdre que de renoncer au pouvoir absolu, qui avait été jusque-là la règle de sa vie? Toutes les fois que ces questions et d'autres de ce genre se sont présentées à l'esprit de Napoléon, il a renvoyé pour y répondre à ce qu'il appelle le livre X de ses *Mémoires*, où ces matières, dit-il, *sont approfondies et longuement traitées*. Mais ce livre X, qui devait contenir le secret de sa pensée, où est-il? Il n'existe pas. Napoléon n'en a pas écrit une seule ligne. Pour savoir ce qu'il devait contenir, nous sommes réduits à nos seules conjectures.

Aujourd'hui que nous avons appris combien les hommes aiment à se payer d'apparence, combien ils préfèrent les mots aux réalités, nous devons être étonnés que la constitution donnée par Napoléon sous le nom d'acte additionnel ait été si mal accueillie par les contemporains. Il semble qu'ils eussent dû savoir gré de ses concessions à un despote qui revenait de si loin, puisque tous les mots qui servent à prendre les hommes sont prodigués à chaque ligne de l'acte additionnel. Quelques historiens ont cru que le mal est venu de certaines dispositions particulières qu'il eût été facile de changer. En cela ils se trompent. L'acte additionnel eût été la plus parfaite des constitutions, que la répugnance du public eût été à peu près la même, car cette répugnance se propageait de bouche en bouche, sans examen; tel qui était le plus opposé à la charte bonapartiste n'en avait pas lu une ligne.

Ce n'est point l'œuvre qui inspirait le doute, le soupçon : c'était l'auteur. De quelque formule de liberté qu'il eût fait usage, l'incrédulité fût restée la même, parce qu'un certain bon sens disait à tous que le despotisme ne se corrige pas. Plus ses promesses eussent été magnifiques, plus on eût refusé de croire qu'il devait les tenir. Ainsi ce n'était point l'acte qui blessait, mais l'homme qui n'avait pas qualité pour le faire. Il était trop visible aux plus simples que le maître de 1809, de 1810, de 1811, ne pouvait devenir un roi débonnaire. En dépit de sa volonté, cette impossibilité éclatait à tous les yeux, aussi bien qu'à lui-même. Dans la charte de liberté, on s'ingéniait à voir une machine de servitude, et cela ôtait toute force à la situation; il n'en pouvait sortir aucun principe d'énergie et de salut public. Bien au contraire, ce jeu, si ce fut un jeu, ne renfermait que des périls. Si ces générations de 1815, enthousiastes du grand capitaine,

4

restèrent sévères et incrédules pour le maître converti, s'il lui fut impossible de les éblouir par l'apparence, si elles démêlèrent avec un discernement qui doit nous sembler prodigieux l'ancien despotisme sous les couleurs nouvelles, cela vient, je pense, de ce que ces générations, longtemps sevrées de la liberté, en étaient avides; elles avaient conservé l'instinct de ce qui leur avait le plus manqué. Au contraire, des générations fatiguées d'une liberté qu'elles ont été incapables de garder perdent quelquefois dans cette prompte satiété la conscience et même l'instinct des choses les plus claires.

Cette évocation de la liberté que tout le monde sentait illusoire ne prêta aucune force réelle à Napoléon. Dès le premier jour, elle embarrassa ses pas. Le lendemain, elle devait précipiter sa chute. Que pouvait un appel mensonger aux énergies de la Révolution? Au moment suprême, Napoléon se souvint des conventionnels qui vivaient encore; il les sollicita de sortir de l'obscurité pour exciter un moment l'opinion. Je vois encore un de ces hommes partir à cet appel pour se *rallier* à ce qu'il nommait *les principes*. C'était lui qui avait appelé Hoche au commandement général et donné à la France la rive gauche du Rhin. Que fit-on des talents de cet homme de bonne volonté? On le plongea dans je ne sais quel bas-fond de la police, d'où il ne sortit que pour mourir en exil. Je cite cet exemple parce qu'il marque clairement combien ce prétendu retour aux grands instincts de la Révolution était peu fait pour entraîner les foules.

Certes il est étonnant qu'un aussi grand esprit que Napoléon se soit abusé sur le parti qu'il pouvait tirer de la liberté et n'ait point aperçu d'avance que le nom seul devait lui être fatal. J'imagine que, dans ce mystérieux livre X, sa principale excuse pour avoir altéré sa nature, répudié le despotisme, désarmé le bras de l'empereur, énervé par les lois, par les Chambres, par la presse, par les garanties individuelles, son pouvoir absolu, c'eût été qu'il ne pouvait faire autrement. C'est sans doute sur le sentiment de cette impossibilité qu'il se fondait pour demander grâce à la postérité d'avoir démenti l'inflexible unité de son caractère et de sa vie. Il croyait à un réveil de la liberté européenne; il ne vit pas que, dans tous les cas, il n'avait plus rien à démêler avec elle. En ranimer la mémoire, c'était se condamner lui-même. La révolte des Chambres ne devait pas tarder à le lui démontrer, puisqu'il l'ignorait encore; car les événements intérieurs de 1815 ont prouvé qu'il n'est pas si facile qu'on pourrait le croire de se réconcilier avec la liberté lorsqu'on l'a une fois offensée à ce point. On ne peut la ressusciter pour s'en servir quand on l'a soi-même ensevelie. Elle a meilleure mémoire des injures qu'il ne semble. Le plus sage est donc, quand on l'a renversée, de la poursuivre à outrance, jusqu'à ce qu'on l'ait extirpée du souvenir des hommes.

Les contemporains sont unanimes sur l'effet manqué du *champ de mai*. On l'avait remis au 1er juin. Le mot lui-même, emprunté à la vieille France, cette fausse imitation d'une assemblée franke, le costume féodal, le manteau du moyen âge qui cachait l'empereur, étaient en désaccord complet avec l'état des esprits et des choses ; il n'y avait là de saisissant que les régiments de la garde qui allaient mourir. Le serment prêté par Napoléon aux *constitutions* de l'Empire parut un serment à l'ancien despotisme ; il n'était pas besoin des Évangiles pour attester que le maître se resterait fidèle à lui-même. Napoléon, fatigué de l'attirail byzantin dont il s'était enveloppé, rejeta brusquement le manteau impérial. Il s'approcha du bord de l'estrade et montra le soldat. Les troupes le reconnurent, elles le saluèrent de leurs acclamations au milieu d'un grand bruit de fer. Ce changement de scène rendit à tous les assistants le sentiment de la situation. Les voiles tombèrent ; la vérité apparut menaçante et terrible, après les illusions du prince et des sujets.

Pendant que la défiance se montrait ainsi déjà en France dans une partie du peuple, la haine des rois, des chefs des gouvernements étrangers, n'avait pas attendu un instant pour éclater ; leurs peuples étaient aussi impatients qu'eux-mêmes de renverser celui qui venait de reparaître sur le pavois. On ne prenait plus la peine de déguiser l'agression sous l'apparence du rétablissement de la liberté. Ces mots avaient perdu leur puissance depuis que les victoires et les promesses de 1814 n'avaient servi qu'à appesantir partout le joug sur ceux qu'on s'était vanté de délivrer. Mais, quoique abusés, les peuples ne croyaient pas encore l'être, et même ils ne l'étaient qu'à demi, car ils étaient poussés par le même ressentiment que leurs chefs, par la même ambition de représailles. Pourvu que cette ambition fût satisfaite, ils ne demandaient rien de plus, tant le désir de la vengeance est aveugle.

Ainsi une même passion réunissait les rois et les peuples; elle faisait oublier toutes les causes de dissentiment entre eux. La même incrédulité que Napoléon trouvait chez une partie des Français, il la trouvait auprès des étrangers. Les uns ne pouvaient croire que le despote fût devenu soudainement un homme de liberté; les autres, que le conquérant du monde en fût devenu le pacificateur. Les rois le revoyaient déjà chercher une revanche dans leurs capitales; d'ailleurs, fût-il sincère dans ses déclarations de paix, pouvaient-ils pardonner leurs longues humiliations, leurs craintes, leurs exils, leurs royautés errantes, renoncer à en tirer vengeance? On n'était séparé de Leipzig et de l'occupation de Paris que par quelques mois! Se laisserait-on enlever par surprise la sécurité, la gloire inespérée conquise l'année précédente? L'ébranlement d'un million d'hommes, la terre entière soulevée de ses fondements, l'invasion de la France, la prise de Paris, la déportation de Napoléon dans une île, ne tourneraient qu'à la gloire de Napoléon, à l'opprobre des rois et des puissances étrangères! Avait-on oublié déjà qu'il pouvait être vaincu? Sans plus délibérer, par un accord unanime, tous se réunirent dans le même parti.

Les propositions de paix de Napoléon ne seront pas même écoutées, ses courriers seront arrêtés aux frontières : pour les peuples, Napoléon, c'est la tyrannie ; pour les rois, l'usurpation ; pour tous, c'est la guerre. Le jour même où la nouvelle de son débarquement est connue, l'ordre est donné à la garde russe de reprendre le chemin de Paris. Le gros de l'armée est encore à trente marches, mais celle de l'Autriche se rassemble. Les Anglais et les Prussiens se cantonnent en Belgique ; ce sont les plus impatients. Huit cent mille alliés entrent en ligne. Les deux généraux les plus entreprenants, ceux qui sont le plus avant dans la confiance des monarques, le duc de Wellington et le maréchal Blücher, se concertent ; ils promettent d'entrer en France au plus tard dans les premiers jours de juillet.

VII

PLAN DE CAMPAGNE. — ÉTAT MILITAIRE DE LA FRANCE.

Napoléon garda longtemps pour lui seul le secret du péril et de tant de haines amassées. Autour de lui, on croyait encore à l'amitié renaissante d'Alexandre, à la complaisance de l'empereur d'Autriche, au retour de l'opinion des whigs en Angleterre, et même au bon vouloir des peuples, quand il savait déjà qu'il ne pouvait regagner tout cela que par une victoire foudroyante.

Pour briser le cercle qui s'était reformé autour de lui, il se présentait deux partis à suivre. Napoléon les avait mûrement pesés l'un et l'autre dans le temps même où il parlait à tout le monde des bienfaits de la paix. Il pouvait gagner du temps, attendre sous Paris l'agression des puissances étrangères ; on opposerait ainsi à l'ennemi une armée régulière de 300,000 hommes; la masse entière du peuple serait appelée aux armes. On organiserait une guerre nationale sur toute l'étendue du territoire; à mesure que l'ennemi pénétrerait sur le sol sacré, il serait assailli, usé en détail par la résistance de chaque bourgade, de chaque département, de chaque province. Quand il arriverait au cœur du pays, il trouverait en ligne une armée bien formée, commandée par Napoléon, et l'on n'aurait sans doute pas de peine à détruire des masses nombreuses, il est vrai, mais épuisées par l'effort de toute la France.

Tels étaient les avantages qu'offrait ce premier parti. En voici les inconvénients : ce système avait réussi aux Espagnols, aux Russes; en serait-il de même des Français? Avaient-ils le génie propre à cette guerre de chicane? Il faudrait donc voir sans sourciller l'invasion d'une moitié des provinces, l'Artois, la Picardie, la Bourgogne, l'Alsace, la Lorraine, le Dauphiné. Et si, au lieu de porter à l'extrême l'enthousiasme national, l'occupation d'une si grande partie du territoire allait au contraire répandre le découragement? Ces inconvénients tenaient à la nature du génie français. Il y en avait d'autres qui tenaient à la situation et à la nature d'esprit de Napoléon. Était-il assez sûr du dévouement de la France pour l'exposer à se voir déchirée sans s'émouvoir? Tant qu'il ferait la guerre au dehors, il pouvait jusqu'à un certain point compter sur l'esprit public; mais, s'il laissait entamer le territoire, comprendrait-on qu'il le fît volontairement et par système? Ne le croirait-on pas vaincu d'avance, et n'était-ce pas l'être en effet que de laisser croire qu'il le fût un moment? Une dernière raison emportait toutes les autres. S'il déchaînait les masses dans une guerre nationale, était-il bien assuré de les retenir, même victorieuses, sous sa dépendance? N'était-ce pas mettre le sort de la France dans les mains de la France? Et dès lors il n'était plus le seul libérateur, il disparaissait dans la victoire populaire, il détruisait ainsi et son système et ce pouvoir si difficilement reconquis. Cette raison, jointe à celles qui précèdent, ne laisse guère de doute sur l'opinion à laquelle s'arrêtera Napoléon dans le système de défense.

Il y en avait un second qui présentait des avantages différents : ne pas attendre l'ennemi, le devancer, le surprendre dispersé dans ses cantonnements, le déconcerter par une attaque furieuse, rompre dès lors toutes ses combinaisons. On engagerait tout, il est vrai, sur une seule journée, sur une grande bataille, après laquelle la question serait décidée, et il faudrait agir avec les seules forces que l'on avait sous la main. Mais cette bataille, n'avait-on pas quatre-vingt-dix chances sur cent de la gagner? Elle rallierait les partis, elle électriserait la France; elle ferait sortir de terre des légions innombrables; elle briserait la coalition, elle terminerait la sanglante mêlée où l'Empire avait failli disparaître! Et quoi d'ailleurs de plus conforme au génie impétueux de la France! C'est ainsi, et non par une levée en masse suivie d'une guerre de détails, que la coalition avait été brisée à Marengo, à Austerlitz, à Wagram. Il n'y avait donc pas à hésiter davantage sur le choix du système de défense. Napoléon s'arrêtera à celui qu'il a pratiqué toute sa vie; il lui doit la gloire, le trône, et la France impériale son salut.

Cette résolution suppose, il est vrai, qu'on a mis dans les préparatifs une énergie égale au danger, et cela se peut-il quand, pendant le premier mois, l'empereur cache à la France que la guerre est imminente ? Comment la nation fera-t-elle des efforts surhumains pour se préparer à la guerre quand le gouvernement assure en mars, en avril et même en mai, que la paix *sera consolidée*? En avril, un décret ordonne la formation de trois mille cent trente bataillons de garde nationale qui devront donner 2,250,000 hommes. Ce décret fit une profonde impression sur l'étranger. On crut revoir la France se soulever tout entière encore une fois contre l'Europe; mais, soit que cette levée en masse fût impossible à effectuer, soit que les moyens de l'armer manquassent, soit aussi que cet appel direct à la nation se trouvât trop contraire au tempérament de l'Empire, ces grandes mesures furent presque aussitôt abandonnées que prescrites. Il est certain que pendant que les rois de la vieille Europe se confiaient pleinement à leurs peuples et appelaient chez eux la levée en masse dans la *landsturm,* Napoléon, qui se disait l'empereur de la démocratie, ne voulut pas mettre sur pied la masse même de la nation : il craignait de ne plus pouvoir la régir. Les trois mille cent trente bataillons, épouvantail un moment de l'Europe, se réduisirent en mai à la mobilisation de quatre cent dix-sept bataillons. Ceux-ci formèrent seulement une réserve de 146,880 gardes nationaux, destinés à la défense des places fortes de l'Est.

On sait en quelles masses irrésistibles s'étaient levés les Français en 1793, en 1794. On avait vu quelque chose de semblable en Prusse en 1813. Par la *landwehr,* l'armée avait été augmentée en quatre mois de 150,000 hommes [1]. Après 1812, l'armée française, en sept mois, avait été augmentée de 200,000, hommes; après Leipzig, en trois mois, de 150,000 hommes. On n'atteignit pas ces chiffres en 1815. L'effectif de l'armée sous la Restauration était de 155,000 hommes disponibles, prêts à entrer en campagne. Ce même effectif fut porté sous Napoléon à 198,000 hommes. L'armée de ligne n'avait donc été augmentée que de 43,000 hommes pendant les deux mois et demi que Napoléon avait eus pour se préparer à la lutte suprême. Ce résultat est loin des états de situation qui se trouvent dans les

---

[1] Voyez Carl von Clausewitz, *Der Feldzug von* 1815, p. 5.

écrits de Sainte-Hélène; il est loin surtout des prodiges que la Révolution française avait accomplis, lorsqu'elle avait été obligée de tout créer de rien en quelques jours.

Pour répondre d'avance à cette comparaison inévitable, Napoléon affirme que, si la Révolution eût été attaquée comme lui par un million d'hommes, elle eût été vaincue comme lui. Cette supposition se détruit d'elle-même. La Révolution française ne pouvait, dans aucun cas, déchaîner contre elle un million d'ennemis; elle n'avait soulevé que les cabinets; elle n'avait pas réuni contre elle aux passions des princes les passions des peuples, qui maintenant produisaient d'eux-mêmes comme un déluge d'hommes.

Napoléon fut-il dès lors au-dessous de sa tâche? Quelques-uns l'affirment avec autorité. Je lis dans l'historien le plus récent que « ce qui manqua dans les préparatifs, ce furent l'activité, l'énergie, car la moitié de l'armée extraordinaire était nue, le tiers sans armes. Le dénûment, la honte, la crainte même de n'être pas traités en soldats par l'ennemi, accroissaient chaque jour la désertion. » Et que l'on ne dise pas que l'auteur ici se presse trop d'accuser, car il allègue des témoins irrécusables, jusqu'ici trop peu consultés, les lettres de Suchet, les états de situation de Rapp, de Lecourbe. S'il en coûte trop de condamner Napoléon sur ces indices, contentons-nous d'avouer qu'il y a des choses impossibles à un seul homme. Quand il s'agit de supprimer ou de remplacer le temps, une nation seule en est capable.

On lira dans l'ouvrage que je viens de citer des pages lumineuses, pleines de faits, d'observations, de vues, sur les ressources de la France, sur la composition des armées en 1815. Ces pages sont un riche arsenal où les historiens iront souvent puiser. Jamais le dénombrement des différentes forces qui vont se trouver aux prises n'a été calculé avec tant de précision et de fermeté. C'est là qu'il faut avoir un coup d'œil éprouvé pour distinguer l'apparence de l'effectif réel, ce qui a été fait de ce qui aurait pu l'être, tant Napoléon est habile à montrer qu'il n'a rien omis de ce qui était possible. Au milieu de ces chiffres se détachent, nets et vigoureux, les portraits, les caractères des principaux chefs d'armée. Pour moi, sans entrer dans une analyse désormais épuisée, je me bornerai à un rapide tableau des forces en présence.

VIII

COMPOSITION ET SITUATION DES ARMÉES FRANÇAISES, ANGLAISES ET PRUSSIENNES.

Contre quelle partie de la ligne ennemie seront portés les premiers coups ? Cette question se trouvait résolue d'avance par la position des armées étrangères. Napoléon négligera toutes celles qui sont encore éloignées des frontières; il ne leur opposera qu'un rideau. Rapp, avec 20,000 hommes, couvrira l'immense frontière de l'Est; Suchet, avec 16,000 hommes, Lyon, le Dauphiné et les débouchés des Alpes; Brune, avec 6,000, la Provence et le Var; Clausel, avec 4,000, les débouchés des Pyrénées orientales et occidentales. Lecourbe couvrira le haut Rhin de son nom et des souvenirs de ses campagnes des Alpes plus que de son armée, car il n'aura que 5,000 hommes à opposer à l'Autriche; 25,000 des meilleures troupes seront données à Lamarque pour étouffer la révolte royaliste de la Vendée : il serait trop imprudent de la laisser se développer. L'absence de ces 25,000 hommes, en partie d'élite, laissera un vide profond dans le système de défense. Peut-être leur intervention serait décisive à l'heure de la bataille!

Au lieu de ce simulacre de force, plusieurs ont soutenu qu'il eût mieux valu laisser les frontières vides, sans un seul homme, et tout concentrer dans l'armée d'opération. Cette censure est excessive et mal fondée, car ces faibles corps, revêtus de grands noms, firent assez longtemps illusion à l'ennemi, qui sans cette précaution n'eût pas manqué de se jeter dès le premier jour sur le territoire français. Les faibles divisions de Rapp, de Lecourbe, de Suchet, de Clausel, étaient des têtes d'armées destinées à grossir à mesure que les levées se feraient et que la conscription rendrait ce que l'on devait en attendre. Elles donnaient un point d'appui à l'esprit public, elles prêtèrent de la consistance aux bataillons de gardes nationales qui devaient les rejoindre dans les places frontières ; et raisonnablement pouvait-on moins faire que d'opposer 49,000 hommes aux 800,000 ennemis qui s'avançaient à marches forcées contre la France dans la direction de l'est, du sud, de l'ouest? Ce peu d'hommes seront, il est vrai, hors d'état de repousser la nouvelle invasion de barbares ; mais ils suffiront pour en retarder les approches.

Ces précautions prises, Napoléon se décide à se jeter à l'improviste, avec ce qui lui reste de forces, sur les armées qui étaient le plus près de lui : c'étaient l'armée anglaise et l'armée prussienne, toutes deux cantonnées en Belgique. Elles appartenaient aux peuples qui avaient montré aux Français le plus de haine, qui leur avaient fait le plus de mal en 1814. Ainsi la fortune ou le choix du chef mettait les Français en face de ceux qu'ils étaient le plus impatients de rencontrer sur un champ de bataille.

L'armée anglaise en Belgique était forte de 105,950 hommes[1], y compris 9,000 hommes de réserve hanovrienne, laissés dans les garnisons d'Anvers et des villes de Flandre.

On y comptait 82,062 fantassins, 14,482 cavaliers, 8,166 artilleurs, 1,240 soldats du génie. Elle était divisée en deux corps : le premier de quarante bataillons, vingt-trois escadrons, sous le prince d'Orange; le se-

---

[1] On varie beaucoup sur l'évaluation précise de cette armée. Napoléon dit 104,200 combattants, Jomini 99,900, V. Damitz 100,000, le colonel Charras, 95,503, van Löben Sels 91,000. Le chiffre que je donne ici, en y comprenant la réserve hanovrienne que le duc de Wellington aurait pu attirer à lui, revient à celui que présente le colonel Charras, d'accord avec les dépêches du duc de Wellington et avec les documents officiels contenus dans les archives du ministère de la guerre des Pays-Bas. C'est aussi l'évaluation fournie par l'historien anglais Siborne. Quant au chiffre si inférieur de 91,000 donné par van Löben Sels, la différence provient de ce que cet historien hollandais, si exact, si consciencieux, n'a pas compté l'effectif de l'artillerie, du génie et du grand parc; au reste, il en avertit clairement de manière à empêcher toute erreur.

cond de trente-huit bataillons, douze escadrons, sous le lieutenant général lord Hill. La réserve générale était, pour l'infanterie, de 23,748 hommes, sous la main du duc de Wellington, pour la cavalerie, de 9,913 cavaliers, *d'aussi bons qu'il y eût au monde*, sous lord **Uxbride**. L'artillerie, répartie entre les différents corps, se composait de cent quatre-vingt-seize bouches à feu.

La moitié au moins de cette armée était de vieilles troupes éprouvées dans la guerre d'Espagne; et pour celles-là une discipline implacable, telle que l'aristocratie sait l'imposer : nul espoir, nulle possibilité d'avancement pour les sous-officiers, retenus, quoi qu'ils fassent, à jamais dans les mêmes grades inférieurs. De là des guerres sans espérance, sans joie, sans récompense, mais aussi sans ambition et sans mécompte, le devoir pour les meilleurs, la crainte du châtiment pour les autres, tenant lieu d'avenir. Une obéissance aveugle lie ces troupes à leur chef, dont elles semblent avoir le tempérament. Froid, plein de sens, circonspect, le duc de Wellington ne se laissait jamais emporter ni abattre. Comme il n'avait jamais fait la guerre contre Napoléon en personne, il n'avait pour ainsi dire rien appris à son école. Il faisait la guerre méthodique et sûre des Marlborough, du prince Eugène; il y portait la patience inébranlable d'une vieille aristocratie.

Tout n'était pas homogène dans son armée. On y comptait au plus 32,700 hommes de race anglaise ; le plus grand nombre, selon la coutume des armées britanniques, était étranger. La légion allemande avait fourni 7,500 hommes, Hanovre 15,800, Nassau 7,300, Brunswick 6,700, commandés par le duc Frédéric-Guillaume. La plupart avaient donné des gages de fidélité sur les champs de bataille ; à la solde de l'Angleterre, ils en avaient contracté l'esprit avec certaines habitudes de tactique, par lesquelles ses troupes se séparaient encore de celles du continent.

Une autre masse d'étrangers, c'était le contingent de la Belgique et de la Hollande, qui amenaient en ligne 30,000 hommes. Les historiens anglais ont montré envers ces alliés une dureté qui touche à l'ingratitude. Pour réponse, ceux-ci ont compté et nommé leurs morts[1]. Longtemps ces troupes ou du moins beaucoup de leurs officiers ont servi avec honneur dans l'armée française, et qui sait s'ils ne s'en souviendront pas au moment décisif? qui sait si la mémoire de tant de victoires remportées ensemble n'étouffera pas le ressentiment des dernières années? La vue d'anciens compagnons d'armes, celle du drapeau sous lequel on a combattu tant de fois n'ébranlera-t-elle pas de vieux soldats? Les Hollandais et les Belges, que tout sépare,

---

[1] Voyez le général Renard, *les Allégations anglaises ;* van Löben Sels, 1854, *passim.*

ne profiteront-ils pas du désordre de la guerre pour briser une union formée d'hier et déjà odieuse? Ce qui est un danger pour les uns ne semblera-t-il pas une délivrance aux autres? Autant de choses douteuses encore, et que l'événement seul peut éclaircir.

Au reste, la prévoyance du chef va au-devant de ces motifs de crainte. En mêlant dans le même corps les brigades anglaises, hollandaises, belges, hanovriennes, saxonnes et en les faisant combattre les unes à côté des autres, il empêchera qu'aucun esprit de race ne prévale, excepté celui de l'Angleterre, qui contiendra de sa forte discipline tant d'éléments divers. Le grand nom d'Orange lui répond de la fidélité de tous les Néerlandais. Quant aux autres, s'il y a encore des incertains, la nécessité, le danger, l'impossiblité du retour, surtout la rapidité de l'attaque, les décideront bientôt.

L'unité, qui manquait à l'armée anglaise, se trouvait au plus haut degré dans l'armée prussienne. Là, tout est Allemand de langue, de cœur, de passion. Cette armée de 124,074 combattants, partagée en quatre corps, le premier sous Ziethen, le second sous Pirch, le troisième sous Thielmann, le quatrième sous Bulow, comptait cent trente-six bataillons, cent trente-neuf escadrons, trois cent douze bouches à feu. On peut remarquer dans cette distribution de l'armée l'absence d'une réserve générale, comme si tout était donné à l'impétuosité de l'attaque, et rien à la temporisation.

Il y avait un grand nombre de gardes nationales mobilisées sous le nom de *landwehr*. Dans ces troupes, qui avaient fait la campagne de Leipzig et de France, le sombre enthousiasme de 1813 et 1814 allait jusqu'à la fureur. La vengeance semblait un devoir, car toute l'Allemagne les avait chargées de venger ses hontes. Le général en chef, le feld-maréchal Blücher, partageait les passions du soldat; il les exagérait encore. Ses soixante et dix ans n'avaient attiédi en rien son ardeur. Au contraire, l'âge redoublait en lui l'impatience de représailles et de renommée. Il serait difficile de dire s'il y avait en lui plus d'enthousiasme pour la patrie allemande ou plus de haine pour la France. Je crois pourtant que la haine l'emportait. Dans tous les cas, il était l'opposé du duc de Wellington. Violent, effréné, immodéré dans l'attaque, toujours prêt à tourner ses revers en victoire, il s'était familiarisé sur les champs de bataille de Lützen, de Bautzen, de Leipzig, avec la tactique de Napoléon, dont il imitait au moins l'élan, la rapidité, l'impétuosité, ce qui lui avait fait donner par ses soldats le surnom de maréchal *En-Avant*.

Avec des qualités si opposées dans les deux chefs d'armée, on peut présumer qu'ils se contrarieront l'un l'autre. De cette profonde différence sortiront des incidents dont Napoléon ne manquera pas de s'emparer; mais au contraire, s'ils s'entendent, si la même passion les réunit, que ne pourra la circonspection de l'un, aiguillonnée par l'impétuosité de l'autre !

Telles étaient les deux armées de Wellington et de Blücher. Voici celle que leur oppose Napoléon : le 10 juin, l'armée du Nord comptait dans les rangs 89,415 fantassins, 22,302 cavaliers, 12,371 artilleurs et soldats du génie, 3,500 hommes dans le grand parc; total 128,088 hommes, 346 bouches à feu. Elle était divisée en cinq corps, le premier commandé par d'Erlon, le deuxième par Reille, le troisième par Vandamme, le quatrième par Gérard, le dernier par Lobau.

Outre la cavalerie répartie entre eux, on avait formé quatre corps de cavalerie de réserve, sous Pajol, Excelmans, Kellermann, Milhaud. Cette masse de 103 escadrons, ou 11,826 cavaliers, presque tous hommes d'élite, est réunie sous le commandement du maréchal Grouchy.

La garde présentait en ligne 12,941 fantassins, 3,689 cavaliers, 52 bouches à feu. Grâce à la distribution savante de ses forces, Napoléon s'est ménagé ainsi une réserve de 30,000 hommes qu'il jettera à propos dans la balance. L'artillerie est fournie d'un simple approvisionnement, car les chevaux manquent, et l'on a dû même faire une réquisition de chevaux de poste pour le grand parc. Les soldats les plus jeunes datent de Lutzen, les plus vieux de Marengo, plusieurs chefs de Jemmapes. Si vous considérez individuellement les hommes, les armes, l'équipement, c'est une des plus belles armées qu'ait possédées la France. Elle n'en avait pas eu depuis la Révolution où le moral eût été plus exalté, disposition admirable, qui peut, par son excès même, devenir un danger ; car on n'avait pas vu depuis longtemps de troupes si ardentes, si ombrageuses, si raisonneuses. Celles-ci se rendaient compte avec anxiété de tous les mouvements prescrits, comme si elles avaient à commander autant qu'à obéir. L'armée ayant fait la révolution de 1815, il lui restait le tempérament d'une foule agitée. Elle était peuple plus qu'aucune autre. Inquiète, soupçonneuse à l'excès, parce qu'elle avait refait à elle seule l'Empire, qu'elle en était responsable, elle veillait sur son ouvrage. Surtout elle se souvenait d'avoir été vaincue, sans pouvoir le comprendre. Elle avait vu ses chefs passer avec une rapidité inouïe dans des camps opposés, et ce qu'elle ne s'expliquait pas, elle l'appelait trahison. Un seul homme avait conservé la confiance entière du soldat : c'était l'empereur. La merveille du retour de l'île d'Elbe avait encore accru la magie de ses aigles.

Quant à tous les autres, il dépendait de la moindre apparence pour qu'on les soupçonnât. Les plus illustres étaient Soult, Ney, Lobau. Quelques-uns craignaient que le duc de Dalmatie, accoutumé depuis longtemps à une sorte de royauté militaire exercée au loin et sans contrôle, dédaignât les détails secondaires de l'état-major général, abandonnés auparavant à la patience éprouvée de Berthier. Et qu'arriverait-il si, tous sachant commander, nul ne s'inquiétait de l'exacte transmission des ordres? Les plus grandes opérations pourraient être compromises par une négligence de l'état-major. Une dépêche oubliée serait la perte de la France.

Au reste, on était sûr que des caractères militaires tels que celui de Ney se montreraient de nouveau invulnérables sous le canon. Les soldats le saluaient familièrement du surnom de *Rougeaud* lorsqu'il passait devant les rangs; ils oubliaient à sa vue leurs défiances, leurs ombrages, ils se sentaient invincibles. Lobau et lui avaient à conserver leur vieille renommée, Vandamme à relever la sienne, tous à sauver leurs noms mêmes sans parler de leurs têtes proscrites d'avance. Kellermann, négligé pendant la bonne fortune, avait enfin expié Marengo; on lui avait pardonné d'avoir partagé un moment une gloire qui ne devait pas avoir de rivale. Dans l'adversité, on s'était souvenu de lui; heureuse occasion pour un tel homme de se montrer au-dessus de l'injustice et de recommencer la dernière heure de Marengo! Malgré sa renommée, il ne commande, comme un simple divisionnaire, qu'un petit corps de huit régiments de grosse cavalerie; mais il sait qu'un plus petit nombre suffit quelquefois pour décider à propos la fortune dans une grande journée.

D'autres, tels que le maréchal Grouchy, ont à justifier la faveur récente dont ils ont été l'objet; d'autres enfin, tels que le général Foy, le général Gérard, sont désignés par le respect de l'armée et par le choix encore secret de Napoléon à devenir les jeunes maréchaux d'Empire; mais le sentiment de la patrie, au bord du gouffre, laisse à peine une place à l'ambition permise dans les temps glorieux ou assurés.

IX

LA BELGIQUE AU POINT DE VUE STRATÉGIQUE. — CANTONNEMENTS ANGLAIS ET PRUSSIENS.

Le terrain sur lequel les armées vont se rencontrer se divise de lui-même en trois parties : au nord, des plaines unies, défendues par la Lys, par l'Escaut, ou plutôt une vaste plage, des terres basses facilement inondées, et, si l'on avance plus loin, les fleuves sinueux, les bras de mer qui enlacent la Hollande ; au midi, sur la droite de la Meuse, un pays montueux, difficile, coupé de ravins, de bois, qui s'élève jusqu'aux Ardennes ; au centre, en face de Charleroi, des plateaux d'abord unis, bientôt ondulés, que couvre à peine la Sambre, et par delà ses bords marécageux, des routes nombreuses qui toutes aboutissent à Bruxelles, la capitale des Pays-Bas. Cette zone intermédiaire entre l'Escaut et la Meuse a presque toujours été le grand chemin suivi par les armées dans les guerres de Louis XIV et de la révolution française. Ni la nature ni l'art n'opposent presque aucun obstacle à un envahisseur entreprenant. Une raison décisive fera choisir à Napoléon ces mêmes lieux pour ouvrir la campagne.

Les cantonnements de l'armée anglaise prouvent que le duc de Wellington n'a aucun pressentiment des projets qui le menacent; soit méprise, soit disposition naturelle dans un Anglais à s'appuyer de la mer, et crainte d'en être séparé, le duc de Wellington prolonge au loin ses cantonnements vers l'Escaut. C'est de ce côté qu'il attend l'ennemi; trompé par cette idée, qui résistera longtemps chez lui à l'évidence contraire, il a disséminé ses troupes sur l'immense ligne de Nivelles à Mons, à Ath, à Audenarde. Sa réserve est dans les environs de Bruxelles, où il a établi son quartier général. Il lui sera impossible de rassembler son armée en moins de quatre jours.

Blücher occupe au midi une ligne presque aussi étendue, de Charleroi à Namur, à Ciney, à Liége. Son quartier général est à Namur. Il lui faudra trente-six heures pour réunir ses quatre corps. La cause en est l'impossibilité de faire vivre ses troupes dans un plus petit rayon à cause de l'hostilité sourde des habitants. Voilà l'excuse du général prussien. Quant au général anglais, il n'a pas songé à se justifier, par oubli, par dédain, ou parce qu'à ses yeux la victoire a tout couvert.

Quoi qu'il en soit, c'était pour Napoléon une grande

tentation de percer des lignes si démesurément allongées. Il est difficile qu'il ne profite pas des chances presque assurées que lui offre l'imprévoyance de l'ennemi; mais où rompra-t-il cette longue chaîne de cantonnements? S'il débouche par Mons sur l'extrême droite des Anglais, il pourra sans doute les séparer de la mer, leur patrie, leur refuge; mais il les refoulera sur l'armée prussienne, et ne fera ainsi que hâter la jonction qu'il redoute. Même résultat s'il attaque la gauche prussienne sur la Meuse : Blücher sera rejeté sur Wellington; les forces ennemies seront encore une ois rassemblées dès l'entrée en campagne.

Napoléon ne débouchera ni sur la droite anglaise, ni sur la gauche prussienne. Il se placera entre les deux armées, au centre de la ligne, c'est-à-dire à l'extrême droite des cantonnements prussiens. Par là le duc de Wellington et le maréchal Blücher seront séparés dès la première heure. L'occasion, le moment décidera sur laquelle des deux armées il faudra frapper les premiers coups. Que les deux masses ennemies soient d'abord partagées, après quoi on renouvellera contre elles, l'une après l'autre, la manœuvre de Castiglione, tant de fois couronnée de succès. Ce mouvement portera l'armée française de l'autre côté de la Sambre sur la grand'route de Bruxelles; on y trouvera partout des populations amies, prêtes sans doute à se prononcer dès le moindre succès. Et, chose aussi de bon augure! dès le premier pas, on rencontrera Fleurus, armé des deux victoires de Louis XIV et de la République. Elles salueront au passage l'armée impériale.

Ainsi Napoléon, avec 110,000 hommes, marche au-devant des armées anglo-hollandaises et prussiennes fortes de 220,000 hommes. C'est un homme contre deux. Il n'y a rien là qui puisse étonner une armée française commandée par le vainqueur de l'Europe; mais c'est le chef qui devra surtout rétablir la balance au profit du petit nombre. Il faudra chez lui avant tout non pas seulement la même fécondité de conception (personne ne doute qu'il ne l'ait gardée), mais la même confiance dans la fortune, la même ardeur foudroyante à la saisir, la même divination pour pénétrer le secret de l'ennemi, la même inspiration soudaine qu'à Arcole, à Ulm, à Ratisbonne.

Quand Napoléon compte les cent victoires dont il marche environné, quand il se souvient de ce qu'il a fait à Dresde et, l'année précédente, dans la campagne de France, il calcule que sa présence à l'armée vaudra cent mille hommes; surtout il sent un juste orgueil en face des deux généraux ennemis. Peut-être aussi les estime-t-il trop peu. A force de répéter aux autres que Wellington est un général sans talent, Blücher un officier de hussards, il finit par le croire à moitié : pente funeste qu'une si grande disposition à mépriser! En dédaignant trop l'ennemi, en se plaçant trop au-dessus de lui, on risque de ne plus apercevoir ses projets.

Déjà il se plaint que ses lieutenants ont été ébranlés par les désastres ; mais lui-même n'en a-t-il reçu aucune atteinte ? est-il bien sûr d'être resté ce qu'il était ? Quelques-uns soutiennent (et parmi eux le général Lamarque, le colonel Charras) que l'ennemi n'a devant lui dans cette campagne qu'une ombre de Napoléon. Examinons à ce point de vue, en nous donnant le plaisir de l'impartialité, les quatre jours qui vont suivre, puisque la campagne n'a pas duré davantage. Comptons les heures, les minutes ; chaque moment renferme les destinées de la France.

Dira-t-on que l'infaillibilité du chef fait partie de la gloire nationale ? On substituerait ainsi l'idolâtrie à la raison publique. La gloire des Romains, était-ce de consacrer toutes les fautes de César ? était-ce de mettre Dyrrachium à côté de Pharsale ? La gloire de la Prusse, est-ce de ne faire aucune différence entre la campagne de Torgau et les autres campagnes de Frédéric ? Les anciens, les modernes, César, Frédéric, Napoléon lui-même, ont pensé le contraire.

DEUXIEME PARTIE

LIGNY ET LES QUATRE-BRAS

I

OUVERTURE DE LA CAMPAGNE. — PASSAGE DE LA SAMBRE.

Selon l'usage, une proclamation de Napoléon ouvre la campagne. Tout ce qui peut enflammer une armée est rassemblé en quelques lignes : le ressentiment contre les injures des Prussiens, le souvenir des pontons anglais. Et ce n'était pas seulement aux Français que de telles paroles étaient adressées, c'était aux Belges, aux Hollandais, aux Hanovriens, aux soldats de la confédération du Rhin, à tous ceux qui, par force, par lassitude ou par choix, avaient grossi les rangs de la coalition. Un seul mot avait été oublié, celui dont l'ennemi s'était armé contre nous, la liberté; mais qui pouvait s'en plaindre ou s'en préoccuper, quand on arrivait à ces dernières paroles : « Pour tout Français qui a du cœur, le moment est venu de vaincre ou de périr? »

Ainsi c'est à une lutte désespérée qu'il faut se préparer. Voilà par où la guerre se distingue des précédentes : il ne s'agit plus de gloire ou de puissance, mais du salut de tous.

Le 14 juin au soir, l'armée française, partagée en cinq corps, était réunie, à l'insu de l'ennemi, derrière la Sambre. Elle venait, à marches forcées, de Paris, de Mézières, de Metz, de Laon, et se trouvait rassemblée, la droite (4ᵉ corps, sous le général Gérard) en avant de Philippeville; le centre, formé du 3ᵉ corps (Vandamme), du 6ᵉ (Lobau) et de la garde, sous le commandement immédiat de Napoléon, à Beaumont; la gauche (1ᵉʳ et 2ᵉ corps, sous d'Erlon et Reille) à Ham-sur-Eure et à Solre-sur-Sambre. Cette concentration de forces s'était opérée sans que, dans un si grand mouvement d'hommes et de choses, l'éveil eût été donné à ceux qu'on allait surprendre. A deux heures et demie du matin, cette armée, qui s'est tenue en silence dans ses bivacs, les feux éteints, doit s'ébranler en trois colonnes. L'ordre de mouvement est plein de précautions inaccoutumées dans les dernières guerres. Tout est prévu pour empêcher la confusion dans la marche de ces colonnes, qui traînent après elles un nombreux matériel[1].

Napoléon avait dessein de passer la Sambre à midi; il était plus de trois heures quand le passage fut opéré par Reille à Marchiennes-sur-Pont, par Gérard à Châtelet. Les ordres avaient été néanmoins exécutés ponctuellement, à l'exception de celui qui prescrivait au général Vandamme de commencer son mouvement à deux heures et demie du matin. L'officier porteur de cet ordre s'était cassé la jambe en tombant de cheval; il n'avait pas été remplacé. Vandamme n'avait été instruit que fortuitement et tardivement de ce qu'il avait à faire. Quoique le mouvement général de l'armée eût pu l'instruire, il n'était sorti de ses bivacs qu'à sept heures et demie, opposant aux impatients la résolution inébranlable d'attendre un ordre positif.

Du reste, le retard du 3ᵉ corps sera sans résultats fâcheux, puisque la garde l'a remplacé en prenant la tête de l'armée. Précédé de la cavalerie légère du général Pajol, le centre s'est avancé, sans trouver presque aucune résistance, jusqu'aux faubourgs de Charleroi. Là, on a rencontré une digue de trois cents pas, aboutissant au pont, dont la tête avait été palissadée.

[1] Voyez l'ouvrage si justement classique du général Dufour, *la Tactique*, p. 18.

La cavalerie française ne s'est arrêtée qu'un moment devant les tirailleurs ennemis embusqués derrière les chevaux de frise. Ce faible obstacle est bientôt rompu par les sapeurs de la garde; à midi, les Français entraient dans Charleroi, chassant devant eux le régiment prussien qui l'occupait et qui se retirait en arrière de Gilly.

La colonne de gauche n'avait pas été moins heureuse : elle s'était avancée, le 2ᵉ corps en tête, sous le général Reille, par Thuin sur Marchiennes. D'abord les avant-postes du général Ziethen s'étaient repliés; mais la résistance avait commencé à Thuin, que des bataillons de Westphaliens avaient tenté de défendre. Une partie de cette infanterie avait été coupée de la Sambre et s'était rendue; le reste, vivement poursuivi par les nôtres, s'était dérobé par Damprémy et marchait vers Fleurus, point de ralliement donné à tout le corps de Ziethen.

Un événement funeste, dans lequel plusieurs virent un mauvais présage, avait arrêté un moment la colonne de droite; le général commandant une des divisions du 4ᵉ corps, M. de Bourmont, avec son chef d'état-major et trois de ses aides de camp, s'était approché des avant-postes comme pour les observer; mais, là, il avait congédié son escorte. On l'avait vu dans les premières heures du jour abandonner ses troupes et entrer dans les rangs ennemis. Il avait été conduit auprès du maréchal Blücher, et, comme quelqu'un faisait remarquer que le général français avait déjà changé de cocarde, on rapporte [1] du maréchal prussien de rudes paroles pour condamner en soldat l'action dont il allait profiter en chef d'armée. Après un demi-siècle dans lequel nous avons honoré et couronné tout ce qui a réussi, cette défection est peut-être la seule qui n'ait pas trouvé parmi nous d'apologistes. Le bruit s'en répandit aussitôt dans le 4° corps; la défiance s'augmenta chez les plus soupçonneux. Indignée et ne sachant sur qui faire retomber ses soupçons, cette colonne s'avança sans rencontrer l'ennemi; mais, comme elle avait le plus long chemin à faire, elle fut la dernière à atteindre la Sambre, qu'elle passa le soir sans obstacle à Châtelet.

Napoléon, arrivé à Charleroi, se trouvait au sommet de l'angle dont l'un des côtés formait la ligne anglaise et l'autre la ligne prussienne. Par la route de Charleroi à Bruxelles, il pouvait faire irruption au milieu des cantonnements du duc de Wellington; par celle de Charleroi à Fleurus, dans les cantonnements du maréchal Blücher. Profitant du premier moment de surprise, il achèvera sans doute de partager l'ennemi; le résultat sera de rejeter les Anglais sur l'Escaut, les Prussiens sur le Rhin. Ceux-ci s'échappant par les deux routes,

[1] Voyez Siborne.

l'une des divisions du général Ziethen s'était aventurée sur le chemin de Gosselies ; elle se trouvait coupée ainsi du reste de l'armée. Napoléon la fait suivre par la brigade de Clary, qu'appuiera bientôt la cavalerie légère de la garde, soutenue elle-même d'un régiment de la division Duhesme. Le reste des troupes engagées de Ziethen, c'est-à-dire la 2e division, après avoir abandonné Charleroi, s'était replié du côté de Fleurus, point de concentration assigné à l'armée prussienne ; mais bientôt cette division s'était arrêtée, voyant qu'elle n'était pas suivie. A deux heures, elle avait pris position au village de Gilly, la droite à l'abbaye de Soleilmont, la gauche vers Châtelineau. Par cette contenance assurée, elle donnait à l'armée prussienne le temps de se reconnaître et de se rassembler. D'ailleurs la 1re division, égarée dans la fausse direction de Gosselies, risquait d'être perdue, si le corps principal ne lui permettait, en s'arrêtant, de se rabattre par des chemins de traverse sur Gilly ou Fleurus.

Dans cet intervalle, le maréchal Grouchy, avec un corps de dragons, avait pris les devants vers Gilly. Il croyait les troupes de Ziethen en pleine retraite ; il les voit, établies dans un bon poste, prêtes à accepter le combat. Cette hardiesse lui impose ; d'ailleurs il ne commandait alors que la cavalerie. Pouvait-il, sans un seul fantassin, forcer un village défendu par de nombreux abatis? Il revient de sa personne auprès de Napoléon, il raconte ce qu'il a vu : des masses d'infanterie sont embusquées en avant des bois de Lambusart et de Fleurus. Probablement par delà tout le corps de bataille est caché, en seconde ligne, dans les vastes plis de terrain qui de ce côté dérobent l'horizon. C'est à l'empereur d'en décider d'un coup d'œil.

Napoléon part avec Grouchy; il va un peu tardivement, accompagné de quatre escadrons de service, reconnaître les lieux par lui-même. Ce n'est pas l'armée prussienne tout entière, comme on l'avait cru d'abord, mais seulement 18 ou 20,000 hommes qui sont devant lui. Il ordonne d'attaquer avec l'infanterie de Vandamme dès qu'elle se présentera. Ce corps, longtemps attendu, vient en effet de déboucher; mais il est déjà près de six heures du soir. Les colonnes de Vandamme s'avancent en échelons par la droite, de manière à envelopper le village de Gilly. L'attaque est soutenue par deux brigades de dragons d'Excelmans prêts à déborder l'aile gauche des Prussiens et à les charger en flanc.

Le général Ziethen avait réussi à gagner du temps; c'était la seule chose qu'il pût désirer. Il retire ses troupes par Lambusart, sur Fleurus. Un bataillon est rompu et pris presque en entier; mais la division continue de se retirer sans être entamée davantage. Elle atteint la lisière du bois en avant de Lambusart, où elle déploie ses tirailleurs. Impatient de la lenteur de cette retraite, sentant déjà que le temps presse, Napoléon envoie à la charge, comme dans un cas extrême, ses escadrons de service. C'est dans cette charge que son aide de camp, le général Letort, reçut la blessure dont il mourut le surlendemain. Aucun officier français n'avait vu avec plus d'indignation que lui les étrangers maîtres de la France en 1814. Je tiens de ceux qui l'ont connu de près qu'il avait failli plus d'une fois éclater devant les bataillons russes et prussiens qui défilaient dans Paris. Il représentait tout ce qu'il y avait de généreuses colères dans l'armée. Nul n'était plus impatient de se venger ou de mourir.

Tel fut le résultat de cette première journée : le passage de la Sambre, 12 ou 1,500 hommes pris ou tués, les deux armées ennemies séparées, tout ce qui prépare un succès décisif ; et, si l'on s'en rapporte aux aveux des étrangers, il n'avait tenu qu'à Napoléon de les mettre dans une situation presque désespérée ; car, ce qu'ils n'avaient pas avoué dans les temps rapprochés de 1815, ils l'ont déclaré plus tard. Ramenés à la vérité par le temps et l'expérience, ils avouent aujourd'hui que cette soudaine irruption du 15 les avait déconcertés, que le commencement de la campagne avait été singulièrement heureux pour les Français ; il ne leur restait qu'à achever avec vigueur ce qui avait été combiné avec habileté. En effet, des quatre corps du maréchal Blücher, celui de Ziethen était le seul qui eût pu se réunir; encore le matin était-il disséminé, ses avant-postes occupaient une ligne de plus de seize lieues, de Dinant jusqu'à Binche. Une partie de ses troupes avaient été coupées, pendant la journée presque entière; ce n'est qu'à onze heures du soir que ce corps se concentra entre Ligny et Saint-Amand, à cinq ou six lieues en arrière de la ligne qu'il occupait le matin.

Le 2ᵉ corps, celui de Pirch, arrivé de Namur, n'avait pu dépasser Mazy. Il se trouvait ainsi à deux lieues de la position du général Ziethen. Quant à Thielmann, il ne quitta ses cantonnements de Ciney qu'à sept heures et demie du matin. Il passa la nuit à Namur, c'est-à-dire à cinq lieues plus loin que Pirch. Le 4ᵉ corps prussien, celui de Bulow, était bien moins encore en état de tenir tête à une première et vigoureuse attaque des Français. Il se réunissait à Liége, à près de vingt lieues du champ de bataille[1].

Les corps prussiens semblaient donc s'offrir d'eux-mêmes séparément aux coups de Napoléon dans les premiers moments, où ils ne pouvaient attendre aucun appui les uns des autres; mais pour cela il fallait que pas un instant ne fût perdu. Aujourd'hui les Prussiens demandent pourquoi le chef de l'armée française les a laissés respirer, se concentrer sans obstacle depuis

[1] Voyez Damitz, Clausewitz.

onze heures du matin jusqu'à six heures du soir. Il y eut là pour le général Ziethen et la division Pirch un moment bien difficile. Le péril était certain pour eux. On n'en profita pas. Pourquoi cela? Le retard du corps de Vandamme en fut-il la cause? C'est là l'excuse que l'on assigne le plus souvent; mais assez d'autres troupes avaient passé la Sambre à Charleroi. Pourquoi ne s'en servit-on pas? Peut-être Napoléon ne voulut-il pas engager la garde dès le début de la campagne; mais il avait sous la main tout le corps de Lobau, le 6ᵉ. On dit aussi que le maréchal Grouchy accuse Vandamme d'avoir refusé son concours pour l'attaque de Fleurus. Ainsi déjà les généraux se plaignent les uns des autres, en attendant que le chef se plaigne de tous. Le plus certain, c'est que l'irrésolution était dans le commandement quand Napoléon était absent. Rien ne se faisait où il n'était pas. Peut-être aussi croyait-on les Prussiens plus nombreux, et ne voulait-on engager la campagne qu'à coup sûr.

Ordinairement des hommes qui ont échappé à un grand danger prennent plaisir à rechercher tout ce qui aurait pu leur arriver de pire, et ils se donnent ainsi la jouissance de la sécurité dans le péril. C'est ce que l'on voit aujourd'hui chez les principaux historiens de cette campagne, Anglais ou Prussiens. Ils se demandent ce qui serait arrivé, si Napoléon eût été ce jour-là le Napoléon de 1807 ou de 1809. Si dans la soirée ou le lendemain une attaque impétueuse eût été dirigée sur les corps de Ziethen et de Pirch, qui n'étaient pas encore rassemblés, il est très-probable, disent-ils, que ces corps eussent été battus et détruits. Celui de Thielmann, arrivant plus tard de Namur, eût partagé le même sort. Les débris de l'armée eussent été forcés de se retirer dans la direction de Hannut ou de Liége, pour faire la jonction avec Bulow.

Voilà ce que répètent les historiens militaires étrangers; ils tirent un motif de satisfaction de tous les maux qui les menaçaient, et auxquels ils ont échappé. Par la joie qu'ils montrent, ils constatent ce qu'ils avaient sujet de craindre. Singulier triomphe! Ils se donnent le spectacle de leur destruction imaginaire et jouissent avec complaisance des heures de répit que Napoléon leur a accordées dans cette journée du 15, qui, selon eux, eût pu être décisive.

Pour nous, sans porter nos espérances, dès cette première journée, aussi loin qu'ils ont porté leurs craintes, nous répéterons les excuses que l'on a données des lenteurs de Napoléon. Ses apologistes soutiennent que les Français, étant en marche depuis deux heures du matin où ils avaient quitté leurs bivacs de Solre-sur-Sambre, de Beaumont, de Philippeville, avaient besoin de repos et de faire leurs vivres. Les têtes de colonnes seules étaient en présence de l'ennemi; mais les masses restaient en arrière. Pendant que le 2ᵉ corps (Reille) atteignait Gosselies, le 1ᵉʳ (d'Erlon) était encore à Marchiennes. Vandamme bivaquait dans les bois de Fleurus, la garde et Lobau à Charleroi ; le général Gérard, malgré son impatience, n'avait pu dépasser Châtelet pour prendre à revers le corps avancé des Prussiens.

Sans doute l'exécution n'a pas entièrement répondu à l'habileté du premier plan : on n'a pas retrouvé, dans l'attaque au delà de la Sambre, la résolution, l'impétuosité ordinaire du chef de l'armée française ; mais faut-il se hâter de condamner une prudence peut-être nécessaire? Le début n'a pas été le coup de foudre que craignaient les ennemis ; est-ce donc que toute campagne doit commencer par un triomphe? La patience est aussi une vertu militaire, et puis le prodige, pour s'être fait attendre, n'éclatera qu'avec plus de force. La nuit qui s'approche verra se former une de ces grandes résolutions qui ont déjà tant de fois surpris le monde. Les corps français achèveront de se concentrer, le général prendra son parti, et, le lendemain, à la pointe du jour, les troupes bien rassemblées et reposées, il rachètera aisément par quelque coup rapide, imprévu, les lenteurs de la veille. D'ailleurs ces retards, que l'on ne peut nier, il faut les attribuer aux accidents, inévitables dans une première attaque de frontière sur une ligne aussi étendue que celle de Marchiennes à Châtelet. Surtout il faut en accuser les généraux, Vandamme d'abord, encore tout étonné de son désastre de Culm; Grouchy, trop neuf peut-être pour de si grands commandements; Reille, d'Erlon, à peine remis de la journée de Vittoria. Les uns se sont laissé imposer par l'ennemi; les autres, faute de vigilance, ont trop fait traîner leurs colonnes; mais, au milieu de tant d'hésitations, de négligences, un seul est resté infaillible, un seul n'a pas été effleuré par l'adversité. Celui-là réparera les fautes de tous les autres.

II

EXAMEN DES REPROCHES ADRESSÉS AU MARÉCHAL NEY DÈS L'ENTRÉE EN CAMPAGNE.

Le maréchal Ney venait d'atteindre à Charleroi le quartier général. Il était resté jusqu'au 11 dans l'ignorance de ce qui se préparait, seul à sa terre des Coudreaux, ne sachant même s'il aurait un commandement dans la prochaine campagne. La retraite d'un tel homme aux champs, loin de l'armée, avait servi à dissimuler plus longtemps l'imminence de la guerre. Averti seulement le 11, il arrivait précipitamment, avec un seul officier, sans équipages, longtemps retardé faute de chevaux. A Beaumont, il avait pu en acheter deux du maréchal Mortier. C'était toujours, à l'approche de l'ennemi, le même Michel Ney, invulnérable, la taille fière, la face du lion au repos. Tout au présent, personne n'était plus que lui facile à l'espérance. Il arrivait impatient d'agir, certain de couvrir les calamités ou les reproches des derniers mois par quelque nouveau prodige de fermeté et d'audace qui le réconcilierait en un jour avec sa vieille renommée.

Napoléon, en sortant de Charleroi, le rencontra sur la grande route, vers quatre heures et demie. Il l'accueille avec joie, il lui donne le commandement des deux premiers corps (d'Erlon et Reille), auxquels il joint la cavalerie légère de Piré et la grosse cavalerie de Kellermann. Cela forme un corps d'armée d'environ 48,000 hommes. « Allez et poussez l'ennemi! » c'est par là qu'il termine ses brèves instructions, sans mettre pied à terre. L'aide de camp Heymès, à cheval à côté du maréchal, n'en entendit pas d'autres.

Ney court rejoindre ses troupes sur la grande route de Bruxelles. A trois lieues, à Gosselies, il rencontre le général Reille avec deux divisions; à une lieue plus loin, la division Bachelu et la cavalerie légère occupaient Frasnes. Mais le 1er corps, celui du général d'Erlon, est encore en arrière, et la division Girard a été détachée, sur la droite, vers Heppignies, à la poursuite d'une division prussienne. Le général Piré, envoyé en reconnaissance, rapporte que les Quatre-Bras sont occupés par la brigade du prince Bernard de Saxe-Weimar, et que l'armée du duc de Wellington se rassemble sur ce point. Il était dix heures du soir, la nuit déjà profonde; le maréchal Ney, arrêté par l'obscurité, fait prendre position à ses troupes sur le terrain qu'elles occupent.

Il vient à peine d'arriver; il ignore encore la force de ses régiments, le nom de leurs colonels, même celui des généraux. Il n'a encore sous la main que la moindre partie de son corps; la nuit l'oblige de s'arrêter; et déjà dans ces premiers instants prennent naissance contre lui les plus violentes accusations, celles que l'opinion publique a acceptées avec le plus de complaisance, et dont il semble impossible de la faire revenir, quand même on aurait pour soi l'évidence. C'est pourtant ce qu'il faut essayer ici. Je le ferai froidement, à la manière des géomètres. La mémoire d'un homme tel que Ney vaut bien, de la part des lecteurs, un moment d'attention.

La légende en effet commence à cet endroit, je veux dire un système de faits que tout le monde reçoit sans consentir à en examiner la vérité. Mieux que personne, Napoléon savait que des désastres tels que celui de Waterloo ont des causes éloignées. Aussi, avec son esprit fertile, a-t-il voulu en faire remonter l'origine au début même de la campagne; pour couper court à toute autre investigation, il lui fallait une grande victime qui pût porter dès la première heure la responsabilité et le fardeau du désastre. Le maréchal Ney a été cette victime jetée en expiation à l'opinion crédule. Sur sa tombe encore chaude ont été entassées coup sur coup les accusations, les condamnations de Sainte-Hélène; elles durent encore; elles pèsent aujourd'hui du même poids sur le jugement du plus grand nombre.

Interrogez en effet au hasard l'un de nous sur l'ouverture de la campagne, et en particulier sur les premiers pas du maréchal Ney. Tous nous avons notre version reçue ; tous nous répondrons sans hésiter que Ney a compromis les affaires dès le début. Il tenait dans ses mains le sort de la France, et par sa faute il l'a perdue. N'avait-il pas reçu de l'empereur l'ordre positif, impérieux, d'occuper le 15 dans la soirée, ou au moins le 16, à la pointe du jour, la position des Quatre-Bras? C'était la clef de toute la campagne : il suffisait d'obéir pour s'assurer la victoire ; mais, la tête troublée par les souvenirs de 1814 et de mars 1815, le maréchal Ney n'exécuta pas l'ordre prescrit, lorsqu'il dépendait de lui à ce moment de détruire l'armée anglaise en détail avant qu'elle fût rassemblée. Il ne fit rien de ce qui avait été ordonné ; pour comble d'égarement, oubliant tout un jour derrière lui un de ses corps d'armée, il avait d'avance paralysé les résultats que l'on pouvait attendre d'une entrée en campagne si vive, si soudaine, si digne des temps d'Arcole et de Lodi. Voilà la légende, telle que nous l'avons reçue docilement, telle que le plus grand nombre de nos historiens la répètent. Examinons-la une fois impartialement.

Première question. Quel jour le maréchal Ney a-t-il

reçu l'ordre d'occuper les Quatre-Bras? Napoléon, dans l'un de ses premiers récits, affirme que Ney aurait dû s'en rendre maître le 15 dès dix heures du matin. Napoléon avait donc oublié que le maréchal n'a reçu son commandement qu'à cinq heures du soir de la même journée? Exigeait-on de lui qu'il prît position avant d'être arrivé de sa personne à l'armée? Exemple de cette impatience d'accuser, d'incriminer à l'aveugle dans le premier ressentiment de la défaite! Voici au contraire ce qui s'était passé.

Ney, après avoir ordonné la vigilance la plus grande à ses avant-postes, était revenu de Frasnes à minuit auprès de Napoléon à Charleroi. Le maréchal partage le souper de l'empereur [1]. « Il mange avec lui le pain de l'amitié, » dit un aide de camp. Tous deux restent à conférer ensemble pendant que l'armée est profondément endormie dans ses bivacs. Que s'est-il passé dans cette conférence nocturne? Une grande résolution est-elle sortie de ces heures solennelles? Ney en a-t-il rapporté l'impulsion vive et décidée qu'il est allé chercher? Nul témoin n'a assisté à ce colloque; pourtant il n'est pas impossible d'en saisir au moins le résultat principal dans les explications, les lettres qui l'ont presque immédiatement suivi. Ney vient d'entrevoir l'ennemi sur la route de Bruxelles. Avec la fougue d'un homme tout

[1] Heymès, *Relation*.

d'action, il demande que l'armée marche à sa suite. C'est contre les Anglais qu'il faut se porter en masse par cette même route qu'il a éclairée. Cette armée est la plus redoutable; le coup frappé sur elle retentira davantage. Il suffira de contenir les Prussiens sur la droite. Telle est l'opinion que le maréchal Ney a toujours soutenue, et qu'il est permis de lui attribuer à ce moment.

Napoléon est moins impétueux; son parti n'est pas pris encore. S'il rencontre les Prussiens, il leur livrera bataille; mais il ne pense pas qu'ils osent l'attendre. Le plus probable selon lui, c'est qu'il se décidera à marcher le lendemain au soir sur Bruxelles avec sa garde, après avoir éclairé la route sur Gembloux. Dans cette incertitude, il est impossible qu'il ait communiqué une impulsion décisive, irrévocable à sa gauche, lorsqu'il ignore encore ce que fera sa droite. Tout dépend des nouvelles qu'on aura des Prussiens. Le maréchal Ney quitte l'empereur le 16 à deux heures du matin, et va rejoindre ses avant-postes. A sept heures, à Gosselies, il dit au général Reille qu'il attend les ordres promis.

Ainsi la seule chose que l'on puisse induire de cette conférence, c'est que la résolution de l'empereur n'est pas encore formée; elle ne le sera que dans la matinée du 16. Napoléon instruit alors Ney, par une dépêche, du projet que vient d'enfanter la dernière moitié de la nuit. Il partage son armée en deux ailes : il donne l'aile gauche à Ney, la droite à Grouchy. Il garde sous ses ordres immédiats une puissante réserve, qu'il portera, suivant les circonstances, vers l'un ou vers l'autre. Dans tout cela, il ne s'agit encore que du principe général de la campagne.

Quant à un ordre précis, à une résolution de détail, pour la première fois le nom des Quatre-Bras est prononcé dans un ordre du 16, du major général : « L'empereur ordonne que vous mettiez en marche les 1er et 2e corps pour les diriger sur l'intersection des chemins dits des Trois-Bras. » C'est là un ordre formel, mais c'est le premier de ce genre que l'on puisse découvrir, et il n'est pas question de tomber tête baissée sur l'ennemi, ou sur la position dont on s'est encore si peu occupé, que le nom même en est écrit imparfaitement. Il s'agit seulement de *se diriger* vers les Quatre-Bras. On savait donc bien que cette position n'était pas occupée par Ney, et l'on ne témoigne en rien l'étonnement, le mécontentement que l'on affectera plus tard. Ni reproches, ni surprise, ni hâte.

Seconde question. — A quelle heure cet ordre positif a-t-il été donné? à quelle heure a-t-il été reçu? Napoléon, dans sa seconde version, ne s'approche guère plus de la vérité que dans la première. « Le maréchal Ney, dit-il, reçut *dans la nuit* l'ordre de s'emparer des Quatre-Bras. Le comte de Flahaut, aide de camp général, porta cet ordre. » Par cette désignation, on avait un moyen de s'assurer de l'exactitude du récit. Le général de Flahaut, interrogé sur ces détails, a répondu qu'il avait écrit l'ordre à Charleroi, sous la dictée de l'empereur, entre huit et neuf heures du matin. Or, il y a quatre lieues de Charleroi à Frasnes, où se trouvait le maréchal Ney. Le général Reille vit passer le comte de Flahaut à onze heures à Gosselies; celui-ci avait encore une lieue à faire pour atteindre le maréchal.

Nous voilà bien loin des supputations de Sainte-Hélène. Le premier ordre de se diriger sur les Quatre-Bras est du 16 et non du 15 au soir; il a été reçu dans la matinée et non dans la nuit, vers onze heures et demie et non à la pointe du jour. Dans tout cela, pour arriver à l'évidence, il n'est besoin d'aucun raisonnement. Les dates, les heures, les faits parlent d'eux-mêmes.

Mais, dit-on, car comment renoncer si vite à une idée si aisément acceptée? il a pu y avoir une instruction verbale donnée sans témoin, directement par l'empereur au maréchal dans la soirée ou dans la nuit. Le maréchal Soult, major général de l'armée, qui devait pourtant avoir connaissance des mouvements importants, nie formellement l'existence de cet ordre. N'importe, on insiste, on accuse; on accable Ney d'instructions imaginaires qui n'ont été ni vues, ni connues, ni entendues de personne. Sur cela, je demande si l'histoire militaire doit échapper à toutes les règles de critique réclamées par la vérité dans les autres genres d'histoire. Peut-il dépendre d'un chef d'écraser la mémoire de l'un de ses lieutenants en se contentant d'avancer qu'il a donné telle instruction verbale, lorsque tous les ordres écrits, tous les témoins les plus considérables contredisent son assertion? Dans ce cas, l'honneur des généraux est à la merci du chef; l'histoire militaire n'est rien qu'une consigne donnée à la postérité, qui doit la répéter de siècle en siècle sans l'examiner ni la comprendre.

Ne sait-on pas que, dans les jours qui suivirent le désastre de Culm, Napoléon forgea après coup des ordres contraires à ceux qu'il avait réellement donnés? Ce qu'il a fait après Culm, qui empêche qu'il ne l'ait fait après Waterloo? Le besoin de rejeter le désastre sur autrui était-il moindre alors? Tant s'en faut. Il n'est donc pas possible de prendre, les yeux fermés, ses déclarations comme la règle absolue de la vérité. Encore Napoléon n'a-t-il pu maintenir dans sa seconde relation ce qu'il a avancé dans la première. Que reste-t-il donc à faire à l'historien en présence, non de témoignages et de faits, mais de suppositions gratuites? Dès que l'on se jette en dehors des faits positifs, les choses ne suffisent plus. Pour contredire des conjectures, il faut des raisonnements. L'ordre n'a pas été donné : cela est prouvé par ce qui précède. A-t-il pu l'être? C'est ce qu'il reste à examiner.

Dans cette seconde manière de présenter la question, ceux-là n'ont été contredits par personne qui ont réduit la difficulté à la considération suivante : Napoléon à Charleroi se trouvait, avons-nous dit, au sommet d'un triangle dont l'un des côtés était la route de Charleroi à Bruxelles, passant par les Quatre-Bras, l'autre la route de Charleroi à Namur, par Sombref. La base de ce triangle était la chaussée de Nivelles à Namur, par les Quatre-Bras ; elle servait de communication entre le duc de Wellington et le maréchal Blücher : par où l'on voit qu'en occupant les Quatre-Bras on empêchait l'armée anglaise de se joindre aux Prussiens, de même qu'en occupant Sombref on empêchait les Prussiens de se joindre aux Anglais. Pour empêcher la réunion, il était indispensable de fermer à la fois les deux passages.

Si la gauche de l'armée française se fût portée avec Ney jusqu'aux Quatre-Bras sans que Sombref fût occupé, son corps d'armée pouvait être accablé à la fois par les Anglais et par les Prussiens. La même chose était à craindre si la droite française était aventurée au loin sans que le passage fût fermé aux Anglais, à l'intersection des routes, par la gauche : d'où la conséquence irrésistible que les deux débouchés devaient être occupés simultanément, pour que les manœuvres de l'armée française eussent une base solide. C'est la seule chose qu'ait pu accepter la raison de Napoléon.

Par là s'ouvre un nouveau moyen de pénétrer dans le secret de la conférence de nuit entre Napoléon et le maréchal Ney. Pour savoir si l'ordre a été donné à celui-ci de pousser jusqu'aux Quatre-Bras, il suffit de savoir si l'ordre a été donné à la droite de pousser jusqu'à Sombref.

Or, la question ainsi transformée se trouve résolue. Il suffit pour cela de citer la déclaration suivante, qui a échappé, je ne sais comment, aux yeux si clairvoyants du général Jomini. Voici cette réponse : « Le 15 au soir, l'armée ne resta pas à Charleroi, il était impossible d'occuper Sombref. L'intention de Napoléon était que son avant-garde occupât Fleurus, en cachant ses troupes derrière les bois, près de cette ville. Il se fût bien gardé d'occuper Sombref; cela seul eût fait manquer toutes ses manœuvres. » Qui dit cela? Napoléon. Et remarquez qu'il ne s'agit pas seulement d'un fait, d'un détail qui peut être aisément oublié ou confondu avec d'autres ; il s'agit de la clef même des opérations de l'empereur. *Cela seul eût fait manquer toutes ses combinaisons.* Quel doute peut rester encore? Les historiens militaires réduisaient la question à savoir quelle avait été l'intention de Napoléon sur Sombref. Lui-même fait la réponse; il dit ce que lui seul peut savoir, son projet, ses intentions, ses vues réfléchies à cet égard.

Il est donc permis d'affirmer que le problème des

Quatre-Bras[1], tel qu'il a été posé par les principaux historiens de cette campagne, est résolu avec une évidence géométrique, puisque, ayant établi une simultanéité nécessaire entre l'occupation de ces deux points, Sombref et les Quatre-Bras, et Napoléon déclarant lui-même qu'il n'a pas voulu occuper le premier, par là s'évanouit la supposition imaginaire et fausse qu'il a voulu occuper le second. En s'aventurant jusqu'à ce point dans la soirée du 15 ou dans la nuit, le maréchal Ney n'aurait eu aucune raison de se croire soutenu par la droite dans un mouvement analogue. S'il l'eût fait, on l'eût accusé de témérité, et non sans motif; la simultanéité dans les deux opérations était si conforme aux plans de Napoléon, que, dès le premier ordre où il porte la gauche aux Quatre-Bras, il est en même temps question de porter la droite à Sombref, et réciproquement. La raison stratégique se joint ainsi à l'évidence des documents; et l'on voit comment, par leur méthode excellente, les historiens militaires qui méritent ce nom ont un moyen pour ainsi dire certain de faire jaillir la vérité qui se cache le plus.

Cessons donc de répéter des versions que Napoléon lui-même eût rejetées, si le temps et la force des choses lui en avaient révélé comme à nous la faus-

---

[1] Il ne s'agit toujours ici que du 15 juin et de la nuit du 15 au 16.

seté. N'accusons plus si légèrement la mémoire de Michel Ney; n'a-t-il pas payé assez chèrement les fautes d'autrui? Fallait-il encore l'accabler de tant d'ordres, d'instructions imaginaires? Était-ce bien sûr lui qu'il fallait, de Sainte-Hélène, faire retomber les colères de la France vaincue?

L'histoire répètera, avec les documents inédits, avec la correspondance de Jomini, avec le sage et impartial auteur de la relation hollandaise, Löben Sels, avec le colonel Charras, que Ney fut aux Quatre-Bras ce qu'il avait été dans ses grands jours; qu'il trouva dans le désespoir une énergie surhumaine; que, son action étant subordonnée à celle de Napoléon, il dut attendre la décision, quoique tardive, du chef; qu'il empêcha qu'un seul Anglais ne se joignît aux Prussiens à Ligny, quand c'était là toute la combinaison des armées ennemies; qu'il laissa ainsi à Napoléon le temps de vaincre et de saisir la fortune. Sont-ce là des preuves d'*aberration d'esprit*, comme parle la première relation? Mais n'anticipons pas [1].

---

[1] J'ai dit plus haut que la correspondance entre le duc d'Elchingen et le général Jomini est un modèle dans l'art d'appliquer la méthode géométrique à la recherche d'une vérité importante de l'histoire militaire. Quand cette correspondance parut, en 1841, je fus frappé de voir que le général Jomini gardait un doute parce qu'il supposait que Napoléon avait eu l'intention d'occuper Sombref le 15 au soir. Persuadé du contraire, j'en cherchai la preuve; je n'eus pas de peine à la trouver, puisque Napoléon l'a fournie lui-même. C'est par là que je commençai mes recherches sur la campagne de Waterloo. J'en formai un Mémoire que je

donnai en 1846 au duc d'Elchingen. Par quel hasard la déclaration positive de Napoléon, qui tranchait le problème si habilement débattu entre les deux auteurs de la correspondance, leur a-t-elle échappé? Par un de ces hasards qui font que ceux qui savent le mieux une chose en oublient quelquefois un détail important et décisif. En voyant cette déclaration formelle de Napoléon, le duc d'Elchingen regrettait de l'avoir omise dans sa correspondance; il pensait que le général Jomini se serait rendu à *l'évidence mathématique*. M. le colonel Charras arrive aux mêmes conclusions par une autre voie non moins sûre

III

RETARDS DU DUC DE WELLINGTON. — CONCENTRATION DE L'ARMÉE PRUSSIENNE. — TEMPORISATIONS DE NAPOLÉON.

Cependant le duc de Wellington avait reçu le 15, à quatre heures après midi, à Bruxelles, la première alerte dans une dépêche du maréchal Blücher. Le général anglais se persuada faussement que l'attaque des Français menaçait d'abord les Anglais dans la direction de Mons. Tranquille de ce côté, il ne change rien à ses dispositions. Seconde dépêche plus pressante de Blücher à dix heures du soir; il fait connaître la force des Français, le passage de la Sambre sur trois points. A cette nouvelle, le duc de Wellington se contente de donner à ses troupes l'ordre de se concentrer, la gauche (divisions Perponcher et Chassé) à Nivelles, le centre (divisions Clinton et Colville) à Grammont, la droite (divisions Stedmann et Anthing) à Sotteghem, le contingent de Brunswick à Vilvorde, la réserve et la division Picton à Bruxelles. Ces précautions prises, le duc de Wellington se rend au bal de la duchesse de Richmond. Là plusieurs heures se passent dans les fêtes, au milieu de la musique et des danses, soit qu'il ne pût croire à une attaque si impétueuse sur un seul point, soit désir de montrer une sécurité affectée ou réelle.

A minuit arrive la dépêche du général de Docremberg; elle annonce positivement que les Français négligent Mons, passent la Sambre, débouchent en masse sur leur extrême droite. Alors seulement la fête fait place à de sérieuses dispositions de guerre. L'armée anglaise reçoit l'ordre de mouvement pour se concentrer aux Quatre-Bras. La division Alten se dirigera de Braine-la-Leud sur Nivelles; la division Cooke, d'Enghien sur Braine-le-Comte; les divisions Clinton et Colville, d'Ath, de Grammont et d'Audenarde sur Enghien.

Ainsi, dès le premier jour, le duc de Wellington, ne sachant où attendre l'ennemi, perd treize heures en temporisations ou en ostentations frivoles. N'ayant jamais commandé contre Napoléon, il ne devinait en rien son adversaire; et ce qui l'avait empêché de se décider plus tôt, c'est l'idée doublement fausse qu'il serait attaqué avant les Prussiens, et qu'il le serait par sa droite. On verra combien cette idée persista chez lui, puisqu'elle se montre encore jusque dans les dispositions préliminaires de la bataille de Waterloo.

Cette combinaison fausse eut plusieurs conséquences, dont la perte de treize heures ne fut pas la plus fâcheuse; mais la grande supériorité du nombre permettait aux généraux ennemis de commettre impunément des fautes. Napoléon, au contraire, ne peut en commettre une seule qui ne lui soit funeste.

On dit que le duc de Wellington, malgré tant d'avertissements, aurait encore tardé à s'ébranler, si le duc de Brunswick, le même qui devait mourir le lendemain glorieusement, ne l'eût arraché au milieu du bal à ses incertitudes. Au lever du jour, c'est-à-dire vingt-quatre heures après le premier mouvement des Français, les troupes autour de Bruxelles quittent enfin leurs cantonnements. Le général anglais, parti à huit heures du matin, précède son armée aux Quatre-Bras. Dans cette nuit du 15 au 16, Napoléon avait eu son quartier général à Charleroi, Blücher à Sombref.

Quelques heures ont été perdues par les Français le 15, à l'entrée de la campagne : déjà, comme on l'a vu, on en fait un grave sujet de reproches, même à des absents; mais les Anglais ont pris soin par leur propre lenteur de réparer la nôtre. La balance penche toujours de notre côté. La journée du 16 commence, et l'on est précisément dans la saison où les jours sont les plus longs de l'année. Le soleil se lève à deux heures et demie. C'est le mois des batailles. Napoléon le sait mieux que personne. On reverra, ce jour-là, les prodiges d'activité, de vigilance, de décision, qui ont fait la fortune des campagnes heureuses.

Déjà les Prussiens à sa droite, entraînés par leur ardeur, viennent se placer témérairement au-devant de ses coups. Ils se concentrent au delà de Fleurus, à deux lieues de ses avant-postes. Loin de se dérober, comme il avait pu le craindre, ils attendent, ils appellent, ils provoquent la bataille, seuls, sans leurs alliés; car, bien qu'ils comptent sur cette coopération, il est certain qu'elle va leur manquer, et l'on peut compter sur Ney pour l'empêcher aux Quatre-Bras. Napoléon, avec la droite de l'armée, a donc une journée entière pour profiter de cette fortune inespérée ; mais il faut, sans balancer, la saisir comme une faveur, car qui peut assurer qu'elle se retrouvera, et que les deux armées prussienne et anglaise, dont toute la pensée est de se réunir, n'y parviendront pas dès le lendemain? Il faut donc que chaque heure de cette journée soit pleine, surtout que la bataille commence dès que les armées pourront être en présence, afin qu'on ait le temps, non-seulement de vaincre (chose dont personne ne doute), mais de tirer tous les avantages de la victoire. Et cela ne sera possible qu'à la condition de ne pas donner à l'ennemi les premières heures de la nuit pour se refaire, se reconnaître, se rallier, peut-être même pour se dérober.

Par malheur, Napoléon hésite encore à croire à tant

de témérité de la part des Prussiens. Comment penser qu'ils osent seuls le provoquer? Cette idée était si loin de lui, qu'il crut inutile de se hâter. Chose inexplicable autrement, c'est seulement à dix heures du matin, et sans aucune précipitation, qu'il quitta son quartier général de Charleroi. Il s'avança vers Fleurus pour s'éclairer, par ses propres yeux, sur la situation des choses. C'était le moment même où le duc Wellington avait joint le maréchal Blücher, sur les hauteurs, près du moulin de Bussy. De là, les deux généraux ennemis auraient pu voir Napoléon, qui observait, de son côté, les mouvements de concentration de l'armée prussienne. Jusqu'à cet instant, le duc de Wellington s'était obstiné à croire qu'il était seul menacé. Le témoignage de ses yeux, la campagne pleine d'ennemis, la position des masses françaises, purent seul le convaincre que l'orage se tournait contre les Prussiens, tant une première idée entrée dans l'esprit d'un général résiste longtemps même à l'évidence. Il n'y avait plus moyen d'en douter, un grand choc se préparait; le duc de Wellington promet au maréchal Blücher le concours de l'armée anglaise dans la bataille, désormais inévitable. Il promet son appui pour quatre heures, et va rejoindre ses troupes.

Malgré une assurance si formelle, on a blâmé les Prussiens d'avoir eu la témérité d'accepter seuls la bataille de Ligny, privés encore de leur 4e corps, celui du général Bulow, resté loin en arrière. Pour excuser leur audace, ils disent qu'ils n'auraient pu se retirer de Sombref sans renoncer à leur ligne d'opération, chose à laquelle ils ne pouvaient penser, à moins d'y être forcés par une défaite [1]. En allant chercher la bataille à Mont-Saint-Jean, ils n'auraient eu, en cas d'insuccès, d'autre retraite que la Hollande. Accepter la bataille en avant de Bruxelles, c'était, au moindre échec, livrer à Napoléon la capitale de la Belgique et augmenter ses forces de toutes celles du pays envahi. Voilà une partie des raisons qu'ils assignent, sans parler de la promesse positive que le duc de Wellington vient de faire à Blücher de lui venir en aide à Ligny, après avoir passé sur le corps de Ney. Peut-être à ces motifs faut-il ajouter qu'un désir immodéré de gloire, de représailles, de vengeance, l'impatience de se mesurer seul avec Napoléon, de lui tenir tête le premier, et surtout l'espoir de renverser le colosse sans en partager l'honneur avec personne, entrèrent aussi pour quelque chose dans la résolution du maréchal Blücher.

Ce qui autorise toutes ces explications, c'est la position prise par l'armée prussienne dans les champs de Fleurus; la pensée de Blücher s'y montre à découvert; car cette position n'était pas seulement défensive, elle

Voyez Damitz.

était hardiment offensive. L'armée ennemie aurait pu, si elle n'avait songé qu'à se ménager la retraite, prendre position à Sombref et Boigne, à cheval sur la grande route de Namur : par là, elle eût été plus rassemblée; mais les nombreux résultats que l'on poursuivait apportèrent un grand changement à ce plan. Il y avait surtout pour les Prussiens deux buts importants à atteindre : premièrement, garder la ligne d'opération sur Namur, et, pour cela, il fallait occuper Sombref et Tongrenelle sur la gauche ; secondement, tendre la main aux Anglais; pour cela, il faut non-seulement appuyer fortement le centre à Ligny, mais prolonger la droite vers Saint-Amand et Wagnelée. On se cramponnera à ces villages, que l'on défendra pied à pied jusqu'à ce que les alliés, en paraissant à l'improviste sur le plateau de Bry, décident la journée. Le ruisseau de Ligny, encaissé, mais guéable, s'étend sur le front de l'armée; il ajoute aux difficultés de la position, couverte par six villages, qui, avec leurs maisons de pierre, forment autant de bastions.

Le seul défaut de cette ligne est son extrême étendue de Tongrenelle à Sombref, de Sombref à Ligny, de Ligny à Saint-Amand ; et pourtant, si le 4ᵉ corps prussien était arrivé, on affirme qu'il eût été porté plus avant encore sur la droite, pour mieux assurer le débouché des Anglais, et menacer plus directement la gauche et les derrières de l'armée française. Ces

buts différents sont aussi importants les uns que les
autres; mais, pour vouloir trop de choses à la fois, ne
court-on pas le risque de n'en atteindre aucune? Et
comment cette ligne immense, presque circulaire, ne
sera-t-elle pas percée par un adversaire tel que Napoléon?

Il lui avait suffi de monter l'escalier de bois d'un
moulin à vent, au sortir de Fleurus, pour que ces
masses d'hommes, qui lui étaient restées cachées jusque-là, se montrassent tout à coup à ses yeux. Il ne
dissimula pas son étonnement de tant d'audace en
découvrant ces 80,000 hommes rangés sur de vastes
glacis. Aucun d'eux ne se dérobait aux regards, excepté sous les massifs d'arbres dont les villages sont
environnés. Quant aux Français, ils avaient cette bonne
fortune que les terrains où ils étaient placés formaient
de larges plis dans lesquels leurs réserves pouvaient
être tenues à l'abri jusqu'au moment où elles seraient
appelées à entrer dans l'action. Toute la ligne ennemie
se dessinait avec la netteté d'une carte topographique.
Les clochers aigus de Saint-Amand, de Wagnelée, de
Bry, de Ligny, pointaient au loin à travers le feuillage
des arbres, et marquaient l'emplacement des villages
qui ne se découvraient pas en entier.

Le doute n'était plus possible à Napoléon. Non-seulement les Prussiens osaient l'attendre, mais encore ils
avaient la prétention de le déborder par sa gauche à

Saint-Amand et de l'envelopper, pour peu qu'il cédât sur ce point. Il s'attendait à les refouler devant lui sur la route de Namur; il les voit déployés sur son flanc. Il dut arrêter ses colonnes en marche et modifier subitement son ordre de bataille; ce qu'il fit par un grand changement de front de toute l'armée, la droite en avant. La menace de le couper de la Sambre ne pouvait être méprisée; elle l'oblige à laisser en arrière, en observation, le corps de Lobau dans la direction de Fleurus.

IV

PLAN DE BATAILLE DE NAPOLÉON.

Les vastes plaines de Belgique ne sont jamais si unies qu'il ne s'élève quelque part une éminence, un tertre, un monticule boisé, et dans une surface si plane la moindre inégalité du sol vous cache l'horizon. Deux armées de quatre-vingt mille hommes peuvent se dérober l'une à l'autre et ne s'apercevoir qu'au moment de se toucher. C'est ce qui venait d'arriver. Cette même disposition du sol a conduit à des surprises de ce genre dans presque toutes les guerres livrées sur le sol de la Belgique. Nulle contrée n'est plus propre aux embûches que ces terres rases, cédées par la mer, où l'on croit tout voir, et qui, derrière un rebord de quelques pieds, peuvent cacher des multitudes d'hommes. Le maréchal de Luxembourg l'a éprouvé à Steinkerque. César n'a été surpris qu'une fois : c'est le jour où il a mis le pied sur ces mêmes bords évasés de la Sambre.

En sortant de Fleurus, au nord, par la grande route de Namur, la plaine se déroule en immenses nappes de terrain à peine ondulées. Sans haies, sans fossés, sans murs, la terre ne forme qu'un seul champ ouvert de tous côtés. Sur la gauche, deux de ces vastes plans inclinés s'abaissent en forme de glacis naturels l'un vers l'autre. A l'endroit où ils se rapprochent le plus, ils se terminent à leur base, non par un ravin, mais par un large bas-fond où coule le Ligny. Ce petit ruisseau, de sept ou huit pieds de large sur trois de profondeur, serpente si lentement, que l'on a peine à reconnaître qu'il se dirige du sud-ouest au nord-est, et la lenteur de ses eaux montre combien la pente des lieux est peu sensible. Les deux armées occupaient en face l'une de l'autre, sur les deux rives opposées de ce ruisseau limoneux, chacun des deux grands plans inclinés. Aujourd'hui cette plaine est partout perforée de crevasses, de puits profonds pour l'extraction des minerais de fer; mais alors aucune aspérité du sol n'interrompait l'uniformité de ces pentes, où les bataillons pouvaient se déployer sans trouver d'autres barrières que les blés, qui étaient dans toute leur hauteur et les cachaient souvent plus qu'à mi-corps.

Dans ces vastes bassins, le front de la position des Prussiens était surtout marqué par trois villages. A leur droite, au pied de la ligne de hauteur, Saint-Amand, en murs de brique, qui forme trois hameaux, car les maisons y sont éparses, séparées par des prés, des bouquets de bois, de petits ravins où coule le *Riz de Saint-Amand*. Au centre, à un quart de lieue et dans un pli de terrain, le village de Ligny, composé principalement de deux rues que séparent l'une de l'autre des champs, des clôtures, le cimetière. Ces rues longues, interminables, pleines en toute saison d'une fange épaisse qui embarrasse le passage, sont bordées de maisons attenant les unes aux autres, en grosses pierres, et couvertes de chaume. Au-devant de ces maisons s'étendent de petites cours emmuraillées, dont chaque face crénelée peut devenir un petit fort. Ce village de granit, alors flanqué d'un château, doit évidemment former le grand obstacle; mais le ruisseau de Ligny ne couvre pas le village du côté des Français : il traverse seulement la partie basse qui regarde l'armée prussienne. Enfin, à l'extrême gauche de l'ennemi, un peu en arrière, sur le plateau, le gros bourg de Sombref domine la plaine et rattache fortement l'armée prussienne à la route de Namur, sa ligne d'opérations.

Telle était, à dix heures du matin, la position de l'armée ennemie. Elle était prise en flagrant délit, suivant l'expression de Napoléon. Que se passa-t-il alors dans son esprit? Qui le saura jamais? Pourquoi attendit-il cinq heures encore avant de commencer l'attaque? car il ne s'y décida que vers trois heures après midi! Quels graves motifs le forcent à retarder sans mesure la bataille, quand il a si grand besoin de la journée entière pour consommer la destruction de l'armée prussienne? Il a dédaigné de s'excuser sur ce point comme sur tous les autres, n'ayant jamais cherché à se justifier qu'en accusant, et ici personne ne peut être responsable de ces retards. Est-ce qu'il voulait donner au maréchal Ney le temps d'écraser les Anglais et de tomber à bras raccourci sur les derrières des Prussiens, en se rabattant sur lui à la dernière heure, conformément à la pensée sur laquelle il est revenu tant de fois dans ses commentaires de la bataille de Ligny? Mais cette coopération de Ney, tardivement réclamée, pouvait être facilement illusoire; d'ailleurs, Napoléon avait sous la main tout ce qu'il lui fallait pour battre les forces opposées.

Les uns ont dit qu'il était souffrant, les autres que sa pensée était tout occupée de ce qu'il appelait les menées des jacobins à Paris, car il donnait ce nom à la liberté depuis qu'il avait autour de lui une armée; d'autres prétendent que la liberté, même éloignée, paralysait son génie. Quoi qu'il en soit, ce retard devint une première cause de ruine; et je pense que la meilleure explication à donner, c'est que l'adversité rend le génie timide et temporisateur, parce que la première chose qu'elle ôte aux hommes, même les plus forts, c'est la foi en eux-mêmes. Faute de cette foi, qui n'est pas le génie, mais qui en est la compagne nécessaire, l'action devient plus difficile et plus lente. Elle ne suit que de loin le projet; quand elle arrive, il est trop tard pour consommer le miracle.

Napoléon lui-même, plusieurs années après, est convenu de tout cela, et il a donné son secret, lorsqu'il a dit[1] : « Il est sûr que, dans ces circonstances, je n'avais plus en moi le sentiment du succès définitif. Ce n'était plus ma confiance première... Toujours est-il certain que je sentais qu'il me manquait quelque chose. » Cette explication est la vraie; elle renferme toutes les autres.

Au reste, si le 16 juin il a tardé à agir, il n'a pas trop tardé à concevoir son plan d'attaque. La position ennemie reconnue, il a fixé ce plan par les considérations suivantes : s'il attaque les Prussiens par leur gauche, il trouvera plus d'obstacles, car il faudra gravir à découvert la pente jusqu'au village de Sombref; d'ailleurs, on ne fera que précipiter le mouvement des Prussiens vers les Anglais et hâter leur jonction. C'est donc sur la droite et sur le centre qu'il faut porter les grands coups, quoique l'ennemi soit bien préparé de ce côté. Par là, on rendra la jonction impossible; on re-

---

[1] *Mémorial de Sainte-Hélène*, t. VII, p. 162.

jettera l'armée vaincue vers la Meuse, dans la direction la plus opposée à celle de ses alliés. L'action se décidera dans le pli de terrain, à Saint-Amand et Ligny, que l'on domine; on y arrivera en plongeant.

D'après ce qui a été dit plus haut, on peut prévoir quel sera le caractère principal de cette journée : des attaques de villages, des batailles de rues, la plus meurtrière des actions de guerre, les régiments, les divisions qui fondent et disparaissent, engloutis dans d'étroits défilés de maisons de pierre, jusqu'à ce que la victoire demeure à celui qui aura su conserver une réserve et la lancer à propos dans cette mêlée de mourants et de morts. Qui saura se ménager cette réserve ? Toute la question était là.

Du côté des Prussiens, quarante bouches à feu à Ligny, trente-deux à Saint-Amand, quarante-huit sur leur gauche, à Mont-Potriaux et Tongrenelle, défendent l'approche des villages; une artillerie égale y répondra du côté des Français.

Placées en amphithéâtre en arrière, les deux armées descendront dans les villages successivement par brigades, par régiments, comme deux fleuves de fer, pour remplacer les morts et alimenter la bataille. Et dans ces rues étroites, ce ne seront pas seulement des combats de soldats sous le drapeau, ce sera une guerre atroce de peuple à peuple, de race à race, dans un enclos, dans une ferme, dans une chaumière. Que chacun se choisisse un adversaire comme dans un duel à mort. Point de quartier : nul n'en demande, nul n'en veut accorder. Aucune autre tactique que celle qui va le mieux à la fureur : l'arme blanche, la baïonnette dès que l'on pourra s'atteindre. Voilà les instructions que les soldats se donnent à eux-mêmes; elles circulent de rang en rang.

Dans ces circonstances, la cavalerie jouera difficilement un rôle prépondérant : des deux côtés, masquée derrière les hauteurs, elle assiste en spectateur à ce qui se passe au-dessous d'elle. A travers les nuages de fumée d'où jaillissent les flammes de l'incendie, elle cherche à voir de quel côté tourne la fortune, et, selon que les villages sont pris ou perdus, elle pousse des hourras de colère ou de joie, attendant le moment de crise pour s'abattre sur la plaine et achever les vaincus.

Mais, quoique immobile, la cavalerie, par les positions qu'elle occupe, pèse d'un grand poids, même sans combattre, sur l'issue de la journée. Le maréchal Blücher a massé quarante-huit escadrons à sa droite, vers Saint-Amand; par là, il montre clairement son projet d'envelopper la gauche française et de la précipiter sur la Sambre. Un projet si ouvertement annoncé devra difficilement réussir. Napoléon a fait tout le contraire. Il a serré en masse sa cavalerie, cinquante-sept escadrons, du côté opposé, vers sa droite, en face de

Tongrenelle et de Sombref, où il n'a dessein de rien entreprendre de sérieux. Ce rassemblement de cavalerie est fait pour tromper l'ennemi. Celui-ci croit qu'un grand effort le menace de ce côté, il y retient inutilement tout le 3ᵉ corps prussien, celui de Thielmann ; mais l'endroit par où Napoléon veut percer l'armée prussienne est précisément celui où il ne montre ni cavalerie ni réserve. Les troupes destinées à porter le dernier coup seront tenues la journée entière à l'écart loin du champ de bataille, vers Fleurus ; elles ne s'ébranleront, elles ne se démasqueront qu'au dernier moment ; alors elles devront quitter la gauche pour se porter précipitamment au centre. Leur mouvement sera si rapide, qu'il devra tromper toutes les prévisions du maréchal Blücher. Sans doute abusé par ces démonstrations, Blücher aura porté ses dernières réserves sur sa droite, à Saint-Amand : ce sera le moment de le culbuter, en perçant le centre à Ligny. Napoléon montre de loin à Gérard le clocher de ce village : voilà le point décisif qu'il le charge d'enlever.

Telle est la conception de la bataille par le chef de l'armée française. Ces dispositions, que je sache, n'ont pas trouvé de critiques. Dans la manière dont Napoléon masque son dessein pendant la plus grande partie de l'action, ses plus vifs adversaires ont reconnu l'empereur.

V

BATAILLE DE LIGNY.

A deux heures et demie, Vandamme fait aborder le village de Saint-Amand par la division Lefol; celle de Berthezène la suit. On a dit que les nôtres s'élancèrent en chantant[1]. Leur ardeur est si grande, que les Prussiens sont culbutés. Deux régiments de renfort accourent pour les soutenir, ils sont renversés à leur tour. Dès ces premiers moments, la division prussienne de Steinmetz a déjà perdu quarante-six officiers et deux mille trois cents soldats; mais, sitôt que les Français veulent déboucher de l'autre côté de Saint-Amand, à la naissance du ravin, ils sont écrasés par les batteries de Ziethen et obligés de rentrer dans leurs abris. A leur gauche, la division Girard déborde le village; elle s'avance en colonnes sur l'extrémité de la ligne

[1] Vaulabelle.

prussienne. Le maréchal Blücher lance au-devant d'elle la division de Pirch II. Cette division ne réussit qu'à pénétrer au milieu du village; elle cède devant les soldats de Girard. Blücher la ramène au feu. Il galope au-devant des bataillons; on l'entend crier avec fureur : « En avant! au nom de Dieu! » Il ramène les siens dans le village. Vandamme, menacé d'être accablé, reçoit pour renfort les lanciers Colbert et une division de la jeune garde. Nouvel assaut des Français sur le front et sur les deux côtés du village. Les lanciers de Colbert fondent sur les batteries; ils sont chargés par les dragons de la reine. En même temps, des hauteurs de Wagnelée débouchent neuf bataillons prussiens et trois brigades de cavalerie. Nos tirailleurs, cachés dans les blés, les arrêtent et les rejettent en arrière.

Cependant le grand nombre permet aux Prussiens de retirer du feu leurs troupes épuisées, qu'ils remplacent par d'autres. De notre côté au contraire, point de repos pour personne. Les mêmes brigades qui ont commencé l'attaque la poursuivent et l'achèvent. Mutilées, désunies, elles restent en première ligne. Les troupes de Pirch II, qui se sont épuisées contre Vandamme, vont se reformer hors du feu, en arrière de Bry. Leur place est occupée par une troupe fraîche de trois régiments d'infanterie et par la cavalerie de Jurgas. Déjà trente-neuf bataillons prussiens se sont jetés et usés dans Saint-Amand. De notre côté, la division

Girard, qui a occupé le point saillant de l'attaque à l'extrême gauche, reste en première ligne contre un ennemi qui se renouvelle sans cesse. Dans cette lutte inégale, cette division a perdu son chef, le général Girard, atteint d'une balle au moment où pour la troisième fois il débouche au delà du ravin. Les deux généraux de brigade, Villiers et Piat, sont blessés et mis hors de combat. C'est un colonel qui commande [1]. Le tiers des hommes de cette division couvrent de leur corps les débris fumants du village; mais, en mourant, le général Girard laisse à ses soldats son caractère invincible. Il tombe, et son esprit reste debout.

Dans le même temps, au centre, le village de Ligny était attaqué sur trois colonnes. Là, les Prussiens ont vu, sous la fumée, une masse profonde s'élancer des hauteurs en face d'eux. C'est le 4ᵉ corps français dirigé par Gérard. Le côté du village qui se présente à lui n'offre qu'une longue ligne et comme une muraille continue et crénelée. L'abord en est plus difficile que celui de Saint-Amand. En outre, deux batteries prussiennes sont placées aux deux extrémités de cette longue rue, qu'il faut prendre à revers. C'est principalement par les issues particulières de chaque maison que les nôtres pénètrent dans le village. Ce ne sont pas, comme à Saint-Amand, de vastes espaces ouverts

---

[1] Voyez une note à la fin du volume.

où l'on peut se porter en masse et d'où les Français et les Prussiens se refoulent alternativement les uns après les autres. A Ligny, les troupes ont plus de points d'appui pour résister dans chaque enclos, et, une fois maîtresses d'une partie du village, elles le sont plus longtemps. Pendant un carnage de trois heures, l'œil ne peut suivre la bataille dans l'intérieur des cours, des hangars, des masures. C'est au bruit de la mousqueterie, aux coups redoublés des haches sur les portes, au cliquetis des baïonnettes, mêlés de cris, d'imprécations et même de courts silences, comme dans une citadelle prise d'assaut, qu'il faut suivre les alternatives du combat et deviner quel est le vainqueur ou le vaincu.

Gérard a déjà tenté deux attaques par les deux extrémités du village et par le centre. Quatre bataillons de la division de Henckel sortent de leurs abris et se présentent à tous les débouchés; ils appellent à eux leurs réserves, ils réussissent à se maintenir comme dans une vaste forteresse. Gérard renouvelle ses assauts, et cette fois il dirige ses principales attaques contre le centre et l'extrémité basse de Ligny, qu'il menace de tourner par sa droite. Les obusiers ont mis le feu au vieux château; l'incendie s'est rapidement propagé sur les toits de chaume attenant les uns aux autres; mais les fortes murailles de ces masures de granit résistent à la flamme. Nos tirailleurs, cachés dans les blés, arrivent jusqu'aux haies, aux jardins, aux portes de derrière des maisons; ils y pénètrent, les Prussiens se retirent dans l'intérieur. Une fois introduits au rez-de-chaussée de ces masures, les soldats ont le temps de s'assaillir corps à corps avant que les toits et l'étage supérieur s'effondrent et s'abîment sur eux. Pendant que la lutte se dérobe aux regards, les batteries sur les hauteurs prennent en écharpe, des deux côtés, les masses qui descendent, pour se joindre aux combattants, dans l'intérieur des rues incendiées. Une immense fumée s'élève du château de Ligny, qui s'écroule; la flamme des toits de chaume brille de plus en plus vive sur la tête des combattants.

Les Prussiens ont repris la portion avancée du village; la division de Jagow est venue soutenir celle de Henckel. Toutes deux essayent de déboucher. A l'issue, elles rencontrent des bataillons français serrés en colonnes. Tous font halte sans pouvoir se déployer dans cet étroit espace : les têtes de colonne s'abordent et se fusillent à bout portant; mais les Prussiens ont entendu la fusillade sur leurs derrières, ils sont tournés; fusillés en tête, mitraillés en queue, ils se rompent, ils s'éloignent. Les Français s'emparent du cimetière, ils y placent deux pièces de canon.

Ordre au général prussien Krafft de reprendre le village. Une artillerie de renfort le précède; la huitième division marche après lui, celle de Langen. Six fois le

21ᵉ régiment prussien recommence ses attaques, toutes sont repoussées; les Français restent maîtres de ce qui est à la droite du ruisseau. Le général Krafft envoie au chef de l'armée un de ses aides de camp; il annonce que le village lui a échappé, qu'il va être rompu et rejeté en deçà du Ligny. Réponse du général Gneisenau : « Qu'on tienne encore une demi-heure ! »

Au même moment, le général Pirch Iᵉʳ fait dire au maréchal Blücher que ses brigades sont écrasées; qu'en disputant Saint-Amand, elles ont épuisé leurs munitions, même celles dont on a dépouillé les morts. Réponse : « Que le deuxième corps se maintienne dans son poste; qu'il attaque à la baïonnette. »

Le moment est venu d'en finir. Pendant que Blücher a dépensé ses réserves, Napoléon a gardé les siennes. Certain de vaincre, il a déjà donné à sa garde l'ordre de se mettre en mouvement; il trompe son adversaire par une retraite feinte de quelques troupes avancées de Gérard. Blücher croit à la défaite des Français; il ordonne la marche de tous les bataillons disponibles sur Saint-Amand. Tandis que l'ennemi découvre ainsi son centre, Napoléon n'a plus qu'à frapper; mais un incident l'arrête : cet étrange événement suspend tout; il faut, jusqu'à ce qu'il soit éclairci, éloigner le moment de la crise.

Le général Vandamme vient d'apercevoir, en arrière de l'extrême gauche, un corps d'armée qui se dirige à grands pas sur le champ de bataille. Quelles sont ces troupes? Sont-ce des Français ou des ennemis? Le côté de l'horizon par lequel elles arrivent est formé d'une ligne de monticules qui ne permettent pas à la vue de s'étendre au delà d'une petite lieue. Voyant cette armée si près de lui, le corps de Vandamme, incertain, étonné, a cédé une partie du terrain qu'il vient de conquérir; la division Girard, plus exposée, s'est retirée plus loin encore. Vandamme fait dire que, s'il n'est pas soutenu, il sera forcé de rétrograder vers Fleurus. Un aide de camp de Napoléon part au galop pour reconnaître le corps qui est en vue. Une heure après, l'incertitude a cessé. Les troupes qui se sont montrées un moment sur le rebord d'un bassin sont des troupes françaises. Napoléon le sait, il en a une connaissance certaine, et il ne donne aucun ordre pour attirer à lui ce renfort inespéré. Vingt mille hommes de toutes armes sont là sous sa main; qu'ils fassent encore un pas dans la même direction, ils envelopperont la droite de l'armée prussienne. Déjà ébranlée, cette armée est perdue jusqu'au dernier homme; mais pour cela il faut un mot, un seul, de l'empereur. Ce mot n'est pas prononcé.

Ces troupes ne recevant aucune direction formelle de l'empereur, on les a vues bientôt faire volte-face, redescendre l'éminence, retourner sur leurs pas et disparaître. C'est la bonne fortune de Napoléon qui s'est montrée encore à lui comme dans ses plus beaux jours. C'est l'occasion de Marengo, d'Iéna, d'Eylau, de Bautzen, qui se présente d'elle-même sans être appelée. Il ne l'a pas saisie aux cheveux, elle disparaît. Est-il sage d'espérer qu'elle reviendra dans la même campagne?

Durant cette attente, plusieurs heures ont été consumées sans résultat. La journée approche de sa fin; il est huit heures. Il ne reste plus que quelques moments avant la nuit pour exécuter les projets du matin. Napoléon fait avancer cette formidable réserve que, depuis plusieurs heures, il tient suspendue, sans que l'ennemi ait pu savoir quel point elle menace. Douze bataillons de la garde à pied, toute la grosse cavalerie de Milhaud, c'est-à-dire huit régiments de cuirassiers, les dragons et les grenadiers à cheval de Guyot, forment cette réserve; elle traverse la moitié du champ de bataille, et tout à coup elle se détourne et fond sur Ligny. En même temps les batteries de la garde rapprochent leur feu. Sous la protection de cette canonnade, le général Gérard lance la division Péchéux pour achever de déloger les Prussiens de la partie du bas village où ils se cramponnent encore. Les Prussiens voient sur leur gauche une colonne sortir de l'épaisse fumée. Le village de Ligny est tourné. Les cuirassiers Milhaud longent le chemin creux qui le borde; ils s'élancent vers le ruisseau, qu'ils remplissent de morts.

L'eau, déjà rouge de sang, disparaît sous les cadavres. L'ennemi se retire en carrés.

Cependant le maréchal Blücher, qui vient de porter lui-même, ses réserves à son extrême droite, reconnaît qu'il s'est mépris, et que son centre est entamé. Aura-t-il le temps de repousser cette dernière attaque? Des hauteurs de Saint-Amand, il se précipite vers Ligny avec trois régiments de cavalerie. Ces régiments viennent à bride abattue se rompre contre les colonnes françaises. Brisés trois fois, le vieux Blücher les rallie. Il se met à leur tête, il les ramène à la charge. Son cheval, blessé d'un coup de feu, l'entraîne quelques pas et se renverse mort sur lui. « Je suis perdu, Nostiltz ! » dit en tombant le maréchal Blücher à son aide de camp. Celui-ci met pied à terre et reste immobile auprès de son général. Les cuirassiers français passent au galop auprès d'eux sans les voir, car il faisait déjà obscur. Bientôt les cuirassiers sont ramenés par une dernière charge de lanciers prussiens. L'aide de camp eut peine à se faire reconnaître. Six cavaliers, descendus de cheval, emportent dans leurs bras le vieux maréchal presque sans connaissance. On le conduisit à deux lieues en arrière du champ de bataille, à Gentinnes.

Les historiens prussiens ne cachent pas à ce moment la détresse de l'armée prussienne. Les chefs de corps venaient eux-mêmes de toutes parts chercher des ordres. Obligés de céder le terrain, nul ne savait de quel côté se retirer. Abandonnerait-on la ligne d'opérations de Namur? renoncerait-on à toutes les combinaisons qui avaient été formées? Quelques-uns parlaient déjà de se retirer sous le canon d'Anvers. Le chef d'état-major Gneisenau mit fin à ces perplexités en ordonnant de changer la ligne d'opérations et de faire retraite sur Wavres pour rejoindre les Anglais. Cet ordre audacieux, promptement obéi, relève l'espérance et le moral de l'armée ennemie. Vaincu, on se prépare à se venger de sa défaite.

Sur ces entrefaites, la nuit est arrivée. Il manque deux heures de jour pour s'emparer des fuyards et recueillir les résultats de la victoire. La garde impériale s'arrête sur les hauteurs, à quelques centaines de pas de Bry, que continuent d'occuper les troupes de Pirch. De rares feux de tirailleurs et d'artillerie se font encore entendre par intervalle, sur le plateau, dans la première moitié de la nuit, comme pour empêcher le vainqueur de dormir. Trop sûr d'avoir vaincu, Napoléon ne prend aucune mesure pour surveiller le mouvement des Prussiens et pénétrer leurs projets. Tout est mouvement, activité chez les vaincus; tout est repos et sommeil chez les vainqueurs. Vandamme bivaque en avant de Saint-Amand, Grouchy en arrière de Sombref, qu'on laisse à l'ennemi, Gérard en avant de Ligny, Lobau en arrière; Napoléon, de sa personne, quitte le champ de bataille et se retire au loin à Fleurus. On ne prévient pas même Ney, à l'aile gauche, du résultat de la journée, soit oubli, soit fatigue, soit qu'on attendît de plus grandes nouvelles pour le lendemain.

Les résultats méritaient pourtant qu'on les fît connaître sans délai : l'armée ennemie en retraite, 10,000 morts, 8,000 hommes dispersés des contingents du Rhin, de Westphalie et de Berg, qui vont porter jusqu'à Louvain et Aix-la-Chapelle la nouvelle de la déroute des Prussiens; seize pièces de canon seulement, il est vrai, et point de prisonniers, car on a refusé de se rendre, tant est grande l'animosité entre les deux armées, et, de notre côté, 6,800 tués ou blessés.

C'est une journée glorieuse qui s'ajoute à tant d'autres; mais trois causes peuvent empêcher qu'elle ne porte ses fruits : premièrement, le retard que l'on a mis à l'attaque; secondement, l'occasion échappée, la fortune méprisée qui voudra se venger, les 20,000 hommes qu'elle a amenés sur le champ de bataille ayant été négligés et rendus inutiles. Ces deux fautes pourront encore être réparées, si l'on met une activité extraordinaire à poursuivre l'armée que l'on vient d'entamer; mais, au lieu de cela, si, la croyant plus découragée, plus intimidée, plus affaiblie qu'elle ne l'est en effet, on lui laisse la nuit entière pour se remettre, cette illusion du vainqueur se payera chèrement, et cette troisième faute, ajoutée aux deux autres, pourra les rendre irréparables.

VI

MOUVEMENTS ET CONTRE-MARCHE DU CORPS DE D'ERLON. — QUELLE EN FUT LA CAUSE ?

Ce fut longtemps une chose inexplicable que l'apparition soudaine du corps entier du général d'Erlon dans le voisinage du champ de bataille de Ligny. Napoléon paraît n'en avoir jamais connu la cause véritable. Trompé sur les faits, il n'a pas manqué de trouver là un nouveau sujet d'accusation contre le maréchal Ney. Suivant la version de Sainte-Hélène, ce maréchal, toujours le premier au feu, avait oublié la moitié de ses troupes, le corps de d'Erlon, à deux lieues en arrière; il ne s'en était souvenu que lorsqu'il s'était trouvé lui-même aux prises avec l'ennemi. Alors il avait envoyé en toute hâte à ce corps l'ordre d'avancer; mais il était trop tard, et c'était une des raisons pour lesquelles ces 20,000 hommes de d'Erlon s'étaient promenés, dans la journée du 16, entre les Quatre-Bras et Ligny, sans avoir été engagés nulle part : grand malheur assurément, qui ne serait jamais arrivé sans le trouble d'esprit où était le maréchal Ney depuis les événements de 1814.

Cette fiction historique sur un fait si important, si facile à vérifier, a duré jusqu'au moment où le général d'Erlon a expliqué lui-même ce qui s'était passé. Malheureusement, il ne l'a fait qu'en 1829, lorsque la fiction s'était déjà enracinée dans l'esprit des multitudes, et qu'il était déjà un peu tard pour la faire disparaître. Le général d'Erlon expliqua alors qu'il avait reçu du maréchal Ney, le vendredi 16 juin, vers onze heures ou midi, l'ordre de diriger son corps sur Frasnes et les Quatre-Bras. Immédiatement ses troupes, déjà sous les armes, s'étaient mises en mouvement en toute diligence. Pour lui, il les avait devancées à Frasnes. Là, il avait été rejoint par un aide de camp de Napoléon, le général Labédoyère. Celui-ci lui fit voir une note au crayon qu'il portait au maréchal, laquelle lui enjoignait de diriger son premier corps sur Ligny. Labédoyère prévint, en outre, le général d'Erlon qu'il avait déjà donné l'ordre d'exécuter ce mouvement et fait changer la direction des colonnes. Sur cet avis, d'Erlon avait pris la route indiquée, il avait porté ses troupes au canon de Saint-Amand, jusqu'à ce qu'il fût rappelé impérativement par le maréchal Ney, aux prises avec des forces triples, qui augmentaient à vue d'œil et menaçaient de l'accabler. Napoléon n'ayant rien fait pour attirer à lui le 1ᵉʳ corps, lorsque celui-ci touchait au champ de bataille, d'Erlon avait dû obéir à son chef immédiat et rejoindre le maréchal aux Quatre-Bras.

Du moins il avait pris sur lui de laisser à portée de Napoléon la division Durutte et trois régiments de la cavalerie Jaquinot; mais l'empereur n'avait pas profité de ce détachement plus que du corps entier. Là aussi, les généraux avaient discuté vivement entre eux; les uns voulant, avec le général Brue, que l'on se portât au canon et que l'on attaquât les Prussiens à revers et en queue, par Wagnelée, les autres que l'on se contentât de rester en observation et d'attendre les volontés de l'empereur. Ce dernier parti avait été adopté par le général Durutte, qu'une plus grande responsabilité alarmait. Ce détachement, qui eût pu être si utile, dut se contenter d'inquiéter l'ennemi de loin par quelques coups de canon. La nuit avait mis fin à ces démonstrations sans importance.

Telle est la vérité, bien loin, on le voit, de ce que se représentait Napoléon lorsqu'il écrivit les récits de Sainte-Hélène. Ce n'est pas le maréchal Ney qui a oublié ses troupes; c'est un aide de camp de l'empereur qui a pris sur lui de détourner les colonnes en marche, et de les envoyer, au lieu des Quatre-Bras, à Villers-Peruin et Saint-Amand. Avait-il mission de changer leur mouvement? Cela est plus que douteux.

Apparemment la note *au crayon* portait que le maréchal Ney, après avoir refoulé les Anglais, détacherait son premier corps sur Ligny pour prendre à revers les Prussiens, et elle le laissait juge de ce qu'il y avait de possible dans l'accomplissement de cette instruction; mais le général Labédoyère, dans la hâte excessive d'amener à Napoléon un appui, il est vrai, décisif, ne prenant conseil que de son zèle, avait fait exécuter lui-même le mouvement vers Ligny. Il avait par là enlevé à Ney la moitié de ses troupes, sans attendre que le maréchal fût prévenu et qu'il eût pu décider.

VII

LES QUATRE-BRAS

Qu'est-ce donc que cette position des Quatre-Bras, objet de tant de discussions et de reproches sanglants depuis bientôt un demi-siècle? Voici l'exacte configuration des lieux. Au sortir des dernières maisons de Frasnes, éparses sur la hauteur, la grande route traverse une vaste plaine jusqu'aux Quatre-Bras, dont la ferme blanchit à une lieue, sur une petite éminence. Cette plaine est à peine ondulée en quelques endroits; nulle part la moindre aspérité, le moindre obstacle; çà et là une saignée dans les prés; partout une terre grasse, noire, ou plutôt un seul champ de labour. A une distance de quinze cents mètres l'une de l'autre, de grosses fermes aux toits bas qui s'élèvent du milieu des blés : sur la gauche, Pierrepont; au centre, Gémioncourt; à droite, le village de Pyraumont. Aujourd'hui, la monotonie de ce terrain n'est interrompue par aucune grande végétation. En 1815, un taillis nommé le bois de Bossu, bordait en partie la gauche de la route pavée. Depuis que le champ de bataille est devenu, par un don public, le domaine du duc de Wellington, il a fait défricher le bois, qu'il a changé, comme le reste, en terres à blé. Au delà de la ferme de Gémioncourt, un petit ruisseau stagnant, le seul que l'on rencontre ; et, en face, à une demi-lieue, les Quatre-Bras. Ce n'est point un village, c'est un groupe de quelques fermes aux quatre embranchements des routes, sur Charleroi, Nivelles, Bruxelles et Namur. Comme ce point d'intersection est plus élevé que le reste de la plaine, on y arrive en montant par ces quatre tronçons de route ; là, le même plateau se déroule, les mêmes vastes bassins s'étendent. Ce n'est qu'à trois quarts de lieue plus loin que les nappes de terrain commencent à se rompre et à s'encadrer d'éminences et de collines jusqu'au défilé de Génappe, au pont de la Dyle, où commencent ces larges ondulations qui se prolongent à l'horizon dans la direction de Waterloo. La position de ce champ de bataille n'avait par elle-même aucune force particulière ; mais il est vrai que la rencontre des routes lui donne une grande importance stratégique. C'était, ai-je dit plus haut, le point où se concentrait l'armée anglaise ; c'était aussi sa ligne de communication avec l'armée prussienne.

Nous avons laissé le 16 juin, à onze heures et demie, le maréchal Ney à ses avant-postes de Frasnes, au moment où l'ordre lui parvient de se diriger sur les Quatre-Bras. Il transmet sur-le-champ à ses deux chefs de corps, Reille et d'Erlon, l'ordre de mouvement. Déjà les dispositions sont indiquées pour s'avancer jusqu'auprès de Génappe; quelques bataillons devront même se risquer plus loin sur la route de Bruxelles.

Sur ces entrefaites, le général Girard, détaché vers Fleurus, avait annoncé que les Prussiens occupaient encore ce bourg à dix heures du matin, et qu'ils continuaient à s'avancer sans obstacle. Sur cet avis, le général Reille, qui se voit débordé par sa droite et en arrière, hésite à se compromettre davantage. Il tient ses troupes rassemblées et sous les armes; mais, pour les porter en avant, il attend l'effet de cette nouvelle sur le maréchal Ney, et il demande un second ordre, tant il est vrai que les lenteurs que Napoléon avait mises à attaquer les Prussiens se communiquaient à toute la ligne. Les meilleurs généraux considéraient le mouvement en avant de la gauche, sous Ney, comme nécessairement subordonné à un mouvement analogue de la droite, sous Napoléon. Ney renouvelle son ordre à Reille, et cette gauche, retenue si longtemps par l'immobilité de la droite, aborde enfin l'ennemi sur les hauteurs de Frasnes. Les forces de Ney se composaient alors de 15,750 hommes d'infanterie, 1,865 cavaliers;

total : 17,615 combattants, 38 pièces de canon. Le prince d'Orange, qu'il avait en tête, ne pouvait lui opposer que la division hollando-belge de Perponcher, 6,832 hommes et 16 bouches à feu.

L'inquiétude que venait d'éprouver le général Reille n'était pas étrangère à Ney. Il ne crut pas devoir s'engager tête baissée, dès la première heure, tant que le canon de Napoléon ne se fit pas entendre sur sa droite. Voilà ce qui explique sa marche circonspecte en commençant l'attaque, et pourquoi il ne tira pas immédiatement un plus grand parti de sa supériorité de forces. Ajoutez que le prince d'Orange, avec beaucoup de présence d'esprit, montrait dans toutes les directions d'assez fortes têtes de colonne. Il en avait au débouché du bois, il en avait sur la route de Nivelles, sur celle de Sombref. Par là, il réussit à faire croire que des masses débouchaient de tous les points de l'horizon. Si le maréchal Ney eût su ce que nous savons aujourd'hui, nul doute qu'il n'eût cruellement puni le prince d'Orange d'une telle dissémination de ses troupes : il les aurait percées et rompues, il aurait occupé le point d'embranchement des routes; mais quel eût été le grand résultat de cette occupation? Aurait-il pu se maintenir aux Quatre-Bras ou dépasser ce point sans être enveloppé? Dans tous les cas, si ce fut une faute d'avoir voulu marcher dès les premiers pas trop à coup sûr, on verra bientôt qu'elle a été exagérée, dénaturée, jusqu'à en changer entièrement le caractère.

A mesure que Ney s'avance, précédé d'une ligne de tirailleurs, le prince d'Orange reploie ses postes et cède lentement le terrain. A droite, la division Bachelu marche contre le village de Pyraumont; à gauche, le bois de Bossu est attaqué par le général Foy, dont le nom ne brillait encore que d'un éclat militaire. Il devait plus tard nous subjuguer par cette singularité d'un vieux soldat qui met au-dessus de la faveur de son chef l'ambition de la liberté. La division Jérôme est en réserve. Ney avait ainsi profité habilement des lieux pour appuyer ses deux ailes, formées de son infanterie, là où elles pouvaient trouver un soutien, dans le bois, les fermes, le village; mais il avait réuni au centre sa nombreuse cavalerie, parce que là le terrain est ouvert et qu'elle pourra s'élancer sans nul obstacle sur des plans inclinés. Quant à l'ennemi, surpris, pressé par le temps et la nécessité, il n'a d'autre plan de bataille à ce moment que de jeter au plus vif du feu les troupes à mesure qu'elles arrivent, hors d'haleine, au rendez-vous.

Déjà, à trois heures moins un quart, le prince d'Orange aperçoit les colonnes anglaises qui se pressent de l'atteindre au pas de course. Ce sont les trois brigades d'infanterie de la division Picton; elles rétablissent l'égalité du nombre. Cette division se déploie promptement sur deux lignes, en avant de la route de Sombref, pour tendre la main aux Prussiens. Presque en même temps arrive le duc de Wellington; il est suivi de la brigade de cavalerie légère hollando-belge. Après Picton arrivent le duc de Brunswick et son corps; ce qui élève les forces ennemies à 18,090 fantassins, 2,000 chevaux, 28 pièces de canon. La supériorité du nombre a déjà passé du côté de l'ennemi.

Les Belges soutinrent le premier choc, et voici ce que des témoins oculaires racontent à ce sujet : ils disent que les chevau-légers, dès qu'ils débouchèrent, se formèrent pour attaquer. Un régiment français, des chasseurs de Piré, marche au pas au-devant d'eux. On vit de loin s'avancer les Français, non comme pour une attaque, mais plutôt comme dans une parade. Le sabre baissé et pendant, ils tendaient les mains aux Belges, et, dès que l'on fut à portée de la voix, ils leur crièrent de venir dans leurs rangs, qu'ils y seraient bien reçus, qu'ils étaient anciennement amis, qu'ils avaient servi ensemble en Espagne, sous les mêmes généraux et dans le même corps, et ils appelaient par leurs noms ceux qu'ils reconnaissaient. Plus on était proche, plus les instances redoublaient. On en vint ainsi à se toucher; mais, au lieu de se rendre à ces instances, les Belges commencèrent à sabrer. Alors les Français, d'anciens amis qu'ils étaient, devinrent de furieux ennemis. Chacun se choisit un adversaire, et, comme on était déjà presque mêlé, on se prit corps à corps. Cette première rencontre fut terrible, mais elle dura peu. Culbutés, écharpés, les Belges s'enfuient en désordre au delà du champ de bataille. Ils y laissent en morts et en blessés une bonne partie des leurs.

Pendant qu'aux deux ailes l'infanterie de Reille gagne du terrain, la cavalerie légère, au centre, continue ses charges le long de la grande route. Le duc de Brunswick, à la tête de ses lanciers, fond sur les colonnes françaises. Il est rejeté sur son infanterie au bas de la route de Nivelles. Comme il essayait bravement de rallier ses troupes, il est tué d'une balle qui lui traverse le corps. Son cheval l'emporte au loin, sans vie, penché sur l'arçon, au milieu de la seconde ligne. A sa suite, la cavalerie légère de Piré pénètre jusque dans les Quatre-Bras; les têtes de colonne tourbillonnent à la croisée des routes. Les cavaliers brandissent le sabre sous le feu nourri des *highlanders*, embusqués derrière les haies et les fossés.

Ney soutient ce succès par la grosse cavalerie de Kellermann, qui vient de le rejoindre. A la vue de ces cavaliers, les carrés anglais se forment; ce sont d'abord ceux du 44° et du 42° régiment. Picton les appuie des carrés de sa division et de ceux des gardes. Trois régiments anglais achèvent de fermer la trouée, le 32°, le 79°, le 95°. Disposée en échiquier, cette infanterie est en partie cachée par les blés; mais des lanciers français viennent intrépidement planter en terre les hampes de leurs lances, en guise de jalons, sur le front des bataillons ennemis, à peu de distance des baïonnettes; l'escadron charge en prenant la flamme de la lance pour point de direction. Les tirailleurs anglais se retirent; ils vont se coucher à terre à l'abri des baïonnettes croisées de leur régiment. Les batteries françaises qui leur sont opposées se taisent. On entend le bruit sourd des pas des chevaux à travers les sillons, sur la paille foulée.

Ce fut comme un prélude des grandes charges de cavalerie qui devaient se renouveler le surlendemain au milieu du plateau de Mont-Saint-Jean. Les étrangers ont comparé ces attaques d'escadrons à des faucons et des éperviers qui épient et saisissent le moment de fondre d'en haut sur leur proie. A peine un escadron a-t-il été repoussé par les feux convergents, un autre se précipite sur la même face du carré; mais le plus souvent ce même assaut rencontre le même obstacle : la tête de colonne, après avoir essuyé le feu, se brise et dévie sur la droite ou sur la gauche. Les divisions qui galopent sur ses pas suivent le même mouvement. Après avoir passé et repassé dans les intervalles des carrés en absorbant leurs feux, la cavalerie va se reformer et reprendre haleine. Aussitôt les batteries muettes recommencent à tonner, jusqu'à ce que les escadrons s'ébranlent de nouveau.

Ainsi se succèdent ces flots de fer, sans pouvoir entamer les épaisses murailles de l'infanterie ennemie. C'est en quelque sorte le combat inégal des armes blanches des anciens et des armes de jet des modernes, et il semble que la formation particulière de l'armée anglaise entra pour beaucoup dans le résultat. Les historiens de ces guerres n'ont pas assez remarqué [1] que la ligne anglaise, lorsqu'elle se préparait à recevoir un choc, se doublait et se formait sur quatre rangs, au lieu de deux. Je ne puis m'empêcher de croire que cette disposition augmenta sa force de résistance dans le choc, soit que l'infanterie ainsi formée ait plus de feux réservés, soit plutôt que le quatrième rang, même sans tirer, ajoute à la confiance et à la solidité des trois premiers [2].

Cependant le maréchal Ney est vainqueur à ce moment sur toute la ligne. Aux deux ailes, son infanterie a pénétré jusque sur les routes de Nivelles et de Sombref; au centre, la cavalerie a fait de terribles ravages. Deux régiments anglais, le 42° et le 44° réunis, ne forment plus qu'un bataillon. Le corps hollando-belge a été culbuté, la ferme de Gémioncourt occupée : il est cinq heures; mais à ce moment arrive par la route de

---

[1] Ce détail important n'a pas échappé à M. le colonel Charras.
[2] Les Suisses ont emprunté cette disposition de l'infanterie anglaise : l'expérience de la campagne de 1815 prouve que cette formation pourrait être introduite avec avantage même dans les États du continent où les armes touchent de plus près à la perfection (1857).

Bruxelles le reste des brigades de Kempt et de Parck, par celle de Nivelles deux brigades d'infanterie de la division Alten et deux batteries. Ce renfort porte l'armée anglaise à 26,238 hommes, quarante pièces de canon. Ney est réduit toujours au même effectif; car Kellermann a comblé à peine le nombre des morts. Encore, dans quelques instants, vont déboucher par la chaussée de Nivelles les batteries de Lloyd et de Cleeve : elles donneront à l'ennemi la supériorité d'artillerie qui lui manque.

C'est alors que le colonel Laurent apprend à Ney que son premier corps a été détourné; peu d'instants après, nouvelle dépêche de Napoléon, datée de deux heures : « Le sort de la France est entre vos mains. » Presque immédiatement cette dépêche est suivie d'une troisième, plus pressante, qu'apporte le colonel Forbin-Janson. Ainsi les ordres de l'empereur pleuvent sur Ney à mesure qu'il lui est plus impossible de les exécuter. Napoléon agit à ce moment en homme qui a trop tardé à donner ses ordres. Il les renouvelle, il les multiplie, comme si par là il regagnait le temps perdu.

Le duc de Wellington vient de recevoir une nouvelle division entière, celle de Cook. Elle élève maintenant ses forces à 31,643 hommes, dont une grande partie de troupes fraîches, et soixante-huit canons. Ney n'a toujours que ses 20,000 hommes, déjà harassés par six heures de combat, et dont il faut défalquer les blessés et les morts.

En présence de cette marée montante d'ennemis et de ces ordres répétés, de plus en plus pressants, de Napoléon, que l'on se figure ce qui se passa dans l'esprit du maréchal Ney, lorsque, celui-ci appelant à soi le corps de d'Erlon, qu'il attendait de minute en minute, le chef d'état-major Delcambre lui assena cette réponse : que le corps tout entier a été dirigé à plus de deux lieues et demie, qu'il ne faut plus compter sur ces 20,000 hommes formant la moitié de ses troupes! C'est là un de ces moments où un caractère de fer peut être ébranlé.

Il est constant qu'à cette nouvelle le maréchal Ney fut saisi d'un violent désespoir. Au milieu des boulets qui ricochaient autour de lui, il s'écria : « Vous voyez ces boulets, je voudrais qu'ils m'entrassent tous dans le corps. » Et ce qui causa ce désespoir à un pareil homme, ce ne fut pas la nécessité où il pourrait être de faire quelques pas en arrière jusqu'à Frasnes, ce fut la crainte de laisser ouverte à l'ennemi la voie de communication des Quatre-Bras à Sombref; car non-seulement il ne pourrait porter à l'empereur le concours que celui-ci demandait, mais encore il allait se trouver en péril de le laisser accabler par l'intervention de l'armée anglo-belge. Au lieu du détachement français qui devait apporter la victoire décisive à Ligny, Napoléon verrait donc déboucher sur sa gauche les colonnes anglaises, belges, hollandaises, dont Ney allait être impuissant à arrêter le débordement. Ney sentit alors qu'il serait responsable d'un immense désastre. Il aperçut le 16 comme une sorte de Waterloo dont il serait le Grouchy. Ce sombre pressentiment ne fit que redoubler son énergie; il dit à Kellermann : « Mon cher général, il faut ici un grand effort; il faut enfoncer cette masse d'infanterie; il s'agit du salut de la France. Partez ! Je vous fais soutenir par toute la cavalerie de Piré. »

Kellermann, à la tête de ses cuirassiers, charge sur la route qu'enfile une batterie anglaise : il perce plusieurs lignes; mais la route est bientôt couverte des cadavres des assaillants. Ce grand effort a été inutile. La charge se rompt. Kellermann, dont le cheval a été tué, reste quelque temps à la merci des ennemis. Il leur échappe, à pied, en se suspendant au mors des chevaux de deux de ses cuirassiers.

Le soleil se couchait; la victoire est arrachée aux nôtres au moment où leurs têtes de colonne abordaient sur trois points la chaussée de Namur. Le duc de Wellington profite enfin de son immense supériorité numérique; il prend l'offensive. L'infanterie de Foy, de Bachelu, de Jérôme, se retire lentement du bois, de Gémioncourt et de Pyraumont. La cavalerie la couvre au pas. Au débouché du bois de Bossu, les régiments des gardes anglaises tentent d'inquiéter la retraite. Ils sont chargés et contenus.

Ney se retire, mais pas à pas, et seulement quand la nuit est arrivée; encore ne cède-t-il que le terrain qu'il a conquis; il se retourne pour peu que l'ennemi devienne importun. Pas à pas et fièrement il ramène ses troupes, jusque-là victorieuses, dans ses positions du matin, sur ces mêmes hauteurs de Frasnes. Ses avant-postes s'arrêtent à une demi-portée de fusil de l'ennemi et retiennent un lambeau du champ de bataille. Quant aux Anglais, ils n'osent poursuivre plus loin l'avantage de la dernière heure, contents d'avoir repris ce qu'ils avaient perdu.

Les troupes du général d'Erlon ne rejoignent que vers neuf heures, lorsque tout est fini; elles relèvent celles de Reille, qui passent en seconde ligne. Toute la nuit, Ney montra une vigilance admirable; il y eut, dans les ténèbres, une fausse alerte, causée par la rencontre de deux patrouilles, et les deux armées coururent aux armes. Le silence du reste de la nuit ne fut plus interrompu que par le feu des vedettes françaises au moindre mouvement de l'ennemi, ou par l'arrivée des renforts anglais, composés surtout de cavalerie.

Ainsi s'était terminé ce combat acharné des Quatre-Bras. Il avait coûté 4,000 hommes aux Français, près de 5,000 aux Anglo-Belges. Il s'agissait pour les deux chefs d'empêcher que l'un d'eux ne portât son appui à la grande bataille rangée qui se livrait le même jour, au même moment, à deux lieues et demie de là, dans les champs de Ligny. Wellington avait promis à Blücher d'arriver à temps pour le soutenir. Ney, sans rien promettre, avait reçu l'ordre de se rabattre avec une partie de ses forces sur Ligny, si la chose était possible. Après neuf heures de combat, Ney est obligé de céder; mais il met deux heures pour se relier sur Frasnes. Avec vingt mille hommes, il oppose un mur d'airain à l'armée anglo-hollandaise : il empêche le duc de Wellington de tenir sa parole, quand c'est sur cette parole qu'a été engagée la bataille de Ligny; il empêche qu'un seul homme de l'armée anglaise n'aille rejoindre l'armée prussienne, quand cette jonction était toute la combinaison des généraux ennemis. Il cède les Quatre-Bras, mais il les cède quand ce terrain n'a plus aucune importance pour l'ennemi, et que le rassemblement des deux armées anglaise et prussienne sur ce point est devenu impossible. Il donne neuf heures à Napoléon, non-seulement pour vaincre, mais pour profiter de la victoire, sans inquiétude sur ses flancs, sans souci du concours du duc de Wellington, seul en champ clos avec les Prussiens, ayant encore en réserve tout le corps de Lobau, qui n'avait pas tiré un coup de fusil, toute la division Durutte et la cavalerie Jaquinot, laissées presque sous sa main par d'Erlon en se retirant. Voilà ce que Ney a fait ce jour-là.

Ces services insignes devaient-ils être transformés en opprobres? Plaise à Dieu qu'une faute de ce genre soit commise le surlendemain, et que la droite fasse le 18 ce que la gauche a fait le 16! Dans ce cas, Waterloo sera un Austerlitz.

Voulait-on qu'avec ses vingt mille hommes postés en rase campagne autour des Quatre-Bras, Ney détruisît en détail d'abord le corps du prince d'Orange, puis la division de Picton, puis le corps du prince de Brunswick, puis la division Cook, en un mot tout le corps de bataille du duc de Wellington, pour se rabattre sur l'armée de Blücher et la détruire à son tour? Il y a des historiens qui sont allés jusque-là, et c'est le plus grand nombre. D'autres ont reproché même à Ney de ne s'être pas emparé avec un de ses escadrons du duc de Wellington, du prince d'Orange et du général Perponcher. Mieux vaudrait reprocher à ce maréchal de n'avoir pas tenu à lui seul la campagne contre les armées coalisées.

Encore une fois, ce que l'on pouvait raisonnablement attendre du maréchal Ney, c'est qu'il fît tête à l'armée anglaise et qu'il l'empêchât de rejoindre les Prussiens. Voilà le but. Peu importe, pour l'atteindre, qu'il fût placé en deçà ou au delà, ou par le travers de l'embranchement des routes. Ce n'était pas d'occuper tel plateau qu'il s'agissait, c'était de rompre la combinaison des ennemis. Il importait assez peu que Ney ne fût pas sur la chaussée, pourvu qu'il empêchât l'ennemi d'y passer. Mais l'artifice de l'imagination a été de faire croire que le moyen, c'était le but, que tout consistait à occuper la croisée des chemins, et que, si on n'était pas placé à tel endroit, le résultat était manqué; comme si les Quatre-Bras eussent été une forteresse, un camp, la clef de la position. Exemple frappant de la facilité que l'on a de faire prendre aux hommes, et même aux générations, l'ombre pour l'objet, le moyen pour le but, l'apparence pour la réalité!

VIII

RETRAITE DES PRUSSIENS. — D'OU VINT L'INACTION DE NAPOLÉON DANS LA MATINÉE DU 17. — INSTRUCTIONS DONNÉES AU MARÉCHAL GROUCHY.

Les deux ailes de l'armée française passèrent la nuit à deux lieues et demie l'une de l'autre, à Ligny et à Frasnes. Napoléon était revenu coucher à Fleurus, loin des bruits importuns du champ de bataille. Dans les anciennes campagnes, il n'eût pas manqué de bivaquer à Ligny, au milieu des carrés de sa garde. Là, pas un mouvement de l'armée ennemie ne lui eût échappé; il eût été à moins d'un quart de lieue de Bry, c'est-à-dire des masses prussiennes qui y étaient refoulées. A minuit, il eût entendu l'arrière-garde décamper à la suite des corps de Ziethen et de Pirch. S'il ne voulait pas poursuivre cette armée à outrance, que ne la tenait-il au moins sous ses yeux? Ses regards auraient pu voir à travers les ténèbres dans lesquelles elle s'enveloppe. A Fleurus, il en sera tout autrement: trop éloigné, il n'apprendra rien que par intermédiaire, et sans doute ce sera trop tard pour agir ou même pour se décider. Il ne saura rien que par de lents rapports, qui ne sont pas même demandés. Aussi, lorsque le maréchal Grouchy vint le soir au quartier général chercher des instructions, il ne put obtenir aucun ordre positif, excepté celui d'envoyer la cavalerie de Pajol et la division Teste sur la route de Namur. C'était la direction précisément opposée à celle que prenaient les Prussiens.

Chose nouvelle pour Napoléon que ce tranquille sommeil de Fleurus! Il devait lui être funeste, car la disposition d'une armée victorieuse à s'endormir après la victoire est naturelle; elle devient insurmontable pour peu que le général en chef la partage. Les vainqueurs sont enclins à dormir parce qu'ils sont aussi fatigués que les vaincus, et que, de plus, ils n'ont rien à craindre. Au contraire, les vaincus ont alors une activité fiévreuse; la peur les éperonne et les empêche de fermer les yeux. Cette incroyable torpeur a été surtout condamnée par ceux qui en ont le plus profité. « Napoléon, disent-ils, se souvint trop alors de l'empereur et trop peu du général des guerres d'Italie. »

La nuit du 16 au 17 ne profita ainsi qu'à l'ennemi; mais il sut en tirer un bien grand avantage, et l'on peut dire que c'est pendant cette longue nuit d'inertie que la fortune commença à se lasser et à passer des

Français dans le camp opposé. Pendant que tout repose du côté des Français, tout est en mouvement chez les Prussiens. Le premier et le second corps se retirent par Tilly; ils y bivaquent quelques heures, s'étendant jusqu'à Gentinnes et Mellery, où le maréchal Blücher porte son quartier général. L'arrière-garde ne sort de Bry qu'à minuit. Le jour était levé lorsque le 3ᵉ corps, celui de Thielmann, se déroba de Sombref en une seule colonne à moins de mille pas de nos avant-postes, qui semblèrent ne pas l'apercevoir. Ce corps arrive à Gembloux à sept heures; voyant qu'il n'est pas poursuivi, il s'y repose jusqu'à deux heures après midi.

Ces mouvements s'opèrent avec un tel ensemble, ils sont si peu entravés, que l'ennemi a le temps d'en faire disparaître toutes les traces. Quand enfin on songea à poursuivre les Prussiens, on ne put ramasser ni un chariot, ni un débris de caisson, ni un prisonnier, ni un blessé, ni trouver un seul indice de la marche qu'ils ont suivie. Cette armée de 80,000 hommes toute sanglante, que l'on croyait dispersée, se rallie à travers les grandes plaines de Marbais, et maintenant elle chemine à grands pas, effaçant derrière elle ses vestiges. Lorsque le vainqueur s'éveilla, les éclaireurs, envoyés tardivement, ne donnèrent aucune nouvelle certaine; le général Pajol, que l'on avait envoyé sur la route de Namur, ramassa avec ses coureurs quelques pièces d'artillerie. Cela même servit à tromper sur la direction que suivait l'ennemi. On verra plus tard combien l'idée de le chercher du côté de Namur, qui s'empara dès lors de l'esprit de Napoléon et de celui du maréchal Grouchy, eut de funestes conséquences.

L'histoire détaillée des guerres serait stérile pour l'intelligence, si dans les grands mouvements des armées on ne voyait pas tout dépendre du travail secret de l'esprit des généraux. Le principal enseignement, c'est d'assister au conseil intérieur qu'ils tiennent en eux-mêmes ; et, lorsqu'il s'agit d'hommes tels que Napoléon, il est certain que, s'ils tombent dans l'inertie, cela vient de certaines erreurs d'esprit auxquelles le génie lui-même n'échappe pas.

Ici deux causes expliquent l'inaction de Napoléon après la victoire : premièrement, l'habitude qu'il a prise de regarder comme détruits tous ceux qu'il a frappés. Déjà il voit en imagination les Prussiens dispersés regagner les bords de la Meuse et du Rhin. Aussi, dès le soir de Ligny, il cesse de les croire redoutables, et il leur fait à peine l'honneur de compter avec eux. Voilà pourquoi il mit une si inconcevable incurie à les poursuivre.

Cette première erreur est fortifiée par une seconde, le peu de cas qu'il fait de son adversaire. Il croit que le vieux maréchal Blücher ne se départira pas de la stratégie vulgaire et surannée des généraux autrichiens, laquelle lui conseille de faire retraite prudemment et méthodiquement sur ses renforts, par la Meuse. Il se refuse à penser que cet ancien général de hussards, comme il l'appelle, aura l'audace de s'improviser une nouvelle ligne d'opération par Louvain, Maestricht. En un mot, Napoléon agit comme s'il avait affaire à la vieille école d'Alvinzi ou de Wurmser. Il ne voulut pas reconnaître que Blücher avait appris quelque chose à l'école de Napoléon. On allait retourner contre lui les leçons de son propre génie, et il ne s'en apercevait pas : grave faute, la plus grave de toutes dans un chef, il se méprenait sur le caractère, le dessein de son adversaire. Et, cette idée fausse se communiquant aussitôt à son lieutenant, c'était là une source de dangers, un principe de ruine, si l'on n'y remédiait pas à temps par quelqu'une de ces lueurs soudaines qui, à d'autres époques, avaient éclairé tant de ténèbres plus épaisses encore.

Pour celui qui cherche à observer la succession des idées de Napoléon, il est important de savoir quelle a été la première instruction donnée par lui le matin du 17. Dans sa lettre au maréchal Ney, il pense que l'armée anglaise est en retraite. On occupera sans difficulté les Quatre-Bras; il faut compléter les munitions, rallier les soldats isolés, faire rentrer les détachements. Tel est l'emploi qu'il veut faire de la dernière journée qui lui est accordée avant Waterloo; par où l'on voit qu'il était bien loin de l'idée de livrer ce jour-là une seconde bataille, malgré ce qu'on lit à ce sujet dans les relations dictées par lui plusieurs années après.

Ce même matin du 17, le maréchal Grouchy vient au quartier général de Fleurus demander des ordres, car il prévoit qu'il sera chargé de poursuivre les Prussiens, et déjà cette responsabilité lui pèse. Sans lui donner aucun ordre, Napoléon monte en voiture et l'emmène avec lui sur le champ de bataille de Ligny. Les embarras du chemin obligent Napoléon à monter à cheval. Il arrive sur les lieux à neuf heures; et, depuis ce moment jusqu'à midi, aucune résolution, mais de longs silences, des revues dans les prairies de Saint-Amand, souvent immobile, et toujours le maréchal Grouchy à ses côtés, muet, attendant ses instructions. Il semble que Napoléon lui-même attendit d'avoir pris un parti auquel il ne s'est pas encore arrêté. Les deux armées ennemies sont séparées par une défaite. A laquelle s'attachera-t-il d'abord?

La même incertitude qu'il a montrée la veille au matin assiége encore son esprit. Pour la dissimuler à lui-même et aux autres, il se prodigue devant les soldats, rangés sans armes devant leurs bivacs. Il les loue sur ce qu'ils ont fait; il les encourage à ce qu'il reste à faire; il remarque avec éloge que, pour un cadavre de Français, il y en a cinq de Prussiens. Il fait relever les blessés, il visite, il améliore les ambulances : soins excellents, s'ils ne prenaient un temps qui devait être employé à sauver un empire. A Saint-Amand, il met pied à terre. Un cercle de généraux se forme autour de lui, un long entretien commence; et parmi tout cela rien qui concerne la guerre, mais des paroles emportées, étrangères à ce qu'on a sous les yeux : les nouvelles de Paris, les débats des Chambres, l'opposition des libéraux, en qui il voit les anciens jacobins, et déjà des menaces, des accusations contre eux, comme si c'étaient là les ennemis les plus proches, les plus dangereux, profitant ainsi du bivac pour exhaler ses ressentiments, jusque-là contenus, contre la liberté, et reprendre le ton du vieil empereur. Il passe à accuser les factions de l'intérieur le peu d'instants que la fortune lui laisse encore pour se défaire des ennemis du dehors. Cependant les heures s'écoulent, et Grouchy, toujours cloué sur ses pas, ébloui ou stupéfait, et n'osant interrompre !

Marque infaillible des hommes ou des partis qui vont tomber. Grands ou petits, vous les reconnaîtrez tous à ce signe. Leur esprit cherche à se distraire; ils se dérobent; ils vont à d'autres objets. La crise est là, le gouffre est ouvert : ils y sont déjà plongés; mais ils ne le voient pas, ou ne veulent pas le voir. Ils détournent, par des propos étrangers, leurs yeux, leurs pensées, leur imagination, de ce point noir qui grossit. Quand cela arrive, dites que ces hommes, ces partis se livrent eux-mêmes, car leur inertie volontaire, demain ils l'appelleront fatalité.

Ces lenteurs, ces temporisations échappent au soldat, que la vue du chef et sa familiarité au bivac après la victoire remplissent d'enthousiasme; mais une inaction si extraordinaire frappe les généraux, que les défaites des années précédentes ont ébranlés dans leur superstition pour la fortune de l'empereur. Ils attendaient des ordres de mouvement; ils s'étonnent de ces conversations étrangères à la guerre. Même le fidèle Drouot s'attriste; il soutient que l'on aurait pu, ce jour-là, arriver à Bruxelles; et quel n'eût pas été l'effet d'une prompte occupation de la capitale!

Quelques-uns murmurent tout bas. Gérard, Excelmans sont de ce nombre; leur impatience éclate, et ils se confient entre eux leur surprise. « Est-ce ainsi que l'on avait fait la guerre dans les campagnes heureuses? Où était la décision, la rapidité, le génie foudroyant qui ne laissait respirer ni les vainqueurs ni les vaincus? On avait rompu précédemment les coalitions, on avait battu l'ennemi lorsqu'il était trois contre un à Castiglione, deux contre un à Eckmühl, à Ratisbonne; mais comment cela? Par des prodiges d'activité, par des coups impétueux, par des marches forcées, par des combats de jour et de nuit, qui avaient rétabli l'inégalité au profit du petit nombre. Maintenant, on avait affaire à plus de deux cent mille ennemis, et on leur laissait, avec l'avantage du nombre, celui de la décision et des manœuvres; car il ne fallait pas se dissimuler que, la veille, on avait perdu six heures en attaquant à trois heures au lieu de neuf. En ce moment, la même faute était répétée et aggravée. Toute la nuit et la moitié du jour avaient été perdus déjà, supposé que l'on veuille se rejeter sur les Anglais, ou forcer les Prussiens à recevoir une seconde bataille, comme Beaulieu après Montenotte. Ce n'était pas ainsi que procédait l'ennemi; il ne s'endormait pas sur les dangers. Déjà il avait échappé, dans sa fuite, aux Français, et sans doute la victoire de Ligny, restée infructueuse, sera bientôt à recommencer. On voyait bien que l'ennemi avait appris de nous à se comporter sur un champ de bataille; mais nous, l'avions-nous oublié? »

Cela n'était encore prononcé que tout bas par quelques-uns. Vandamme, irrité des critiques que lui avait values son attaque de Saint-Amand, alla plus loin. Il lui arriva de dire : « Napoléon n'est plus l'homme que nous avons connu; » mais à ce blasphème presque tous répondaient que l'on avait envoyé aux nouvelles du côté des Anglais et des Prussiens, que l'on ne pouvait marcher à l'aveugle, que le maréchal Ney avait ajouté à toutes ses fautes de ne pas envoyer de dépêches (ce qui était inexact). On n'avait pas reconnu à Saint-Amand la vigueur ordinaire de Vandamme; son impatience était du mécontentement. D'ailleurs, sitôt que les reconnaissances donneront quelque nouvelle, la décision du chef se fera connaître. On pouvait être sûr qu'elle ne tarderait pas.

Voilà comme on trompait les heures dans les bivacs de Saint-Amand et de Ligny. Cette sourde inquiétude des esprits dans une armée si passionnée, si raisonneuse, n'était pas le moindre inconvénient d'une si longue inaction.

Cependant l'ennemi n'avait éprouvé aucune de ces tergiversations. Dans le même temps que Napoléon était en proie à ces incertitudes, le maréchal Blücher, à peine relevé de cheval, avait ouvert la journée du 17 par cet ordre du jour à son armée : « Je vous conduirai immédiatement à l'ennemi; nous le battrons, car c'est là notre devoir; » et il marchait à ce rendez-vous. Vers dix heures du matin, Ziethen et Pirch, par Vilroux et Mont-Saint-Guibert, avaient atteint Wavre. Thielmann avait été rejoint à Gembloux par Bulow, qui arrivait de Liége, n'ayant pris aucune part à la bataille de Ligny. Son corps était de 30,000 hommes. Il faisait plus que combler les vides de l'armée prussienne, qui maintenant, toute rassemblée, impatiente de venger sa défaite, allait concentrer à Wavre une masse de 90,000 combattants. C'étaient 10,000 de plus qu'à la bataille de Ligny.

A quel moment Napoléon s'est-il enfin décidé à faire poursuivre cette armée par une masse considérable de ses troupes? Rien n'importe plus que ce détail. Si l'on s'en tient à la relation dictée par lui à Sainte-Hélène, il faut vraiment admirer l'art avec lequel il a dissimulé dans le récit le moment de la journée où il a chargé le maréchal Grouchy de la mission qui a rendu son nom tristement immortel. Dans les lignes qui précèdent, c'est à *la pointe du jour* que le général Pajol s'est mis en marche; c'est à *la pointe du jour* que le maréchal Ney a reçu son ordre; puis tout à coup viennent ces mots qui frappent pour la première fois l'attention : « Le maréchal Grouchy partit avec le corps de cavalerie d'Excelmans et le 3ᵉ et le 4ᵉ corps d'infanterie pour appuyer le général Pajol et suivre Blücher l'épée dans les reins. »

Qui ne croirait, d'après l'habile contexture de ce récit, que le maréchal Grouchy a reçu son commandement et qu'il est parti presque à *la pointe du jour*, ou du moins à six ou sept heures du matin, puisqu'il appuie le général Pajol, lequel est bien réellement parti dans les premières heures du jour avec une division de cavalerie légère et la division d'infanterie Teste, du 6ᵉ corps? Or, il est certain que le tissu de ce récit, tout habile qu'il est, ne peut résister à l'évidence des faits.

C'est à midi seulement, et non pas à la pointe du jour, que le maréchal Grouchy a reçu, avec le commandement de 33,000 hommes, l'ordre de poursuivre les Prussiens. On venait d'apprendre par le général

Excelmans qu'il avait aperçu une arrière-garde du côté de Gembloux. C'est dans cette direction que devra marcher l'aile droite française pour atteindre Blücher. Il est certain que le maréchal Grouchy aperçut dès le premier instant la difficulté de la tâche dont il était si tardivement chargé. Il en fut effrayé, il voulut la refuser. Je tiens de la personne [1] à laquelle il a répété ses propres paroles qu'il s'élança aux pieds de l'empereur et lui dit : « Sire, donnez ce commandement au maréchal Ney, et prenez-moi avec vous. — Non, lui répondit Napoléon, j'ai besoin de Ney avec moi. »

Alors le maréchal Grouchy insista avec anxiété sur les difficultés presque insurmontables de sa mission; il en était accablé d'avance. Il opposa que l'armée prussienne était partie à minuit, qu'on lui avait ainsi laissé prendre une avance de douze à quinze heures. Pouvait-il espérer de regagner sur elle ces deux marches? On ignorait encore dans quelle direction se retirait le gros de l'armée; et, comme il était question de chercher les Prussiens du côté de la Meuse, Grouchy ajouta qu'il était trop dangereux de s'éloigner à ce point du corps principal formant la gauche française. D'ailleurs, les troupes n'étaient point encore rassemblées. Les soldats, comptant que la journée était finie, avaient démonté leurs fusils pour les laver. Que de

---

[1] M. le duc d'Elchingen.

temps ne faudrait-il pas avant que les hommes fussent réunis et qu'ils se missent en marche! On ne pourrait s'ébranler qu'à deux heures, peut-être à trois. Dans cet intervalle, on achèverait certainement de perdre toute trace des Prussiens.

Ces représentations furent exprimées avec une sorte de véhémence qui étonna chez un homme ordinairement si soumis. Elles déplurent par tout ce qu'elles renfermaient de vrai. Napoléon ferma l'entretien par un mot amer qui ne souffrait pas de réplique : « Voulait-on lui donner des leçons? » Il ne restait plus à Grouchy qu'à obéir. Il réunit son corps d'armée, composé du 3ᵉ corps (Vandamme), du 4ᵉ corps (Gérard), de la cavalerie d'Excelmans et de cent bouches à feu. Quand les troupes purent se mettre en marche, il était entre deux et trois heures, comme Grouchy l'avait prévu. L'armée prussienne s'était retirée par Tilly et par Gembloux. Il y avait un avantage immense à poursuivre par la route de Tilly, puisque ainsi on restait plus près de Napoléon, et en communication certaine avec lui. On prit, au contraire, la route de Gembloux, qui était la plus divergente. La raison de cette préférence se montrera bientôt.

Chose qui semble d'abord extraordinaire, le corps d'armée du maréchal Grouchy mit sept heures à faire, de Sombref à Gembloux, le chemin que le corps du général Thielmann avait fait en quatre heures. On accuse le temps pluvieux, un orage, les chemins défoncés, et il est vrai que cette route n'était pas pavée. Quand Grouchy arriva à Gembloux, la nuit était noire; il avait perdu toute trace du général prussien. Déjà fort inquiet, il s'arrêta, jeta des escadrons dans la direction de Wavre, et surtout de Pervez. Cet infortuné général tâtait de tous côtés les ténèbres, et il ne saisissait aucun indice, car il les cherchait principalement où il ne pouvait les trouver. Le plus grand malheur, c'est qu'une idée erronée s'était enracinée dans son esprit. Il croyait que le projet de Blücher était de prendre à dos l'armée française par un mouvement concentrique de la gauche prussienne sur Namur, Fleurus et peut-être Charleroi. Il s'attendait à voir l'armée prussienne revenir sur la ligne d'opérations des Français et les couper de la Sambre. Obsédé de cette idée malheureuse, il ne cédait qu'à regret au peu d'indices que les choses lui montraient.

Comme il voyait faux dans l'esprit de l'ennemi, et qu'il lui attribuait des intentions directement contraires à celles qui s'exécutaient, il était impossible qu'il rachetât par la sûreté de ses marches, par la rapidité de ses mouvements, l'immense faute de Napoléon et cette avance de quinze heures donnée à l'armée de Blücher. Le lieutenant ne pouvait ainsi qu'aggraver l'erreur du chef. Dans le même temps que Grouchy marchait dans la direction de Wavre, il se figurait que le danger viendrait du côté opposé, c'est-à-dire de Namur. Comment, dans une telle perplexité, aurait-il pu faire un mouvement prononcé, énergique? Les troupes étaient alourdies par la difficulté des chemins, le général était arrêté par une illusion qui l'enchaînait pour ainsi dire à chaque pas, et il s'arrachait comme malgré lui des champs de Ligny et de Fleurus. Il cherchait dans les ténèbres l'ennemi sur sa droite ou sur ses derrières, du côté de Pervez, pendant qu'il aurait fallu, au contraire, appuyer sur sa gauche pour se rapprocher tout à la fois et de l'armée française et de l'armée prussienne.

Après tout, c'est la pensée du chef qui donne aux troupes la sûreté, la rapidité, et leur fait faire des miracles. Si cette pensée est lumineuse, les troupes ont des ailes; si elle est incertaine, les cavaliers eux-mêmes sont appesantis et ne peuvent se mouvoir. Les mêmes chemins sont bons pour les uns, mauvais pour les autres, suivant le génie qui les mène. Au fond de tout désastre militaire, il y a une grande erreur d'esprit; ne cherchez pas d'autre fatalité.

Dans cette mission, déjà rendue presque impossible par tant de retards, quelle instruction positive a reçue le maréchal Grouchy? C'est sans doute un général plein de bravoure et de bonne volonté; mais il peut être au-dessous de sa tâche, il le craint du moins. Et qu'a-t-on fait pour l'éclairer, le rassurer, le diriger dans cette profonde nuit où il se trouve abandonné à ses seules lumières? Napoléon a partagé d'abord l'illusion que les Prussiens se retiraient par Namur sur la Meuse, et l'on ne voit pas qu'il ait rien fait pour détruire cette idée dans le maréchal Grouchy. Lorsque ce général pressait ses instructions dans cette nuit inextricable de Gembloux, qu'y trouvait-il? L'ordre de poursuivre les Prussiens : rien de plus. Mais dans quelle direction les chercher de préférence? Quelle peut être l'intention du général ennemi? De quel côté était, sinon le certain, au moins le probable? C'est là que Grouchy aurait eu besoin d'être guidé par les lumières supérieures de Napoléon; mais sur tout cela Napoléon l'a livré à lui-même, sans lui donner aucune impulsion, aucune lueur pour s'orienter au milieu des incertitudes croissantes qui vont l'assaillir.

Il est vrai que, selon les relations de Sainte-Hélène, l'ordre aurait été donné à Grouchy de se tenir sur une *ligne intermédiaire* entre l'armée française et l'armée prussienne. Or, c'est là ce que le maréchal Grouchy a nié péremptoirement, avec une persistance, un acharnement singulier jusqu'à la fin de sa vie, dans cette foule d'écrits, de notes de tout genre, où il n'a cessé de protester contre les récits de Sainte-Hélène. J'ai vu des notes manuscrites dont le maréchal couvrait ses livres; il revient constamment sur ce point :

que l'ordre donné le 17 était uniquement de poursuivre les Prussiens, qu'on les croyait en retraite sur la Meuse. « Je ne sache pas, ajoute-t-il dans les confidences qu'il semble se faire à lui-même, que je pusse poursuivre les Prussiens et me lier avec l'empereur. »

Le maréchal Grouchy ne sort pas de là; toute sa vie, il a répété la même chose avec une insistance qui a tous les caractères de la conviction et de la vérité; et il faut avouer que l'on ne trouve aucune trace d'une instruction de l'empereur sur cette *ligne intermédiaire* qui semble être une idée imaginée après l'événement, car les ordres subséquents ont été conservés : ils autorisent la marche sur Wavre, et sont en pleine contradiction avec cette instruction prétendue qui aurait assigné la direction de Mont-Saint-Guibert. C'est sous les yeux mêmes de l'empereur et avec son assentiment que la route divergente de Gembloux a été choisie. Pourquoi Napoléon a-t-il laissé Grouchy s'engager de ce côté? Que ne l'a-t-il arrêté? Pourquoi ne lui a-t-il pas fait prendre la route de Bry à Tilly? Les communications se seraient liées d'elles-mêmes; mais c'est dès le point de départ, à Sombref, que les deux ailes se sont trouvées profondément séparées par l'angle le plus ouvert. Napoléon a tout vu, il a tout approuvé. Est-ce à lui maintenant de rejeter sur un autre la responsabilité de ce choix malheureux entre deux directions, l'une proche, l'autre éloignée ? Telles sont les explications que le maréchal Grouchy a répétées sous mille formes au sujet de ce premier faux mouvement qui a engendré tous les autres.

Il est une autre preuve que l'ordre de marcher sur une ligne intermédiaire n'a pas été donné[1] : c'est qu'un général aussi soumis que le maréchal Grouchy, qui, dans sa détresse, ne demandait qu'une instruction, une parole de son chef pour s'en couvrir, n'eût certes pas manqué de suivre la *ligne intermédiaire*, si cela lui eût été formellement commandé. Il ne s'éloignait qu'à regret, avec effroi, de Napoléon. Combien l'ordre de s'en tenir rapproché l'eût débarrassé d'un lourd fardeau !

[1] Ces instructions prétendues sont même en contradiction avec les relations de Napoléon. Dans ses écrits de Sainte-Hélène, on voit qu'il continue d'approuver la marche sur Wavre, et qu'il était, lui aussi, préoccupé de la pensée que l'armée prussienne pouvait se reporter de Gembloux aux Quatre-Bras, sur les derrières de l'armée française. (Voyez *Notes et Mélanges*.)

IX

RETRAITE DU DUC DE WELLINGTON SUR MONT-SAINT-JEAN.

On s'étonne que deux armées de 100,000 hommes, séparées seulement par une distance de deux lieues, puissent, après deux grandes batailles, ne rien savoir l'une de l'autre. Il est néanmoins incontestable que le duc de Wellington ignora toute la nuit le résultat de la bataille de Ligny. Le matin, ne recevant aucune nouvelle, il examinait l'horizon; il vit au loin une védette française sur la route par laquelle auraient dû arriver les Prussiens. Il envoie un détachement de hussards en reconnaissance, et il apprend ainsi que les Prussiens sont en pleine retraite sur Wavre et que Napoléon est resté immobile dans Ligny.

Cette nouvelle lui est confirmée par une seconde dépêche du maréchal Blücher (la première avait été interceptée). Aussitôt le duc de Wellington prévient le maréchal Blücher qu'il va se retirer sur Waterloo.

Il s'y arrêtera, il y acceptera la bataille le lendemain 18, pourvu qu'il puisse compter sur le concours de deux corps de l'armée prussienne. Cet engagement pris, le général anglais, avec toutes ses forces maintenant rassemblées, n'avait plus d'autre but, en continuant d'occuper les Quatre-Bras, que de gagner encore quelques heures. Par là, il laisserait au général prussien cette journée entière et, s'il se pouvait, la matinée du lendemain pour achever son mouvement et venir le rejoindre en avant de la forêt de Soignes, où tous deux comptaient ressaisir l'occasion perdue à Ligny.

De son côté, le maréchal Ney était dans la même ignorance que le duc de Wellington. Il envoya à l'empereur le général Flahaut, resté avec lui depuis la veille. Il demandait avec instance des nouvelles de la bataille. Cette réponse arriva, elle semble incroyable. « Je crois cependant, écrit le major général Soult, vous avoir prévenu de la victoire que l'empereur a remportée. » Ainsi l'on ne se rappelle pas à l'état-major général si l'on a donné avis à l'aile gauche de la victoire de l'aile droite !

Tant que dura cette incertitude sur ce qui s'était passé à Ligny, le maréchal Ney laissa ses troupes sous les armes, immobiles, sur les hauteurs de Frasnes; et véritablement pouvait-il faire autre chose? Si Napoléon, comme il était probable, avait gagné la bataille, quelle raison y avait-il pour Ney d'attaquer seul l'armée anglaise, tout entière en ligne? Il n'y avait aucun avantage à se commettre seul avec elle. Plus cette armée s'arrêtait aux Quatre-Bras, plus elle courait risque d'être détruite par la double attaque de l'empereur et de Ney. Au contraire, si la bataille de Ligny avait été perdue, et si l'aile droite française se retirait, fallait-il que la gauche courût à une destruction certaine en se plaçant aveuglément, dès la pointe du jour, au milieu de 200,000 ennemis victorieux? Ce sont là les motifs par lesquels s'explique l'inaction du maréchal Ney dans la matinée du 17.

Enfin les premières colonnes de Napoléon parurent, mais seulement à deux heures. Elles auraient pu facilement être rendues de Ligny aux Quatre-Bras à sept heures du matin; et c'est là encore une occasion où les relations de Saint-Hélène, courant au-devant des reproches, pour empêcher que Napoléon ne fût accusé de cette nouvelle perte de six heures, se hâtent d'en accuser le maréchal Ney. Comme si ce n'était pas au corps le plus éloigné à se mettre le premier en marche, pendant que celui qui était aux Quatre-Bras était réduit à attendre! Mais le temps passé à Ligny en parades inaccoutumées se faisait cruellement regretter; la faute devenait flagrante, il fallait la rejeter sur un autre. Ney fut encore une fois chargé de ce fardeau. On l'accusa le 17, comme on avait fait le 15 et le 16. Napoléon pourtant était le premier moteur, c'était de lui que partait la première impulsion; la lenteur de ses mouvements engendrait la lenteur de ses lieutenants. Voilà ce qu'il n'a jamais voulu reconnaître.

Le duc de Wellington donne l'ordre de se replier sur Waterloo. Pendant que ses troupes défilent autour de lui, il se couche sur la terre, le visage couvert de ses dépêches, et semblé dormir. L'infanterie se retire de onze heures à onze heures et demie. Ce mouvement est masqué par la cavalerie, qui reste immobile sur deux lignes étendues, parallèles à la route de Namur. A l'approche des troupes de Napoléon, ces deux grands rideaux se replient en trois colonnes sur la route de Bruxelles. Elles sont suivies de près et harcelées par la cavalerie légère du général Subervie. La journée était brûlante, le ciel pesant. Une de ces pluies diluviennes, fréquentes dans les étés de Belgique, vint à tomber. En quelques moments, les grasses terres que l'on traversait furent changées en marécages. Les chevaux s'abattaient sur les genoux; à chaque pas, la poursuite devenait plus difficile. D'ailleurs, ce n'était pas la retraite d'une armée ébranlée qui refuse le combat, c'était le mouvement d'une armée qui va de sang-froid chercher son champ de bataille, depuis longtemps étudié et préparé.

La cavalerie française s'acharnait sur ses pas des deux côtés de la route, les lanciers de Subervie en tête, les cuirassiers de Milhaud sur les flancs. Les fantassins avaient peine à avancer, et pourtant ils firent le double du chemin de Grouchy ce jour-là, sans doute parce qu'ils marchaient sur une route pavée, mais aussi parce qu'ils savaient clairement où ils allaient.

Au passage du défilé à Génappe, l'arrière-garde anglaise, serrée de près, se retourne. Lord Uxbridge déploie sur le plateau, en travers de la route, la grosse cavalerie de Sommerset et de Ponsonby. Les nôtres débouchent de la longue rue étroite et serpentante de Génappe; ils rencontrent ce mur de cavaliers. Le 2ᵉ régiment de lanciers était en tête, il opposa une forêt impénétrable de lances au 7ᵉ de hussards anglais et au 1ᵉʳ des gardes. Le colonel Sourd acquit dans cette mêlée une renommée populaire par un exemple peut-être unique de vigueur : blessé et amputé du bras droit, il remonte une heure après à cheval et continue de conduire la charge. Une batterie française mit fin à ce combat de cavalerie. Depuis ce moment jusqu'à l'entrée du champ de bataille de Waterloo, l'armée française sembla plutôt escorter que poursuivre l'armée anglaise : on cessa de la harceler, comme il arrive à l'approche du moment décisif; mais, en atteignant la Belle-Alliance, Napoléon voulut s'assurer si c'était là le terrain choisi par l'ennemi. Les cuirassiers de Milhaud se forment comme pour charger, quatre batteries d'artillerie légère ouvrent le feu. Les Anglais y répondent par cinquante ou soixante pièces de canon. Ils s'arrêtent : c'était la position de Waterloo.

Il était six heures du soir, le temps manquait pour attaquer cette armée. Napoléon a dit qu'il eût voulu avoir ce soir-là le pouvoir de Josué, pour arrêter pendant deux heures le cours du soleil. Ce pouvoir, il l'avait eu le matin, dans les champs de Ligny; maintenant, il était trop tard pour regretter de n'en avoir pas fait usage.

Dans cette soirée, le duc de Wellington reçoit la réponse de Blücher : « Je n'arriverai pas seulement avec deux corps, mais avec toute mon armée; bien entendu que, si les Français ne nous attaquent pas le 18, nous les attaquerons le 19. » Sur cette assurance, le duc de Wellington établit son quartier général au gros bourg de Waterloo, à une demi-lieue en arrière de son front de bataille; Napoléon, dans la petite ferme du Caillou, au-dessus du hameau de Maison-le-Roi. Cette masure devait être le dernier de ses bivacs.

X

NUIT QUI PRÉCÈDE LA BATAILLE.

La journée du 17 juin vient de se terminer. La première moitié a été entièrement perdue pour les Français. Du côté des ennemis, les mêmes moments ont été employés avec une ardeur fiévreuse par les Prussiens. Leur armée a été portée comme sur des ailes de Bry à Mont-Saint-Guibert, de Sombref à Wavre; ils y bivaquent maintenant à l'entrée de la nuit.

Quel usage fera Napoléon des derniers moments qui lui restent? Ils sont bien courts; mais peut-être suffiront-ils encore, s'il trouve une de ses inspirations accoutumées, ou seulement s'il pénètre enfin le projet des ennemis. Retiré dans la ferme du Caillou pendant que la pluie tombe par torrents et que les soldats allument leurs feux de bivac, tout dépend de ce qui se passe à ce moment dans ce puissant esprit. Napoléon, dans cette nuit suprême, n'appréhenda qu'une chose :

sa seule crainte fut que les Anglais ne profitassent des ténèbres pour décamper et se dérober à ses coups en passant la forêt de Soignes; car alors ils iraient faire leur jonction avec les Prussiens sous les murs de Bruxelles. Ils l'attendraient au débouché de la forêt, retranchés et rassemblés au nombre de 180,000 hommes. Comment les attaquer dans cette position au sortir du défilé? Il le faudrait pourtant, sous peine de laisser aux Russes, aux Autrichiens, aux Bavarois le temps de passer le Rhin et de se saisir de la France, vide de soldats.

Telles furent les seules inquiétudes de cette dernière nuit. Napoléon n'admit pas un seul moment que Blücher pût avoir l'insigne témérité de faire, en avant de cette forêt de Soignes, une marche de flanc pour tomber sur sa droite dans les champs de Planchenoit et de Frichermont. Toutes les fois qu'il interrogea sur sa droite l'horizon, il ne soupçonna, il ne pressentit, il ne vit aucun danger de ce côté-là. Ainsi le seul point qui le menaçait fut le seul qui ne lui inspira aucune crainte.

Cependant ce ne fut pas un sommeil tranquille comme à la veille d'Austerlitz ou d'Iéna. Napoléon ne put dormir. A une heure du matin, il sortit à pied avec celui devant lequel il se contraignait le moins, le général Bertrand. Il marcha sur la route jusqu'aux grand'-gardes; la pluie continuait de tomber à flots. Jamais soldats, à la veille d'une bataille, ne passèrent une nuit plus difficile, sans vivres, sans abri, couchés dans une boue liquide, ou, ce qu'il y avait de pis, dans les seigles trempés d'eau; mais la fatigue était plus forte que tout le reste, et les deux armées, harassées par la faim, les marches ou les combats des journées précédentes, étaient profondément endormies. Un silence majestueux régnait au loin; l'horizon semblait tout en feu sur la ligne des bivacs. Napoléon prêta l'oreille; il entendit le bruit d'une cavalerie en marche. Cela renouvela la crainte que les Anglais ne se retirassent; mais des déserteurs qu'on lui amena et d'autres rapports diminuèrent cette inquiétude. Rassuré, il regagna avant le jour la ferme du Caillou.

Tout allait ainsi au gré de ses vœux. Il n'est qu'un seul reproche qu'il eût pu adresser alors justement à la fortune : c'est de ne lui avoir pas envoyé, pendant cette reconnaissance de nuit, une de ces illuminations soudaines qui, en d'autres circonstances, lui avaient fait voir si clair dans les projets de l'ennemi. En effet, que d'indices qui l'eussent frappé et éclairé infailliblement à d'autres époques de sa vie! La lenteur calculée de la retraite du duc de Wellington, la précipitation effrénée de celle de Blücher, la ligne d'opérations de celui-ci abandonnée sur la Meuse, preuve certaine qu'il va rejoindre l'armée anglaise! En d'autres temps, ces signes auraient été pour l'empereur autant de traits de lumière; mais, puisqu'au contraire il a fermé les yeux à toutes les lueurs qui pouvaient le sauver, il faut bien reconnaître dans cet aveuglement les ténèbres soudaines qui s'amassent dans l'esprit de l'homme le plus clairvoyant, lorsque son moment approche et que la fortune veut en finir avec lui.

Certainement, lorsqu'il prit son quartier général, à sept heures du soir, à la ferme du Caillou, il était bien tard pour remédier aux fautes commises; pourtant qui peut dire que cela était impossible, s'il avait enfin deviné la pensée de l'ennemi? Il eût assiégé Grouchy de ses instructions, de ses prévisions; sa grande affaire eût été de se lier à lui par des communications certaines, incessantes; or, dans cette dernière nuit, Grouchy n'a pas reçu de Napoléon une seule ordonnance, une seule dépêche, une seule parole! Il est vrai que, d'après les relations de Sainte-Hélène, Napoléon a envoyé à Grouchy deux officiers, l'un à dix heures du soir, l'autre à quatre heures du matin; mais ces assertions sont-elles exactes? Plusieurs les nient, et voici les motifs de leur incrédulité : ces deux officiers n'ont jamais été vus par Grouchy; personne n'a jamais pu indiquer leurs noms. Les ordres qu'ils sont censés avoir portés ne se retrouvent pas inscrits sur le registre de l'état-major. Bien plus, dans les dépêches qui ont suivi, Napoléon ne fait aucune mention de ces ordres qu'il aurait donnés pendant la nuit. Il n'insiste pas sur l'exécution, il ne la rappelle même pas, contre l'usage invariable en pareille circonstance !

De tout cela, plusieurs historiens, en particulier M. le colonel Charras, induisent que les dépêches dont il n'y a aucune trace, qui prescrivaient à Grouchy de détacher 7,000 hommes sur la gauche, n'ont jamais existé. Elles semblent avoir été imaginées après l'événement. Dans tous les cas, il est évident, par la faiblesse même de ce détachement de 7,000 hommes, que la pensée du mouvement en masse que préparaient les Prussiens n'entra pas sérieusement dans l'esprit de Napoléon. Il ne le crut pas possible; il ne fit rien de décisif pour l'empêcher ou seulement pour s'en assurer. Après tout, on doutait fort que le choc eût lieu le lendemain; c'est peut-être là ce qui explique le mieux qu'aucune grande mesure n'ait été prise pour une bataille suprême à laquelle on ne croyait pas encore.

En effet, tandis qu'une division de cavalerie anglaise allait déjà jusqu'à Ohain, au-devant des Prussiens, leur ouvrir le champ de bataille, Napoléon méprisait d'éclairer sa droite à l'approche du défilé de Lasnes. Au moment où les bivacs français se formaient, le major prussien de Falkenhausen les observait déjà, à peu de distance, sur les hauteurs. Il peut compter à son aise ces feux tranquilles. Il court informer le maréchal Blücher. Il raconte la sécurité du chef de l'armée française, l'imprévoyance de ces bivacs, qu'aucune précaution n'a été prise à l'entrée du défilé et du bois de Paris, qu'assurément une attaque de ce côté n'a pas été prévue. Une seule patrouille française a été rencontrée le matin vers Maransart. Le major Witowsky confirme ces nouvelles par un récit semblable, et elles fortifient Blücher dans le projet de jeter toute l'armée prussienne, ou au moins trois corps, vers le bois de Frichermont, sur le flanc de l'armée française.

Ainsi les Anglais occupent seuls Napoléon : il néglige le reste; mais rien n'est encore perdu pour cela. Même sans attirer à lui Grouchy, même sans envoyer aucune instruction nouvelle, il lui reste encore une possibilité de vaincre. Lui qui a tant de fois percé les ténèbres, s'il pressent enfin, au lever du jour, ce qui s'amasse sur sa droite, il profitera en toute hâte des derniers moments qui lui sont accordés; il devancera à tout prix l'arrivée et l'attaque des Prussiens. La journée du 18 commence.

La pluie a cessé, le ciel s'éclaircit vers cinq heures. C'est un dernier sourire de la fortune, et comme un signe qu'il faut se hâter. Pourquoi attendre davantage le soleil d'Austerlitz, puisqu'il refuse de paraître? Il suffit qu'il fasse jour. Napoléon, pressentant le danger, ne se laissera retarder par aucune considération tirée de l'indécision du temps, des terrains détrempés, de la difficulté de mouvoir l'artillerie, genres d'observations que ne manquent jamais de faire les inférieurs, et qui disparaissent devant la nécessité d'une volonté inflexible. Qu'il se souvienne seulement de lui-même. N'a-t-il pas vaincu à Dresde par une pluie battante, à Eylau malgré la neige qui aveuglait son armée? A Iéna, en octobre, n'a-t-il pas commencé la bataille avant le jour, au milieu d'un brouillard impénétrable où il se faisait éclairer à la lueur des torches? Si la pluie doit éteindre les feux de l'infanterie, comme à la journée de la Katzbach, ce sera à l'avantage de l'assaillant et de l'arme blanche. D'ailleurs, à ce moment même, le corps de Reille, parti de Génappe dans la nuit, vient d'arriver; il se forme le premier sur le champ de bataille, sans consulter l'état du terrain. Ce que ce corps a fait après avoir marché trois heures, les autres peuvent le faire plus aisément. Dans tous les cas, la nécessité commande; il n'y a plus à délibérer. Une seule chance reste : il dépend de Napoléon de la saisir. Pour cela, les troupes sortiront de leurs bivacs dès qu'il fera grand jour; il attaquera à sept heures, ou au moins à huit heures du matin.

Mais, au contraire, trompé par une fausse confiance, aveuglé pour la première fois et jusqu'au dernier moment, s'il croit n'avoir pas besoin de compter avec le temps, si, après avoir perdu la matinée du 16, du 17, il perd encore celle du 18, s'il croit pouvoir attendre que le soleil disperse les nuages, que la pluie s'éloigne, que la terre soit séchée, qu'aucun obstacle ne l'empêche de vaincre, ce pourra être le dernier délai qui lui sera accordé. De ces deux chances qui se présentent encore à Napoléon, voyons laquelle il va choisir.

XI

ORDRE DE BATAILLE DES DEUX ARMÉES. — PLAN DE NAPOLÉON.

Avec la nuit s'est dissipée la dernière inquiétude de voir les Anglais refuser le combat. Les premiers rayons du jour, le 18 juin, les montrent immobiles dans leur position de la veille. Napoléon en éprouve une vive joie. Il promène de nouveau ses regards sur le champ de bataille. En découvrant sur sa droite, à l'est, en pleine lumière, ce terrain découpé, ravineux, montueux, boisé, il ne soupçonna pas plus que la veille qu'un péril pût être caché dans ces étroits défilés qui de ce côté fermaient l'horizon.

Cependant, vers dix heures, un régiment de hussards prussiens, sous le major Lutzow, s'approchait déjà en silence de la lisière du bois de Frichermont. Ils remplacèrent les avant-postes anglais sans rencontrer un seul homme pour les inquiéter ou les surveiller. Ils étaient là à une portée de canon de l'armée française, et l'idée qu'il y eût quelque chose à craindre des Prussiens n'entrait encore dans l'esprit de personne. Si une seule brigade de cavalerie eût été envoyée pour éclairer cette direction, elle aurait bientôt immanquablement révélé la présence du corps de Bulow, car son avant-garde à ce même moment gravissait déjà les rampes opposées des hauteurs de Saint-Lambert; mais ce fut la même sécurité chez les nôtres que le soir précédent. Napoléon, certain du succès, ne fit pas même reconnaître cet ennemi qui était déjà caché sur ses flancs, tant il dédaignait ceux qui devaient lui porter le dernier coup! Il semblait alors, non pas seulement les mépriser, mais les oublier.

Un peu auparavant, pendant que l'empereur déjeunait, le maréchal Ney était accouru; il vient de visiter les avant-postes; il annonce, dès le seuil, que l'occasion a échappé, que les Anglais se retirent. Si l'on tarde un seul instant, ils vont se dérober, et la forêt de Soignes les couvrira bientôt. Napoléon ne partage ni cette crainte ni cette impatience; il a mieux vu que son lieutenant, il lui répond qu'il est maintenant trop tard pour les Anglais et qu'il ne leur reste qu'à livrer bataille. En cela, il ne se trompait pas; mais, comme si en ce moment ses lumières mêmes devaient servir à l'aveugler, il trouva dans cette certitude une raison de temporiser encore. On remarqua qu'il se plut à préciser mathématiquement devant ceux qui l'entendaient les chances de la journée. Elles étaient, suivant lui, de quatre-vingt-dix sur cent pour la victoire; il n'y en avait pas dix contre : encore est-il certain que, dans ces dix chances contraires, il ne fît entrer pour rien l'intervention des Prussiens sur le champ de bataille. C'est à peine s'il devait y croire lorsqu'il la verrait de ses yeux.

La confiance de l'armée n'était pas moindre que celle du chef. Soixante et dix mille Français conduits par Napoléon et par Ney se sentaient une supériorité certaine sur 80,000 ennemis, dont 40,000 seulement étaient de vieilles troupes et le reste formé en partie de landwehrs. Jamais on n'avait été plus sûr de vaincre, et c'est là sans nul doute (bien plus que le mauvais temps) ce qui fit encore une fois différer la bataille; car il y eut dans cette matinée deux ordres du jour de Napoléon très-différents l'un de l'autre. D'après le premier, l'armée sera prête à attaquer à neuf heures du matin, et chacun sera à ce moment précis dans la position indiquée la veille au soir. Un second ordre du jour, distribué un peu plus tard aux chefs de corps, éloigne de beaucoup le moment de l'action; celui-ci prescrit que l'armée soit rangée en bataille *à peu près à une heure après midi*, et l'attaque commencera aussitôt. Entre ces deux ordres d'attaque, il y a une différence de quatre heures, et la cause en est la sécurité complète qui s'était emparée des esprits après que les

Anglais n'avaient fait aucun effort pour échapper au combat. Du reste, ni l'une ni l'autre de ces instructions ne fut exécutée à la lettre; probablement elles furent remplacées toutes deux par des ordres donnés de vive voix.

On chercha longtemps quelque habitant du pays pour servir de guide à Napoléon. Un paysan qui s'était enfui comme tous les autres dans les bois revint le matin à Planchenoit; il se rendait à l'église, car c'était un dimanche. Des généraux l'envoyèrent à Napoléon, qui le garda près de lui sur les hauteurs de Rossomme. Cet homme des champs resta à cheval la journée entière à côté de lui, dans les stations diverses qu'il occupa pendant la bataille. Pour rassurer ce paysan, Napoléon lui dit : « Parlez-moi, mon ami, avec franchise, comme si vous étiez avec vos enfants; » et, le voyant interdit, il lui donna de son tabac, il le questionna sur les villes qu'il avait vues dans sa jeunesse. Plus tard, il le réprimanda et lui reprocha de baisser la tête sous les boulets, ce qui pourrait faire croire de loin que l'empereur était atteint, ajoutant qu'on ne les évitait ni debout ni couché. Ce paysan remarqua que Napoléon donnait ses ordres à ses aides de camp avec une grande douceur; dès qu'il osa parler, il nomma les villages voisins à mesure que l'empereur les montrait de la main, à gauche, parmi des ravins, les clochers en aiguille de Braine-la-Leud, de Merbe-Braine, à droite

Planchenoit, Lasnes, Ohain, et, à travers le feuillage bronzé des taillis, sur une hauteur, Chapelle-Saint-Lambert, qui n'éveillait alors aucun soupçon.

Le champ de bataille [1] où la destinée du monde allait se décider était alors bordé de forêts au nord et au nord-est comme un vaste champ clos. Un vallon séparait les deux armées; elles occupaient en face l'une de l'autre des hauteurs à peu près parallèles dans la direction de l'est à l'ouest; la chaîne de collines où étaient placés les Français formait une ligne légèrement convexe et enveloppait le côté opposé. La partie la plus élevée de ces deux lignes parallèles est à leur milieu, en sorte que les deux extrémités, plus basses, sont cachées l'une à l'autre; les deux ailes de la même armée ne peuvent s'apercevoir. Les points culminants sont coupés par la grande route qui se déroule presque perpendiculairement à la position sur les hauteurs, en suivant les ondulations du sol. Du côté des Anglais, le bord du plateau était marqué dans son étendue par un chemin creux, capable de mettre à l'abri le front de leur armée. En avant de cette sorte de fossé, le terrain se relevait brusquement en une vive arête ou escarpement difficile à gravir, surtout au centre. Au-dessous de cette crête prolongée étaient trois postes, comme des forts détachés en avant de la ligne ennemie. Le premier,

[1] Voyez la description détaillée que j'ai publiée, en 1836, du champ de bataille de Waterloo. Œuvres complètes, t. VI, p. 369.

à l'extrémité de notre gauche, était le château d'Hougoumont, vaste tour carrée flanquée de granges et d'étables, environnée de bois, de vergers, de jardins et d'enclos; le second, au-dessous du centre, est la grande ferme de la Haie-Sainte, à mi-côte du ravin, sur le bord de la route; une cour fermée de hauts murs, une vaste porte surmontée d'une sorte de créneau la précède; le jardin, en terrasse, la défend par derrière; vers la droite, la vallée est fermée par le village de Smohain et le château de Frichermont; il fait le pendant du château d'Hougoumont, à l'extrémité opposée.

Ainsi un long plateau profondément ondulé, revêtu d'une crête; au-dessous des hauteurs, parmi de larges bas-fonds, trois forteresses rustiques, Hougoumont, la Haie-Sainte, Smohain; cet espace planté à gauche de taillis, partout ailleurs couvert de seigles, sans haies, sans ruisseaux, traversé par deux grandes routes pavées qui vont se rejoindre au sommet de l'angle, dans le bourg de Mont-Saint-Jean; tel était le champ de bataille. Les Anglais avaient immédiatement derrière eux le village de Mont-Saint-Jean, qui se prolonge aux deux côtés de la route comme un faubourg, plus en arrière Waterloo, enfin la forêt de Soignes, plantée de hêtres, sans broussailles ni végétation embarrassée. On dispute encore si elle eût été un abri ou un obstacle dans la retraite. L'extrémité gauche de la position anglaise aboutissait à un bois de pins et de chênes dominant ce côté du champ de bataille. Une armée qui se cacherait dans ces épais fourrés, coupés de quelques clairières, pourrait se glisser et déboucher à l'improviste; elle ne serait démasquée qu'au moment où elle prendrait part à l'action.

Le général anglais avait profité de ce terrain, qu'il avait étudié depuis longtemps. Sa première ligne couronna le bord du plateau; on vit comme une longue bande rouge se détacher sur la verdure des haies. La gauche se forma de la cavalerie légère de Vivian et de Vandeleur, de la division d'infanterie Picton, de la division hollando-belge Perponcher et de la 8e brigade de Kempt. Ceux des alliés sur lesquels le duc de Wellington comptait le moins se trouvaient ainsi encadrés et contenus dans les rangs des Anglais. A la droite anglaise de la grande route s'étendaient les divisions Alten, Cooke, la 1re et la 2e brigade des gardes. Ces troupes qui composaient le centre étaient serrées en colonnes par division, au-dessus et au-dessous de la crête, et elles atteignaient la route de Nivelles. Par delà, le corps de lord Hill s'appuyait à des ravins en arrière de Merbe-Braine; à l'extrême droite, la division belge de Chassé occupait Braine-la-Leud. En avant de la position, le château d'Hougoumont était occupé par quatre compagnies légères de Nassau, une compagnie de Hanovriens, une partie du bataillon de Lunebourg, la 2ᵉ brigade des gardes formant la réserve; la ferme de la Haie-Sainte par le second bataillon de Hanovre, sous le major Baring; la ferme de Papelotte par un détachement belge; Smohain par le régiment d'Orange-Nassau, commandé par le prince de Saxe-Weimar.

Telle était la première ligne anglaise. La seconde se composait entièrement de cavalerie. Les colonnes par escadron, à intervalle de déploiement, se tenaient massées en arrière du plateau; elles échappaient à la vue des Français. Derrière la division Picton était la 2ᵉ brigade de Ponsonby.

Les réserves firent une troisième ligne : à la gauche et au centre, la division de cavalerie hollando-belge de Collaerts; la 10ᵉ brigade anglaise dans l'angle d'intersection des routes; la brigade de Lambert près des fermes de Mont-Saint-Jean; à l'extrême droite, le corps de Brunswick entre Merbe-Braine et la route de Nivelles. Ainsi partout les Belges, les Hollandais et les milices de Hanovre et d'Allemagne étaient flanqués et comme gardés à vue par les vieilles troupes britanniques. Chez celles-ci, l'infanterie était formée sur deux rangs, mais prête à se doubler dès qu'elle serait menacée.

L'artillerie couvrait le front des divisions. Au-dessus de la Haie-Sainte, il y avait une batterie de vingt-quatre pièces de canon. Ces dispositions prises, le duc de Wellington se plaça de sa personne à cent pas du bord du plateau, à l'abri de l'escarpement. Il était là, au plus chaud de la bataille; il tenait son armée dans sa main : aucun détail d'exécution ne pouvait lui échapper.

Napoléon, dans la reconnaissance qu'il venait de faire, avait jugé avec son coup d'œil ordinaire les circonstances du champ de bataille : il avait vu la droite et le centre de l'ennemi protégés par les difficultés du terrain, et, de plus, couverts par deux grands obstacles, Hougoumont et la Haie-Sainte, éloignés à peine de quatre cents à trois cents mètres de la ligne de bataille. Mais, lorsqu'il s'était arrêté en face de l'aile gauche des Anglo-Hollandais, il avait remarqué que, de ce côté, la crête des terrains s'inclinait en pente douce. D'ailleurs, cette aile était séparée du château de Frichermont par un intervalle vide de seize cents mètres qui la laissait suspendue sans appui. Les colonnes d'attaque pourront aisément passer dans cet intervalle. C'est évidemment de ce côté que l'empereur aura prise le plus aisément sur la ligne anglaise.

Aussi n'y a-t-il aucun doute sur le plan d'attaque qu'il forma à ce moment; il le dicta à deux généraux assis par terre, autour de lui, sur une butte d'où son regard embrassait le terrain que les deux armées allaient se disputer. Il trompera l'ennemi par de fausses attaques sur Hougoumont et des démonstrations sur Merbe-Braine. Quand l'ennemi aura porté ses renforts de ce côté, Napoléon fera sa véritable attaque au côté opposé, sur la gauche anglaise. En refoulant cette gauche qu'ils trouveront sans soutien, les Français se porteront sur Mont-Saint-Jean, à la croisée des routes. L'ordre est donné aux compagnies de sapeurs du corps du général d'Erlon de se tenir prêtes à se barricader dans ce village. De ce côté, la difficulté sera plus faible et la victoire infailliblement plus grande. Vaincus, les Anglais ne pourront se replier sur les Prussiens; ils seront même coupés de la route de Bruxelles; il ne leur restera que les défilés de Braine, et au loin l'Escaut, puis la mer, où l'on achèvera de les précipiter. Napoléon se retrouve tout entier dans ce plan de bataille. Pourquoi, après avoir été essayé dans la première phase de la bataille, a-t-il été si vite abandonné? C'est ce que la suite des événements ne tardera pas à montrer.

Tandis que Napoléon donnait ses dernières instructions à ses lieutenants, l'armée française se formait sous ses yeux. Dans la relation de Sainte-Hélène, il marque la position d'attente non-seulement de chaque corps, mais de chaque division, de chaque brigade, avec un soin de détail qu'il n'a mis dans aucun autre de ses récits. On dirait qu'en décrivant aussi minutieusement la place de chacun avant la bataille, il a voulu pour tous prolonger ces moments d'espérance, faire défiler devant lui son armée encore intacte, et en passer une dernière fois la revue.

Les troupes se formaient en effet, comme pour une revue, sur un front de quatre mille mètres, entre les hauteurs de Frichermont, la route de Charleroi et celle de Nivelles. Onze colonnes se mirent à la fois en marche pour aller prendre leur position. Pendant qu'elles défilaient toutes ensemble sur le sommet des collines, elles se déroulaient comme d'énormes serpents revêtus d'éblouissantes écailles; mais de ce chaos apparent l'ordre ne tarda pas à sortir : l'immobilité remplaça le mouvement, un silence solennel se fit sur le champ de bataille. L'ennemi put contempler à loisir cet ordre nouveau qui ressemblait à une fête militaire.

Les deux premières lignes, à trente toises l'une de l'autre, étaient formées de l'infanterie de Ney. C'était d'abord, sur la droite, le corps du général d'Erlon, qui n'avait pas encore eu de rencontre avec l'ennemi. Il était rangé par inversion, sans doute par suite des contres-marches [1] de la journée des Quatre-Bras; sa quatrième division était en tête, en face de Smohain, sa première à gauche, appuyée à la chaussée de Charleroi. Ce corps fut prolongé par celui de Reille, aussi sur deux lignes, depuis les hauteurs de la Belle-Alliance jusqu'à la chaussée de Nivelles, Bachelu à droite, Foy au centre, Jérôme à gauche. Les deux corps de cavalerie de Jaquinot et de Piré s'étendi-

---

[1] Je ne vois pas d'autre raison à donner de cette formation et de ce *chaos*, qu'avait déjà remarqués le général Jomini. (*Précis*, p. 204.)

rent sur trois lignes, au loin, sur les deux ailes, l'un observant Frichermont et jetant des postes sur Ohain, l'autre éclairant la plaine jusqu'à Braine-la-Leud. C'étaient là les lignes qui allaient aborder les positions ennemies.

A cent toises en arrière de ce premier front de bataille se développaient quatre immenses lignes de cavalerie. Là étaient d'abord les cuirassiers Kellermann et Milhaud, rangés derrière Reille et d'Erlon : ils étaient prêts à soutenir l'infanterie dans son attaque; puis venaient après eux, encore à cent toises en arrière, et comme pour recueillir les premiers fruits de la victoire, les grenadiers à cheval, les dragons de la garde de Guyot et les lanciers de Lefebvre-Desnouettes. Toute cette cavalerie, étincelant de l'éclat des casques et des cuirasses, avait près d'elle, dans un intervalle de cent toises, le corps de Lobau comme une première réserve. Ce corps seul s'était massé en colonnes serrées sur les deux côtés de la chaussée de Charleroi, son infanterie à gauche, la cavalerie Domon et Subervie à droite.

Au sommet de cet ordre de bataille se déployèrent sur six lignes les vingt-quatre bataillons de la garde à pied. Ces bataillons, sombres et massifs, étaient là, au loin, dans la main du chef, au dernier rang, pour finir la lutte. Deux cent cinquante bouches à feu étaient distribuées sur le front des divisions, dans les intervalles, ou sur les flancs; l'artillerie de réserve, derrière les lignes. Dans ces dispositions préliminaires, il était difficile de trouver un indice certain du plan d'attaque. Tous les points de la ligne ennemie sont menacés. Le duc de Wellington ne peut manquer de rester longtemps incertain sur les projets de son adversaire.

Plusieurs historiens ont mis en doute que ces évolutions préparatoires aient été réellement exécutées telles que je viens de les rapporter d'après les récits de Sainte-Hélène. Ceux-là allèguent que cette formation est plutôt une fête militaire qu'une disposition d'attaque. Le terrain onduleux permettait de se concentrer et de couvrir les masses. Ils ajoutent qu'il est absolument impossible que Napoléon ait perdu un temps si précieux à déployer inutilement des lignes démesurées qu'il faudrait rompre en colonnes dès qu'on en viendrait aux mains. D'autres se contentent de blâmer; mais il est certain, d'après les témoignages les plus dignes de foi, que ces mouvements ont été vraiment exécutés.

Sans doute, par ces vastes déploiements, Napoléon s'était proposé un but qu'expliquent des circonstances suprêmes. Il voulait donner à l'armée le spectacle de l'armée, ajouter par ce spectacle à la confiance du soldat, l'exalter de la pompe et de la grandeur de cette scène militaire. Il est sûr que, par le développement de ces lignes concentriques, que prolongeaient au loin les escadrons de cavalerie légère sur les deux ailes, il semblait déjà déborder et envelopper l'ennemi. Non-seulement il est avéré qu'il déploya ainsi l'armée entière, mais il passa devant les lignes pendant que les tambours battaient aux champs, et que les musiques jouaient au milieu des cris enthousiastes des soldats. Ceux qui ont assisté à cette fête militaire sont unanimes; il n'y avait pas là un homme qui, à cette vue, doutât de la victoire.

Il est vrai que les heures s'écoulaient; mais qui pouvait croire alors que ces heures d'enthousiasme profitassent à l'ennemi? Celui-ci gardait le silence. Ses colonnes, masquées par le terrain, serrées en masse, taciturnes, se dérobaient en partie tristement à la vue. Là, point de bruit de trompettes, ni de roulements de tambours, ni de vivat, mais une immobilité sinistre. Ainsi, grâce à ces dispositions préliminaires, l'armée anglaise paraissait inférieure de beaucoup à l'armée française. Les nôtres avaient, outre tous les autres motifs d'assurance, la confiance du nombre.

Napoléon mit pied à terre sur la hauteur de Rossomme : il était à un peu plus de quinze cents mètres en arrière du front de bataille; mais son regard pouvait embrasser de là l'ensemble du terrain que les deux armées allaient se disputer. On apporta d'une chaumière voisine une petite table et une chaise de paille. Il s'assit, il déroula ses cartes; l'action venait de commencer.

Dans une action telle que celle de Waterloo, il semble que les incidents les plus décisifs devraient aujourd'hui être assez exactement connus pour qu'il fût impossible à l'histoire de s'y méprendre, et c'est le contraire qui arrive. Pour peu que l'on entre sérieusement dans l'histoire de cette journée, on s'étonne de voir combien il reste encore d'obscurités, de contradictions, d'incertitudes dans le récit des événements importants. Telle phase de la bataille a-t-elle précédé ou suivi telle autre phase? tel village a-t-il été pris? telle ferme occupée? à quel moment perdue et reprise? Chaque relation diffère sur chacun de ces points, et c'est pourtant de cet enchaînement de causes et d'effets que dépend le caractère réel d'une bataille. Il y a dans ces journées une chronologie implacable; si vous l'intervertissez d'un moment, tout vous échappe. Je me propose ici, non pas de réveiller les émotions du 18 juin, mais de marquer les phases principales de l'action dans l'ordre exact où elles se sont produites. Je cherche la vérité telle qu'un examen de quarante-six années, admirablement rouvert et continué par M. le colonel Charras et le général Jomini, peut la révéler à un esprit impartial, s'il y en a de tels en semblable matière.

TROISIÈME PARTIE

LA BATAILLE DE WATERLOO

PREMIÈRE PHASE DE LA BATAILLE.

Il était déjà onze heures et demie. Sur l'extrême gauche, la fusillade éclate dans le bois d'Hougoumont. De moment en moment elle s'étend, elle gagne toute cette partie de la ligne. Les nuages blancs de salpêtre s'élèvent au-dessus des taillis. Dans la pensée de Napoléon, cette attaque ne devait être qu'une feinte. D'arbre en arbre, les tirailleurs de Reille refoulent devant eux les bataillons de Nassau et de Hanovre, dans un terrain inégal, plein de ravins. Foy, à la tête de sa division, marche droit sur Hougoumont. Les gardes anglaises se replient, partie dans le sentier à la droite du château, partie dans l'avenue et le grand verger à gauche. Les nôtres se précipitent au pas de charge vers les clôtures. Ils atteignent cette fameuse haie de charmille qu'ils prennent pour la limite du jardin. Ils vont la franchir. Assaillis à brûle-pourpoint d'une grêle de balles, leurs coups à eux ne portent pas. Longtemps ils luttent ainsi inutilement, sans s'apercevoir que cette haie masque une longue muraille qui a été crénelée dans la nuit. Du haut de cette muraille, les gardes anglaises, embusquées sur des échafaudages, font contre eux impunément un feu plongeant auquel ils ne peuvent répondre. Ils couvrent déjà de leurs cadavres les avenues et la lisière du bois d'aunes; l'ennemi, retranché derrière ses abris, n'éprouve presque aucun dommage.

En cherchant une brèche dans cette sorte de forteresse, des soldats de Reille, conduits par l'instinct, ont suivi des compagnies de Coldstream à l'angle ouest du château; ils ont pénétré pêle-mêle avec leurs adversaires dans la grande cour; mais la porte s'est refermée; ceux des nôtres qui ont franchi le seuil ont été massacrés. A l'est, le verger, bordé de haies vives, est attaqué et défendu avec la même fureur. Suivant les divers incidents de la lutte, les Français se replient et se pelotonnent dans le bois; ils en sortent de nouveau; ils se jettent sur les mêmes clôtures, qu'ils prennent, perdent, reprennent plusieurs fois en peu d'heures. Tout le corps d'infanterie de Reille, c'est-à-dire 12,000 hommes, est occupé à ce combat de haies, de murs, de taillis, lutte de surprise et d'embûche. Les masses solides du château en brique et des dépendances rurales opposent une résistance invincible aux balles de nos tirailleurs.

Napoléon veut en finir : il fait envoyer douze obusiers de l'artillerie de Kellermann. Les bombes pleuvent sur Hougoumont, elles y allument l'incendie. Le château brûle, les flammes dévorent ceux des combattants qui n'ont pas le temps de fuir; mais le combat continue partout où il reste un enclos, une étable, une cour. A travers les nuages de fumée et de cendre qui s'élèvent des décombres, les batteries de Piré, de Jérôme et de Foy répondent aux batteries de la division Alten et de celle de Cooke sur la colline opposée. Le général Bauduin, chef de la 1re brigade, est tué avec le tiers de ses hommes. Bientôt le général Foy, atteint d'une balle à l'épaule, devra se retirer à l'ambulance. Jérôme aussi est blessé au bras et cède le commandement au général Guilleminot. Au lieu d'une feinte, c'est une lutte acharnée dont le principal résultat est d'attirer de ce côté quelques-unes des meilleures troupes de l'ennemi.

Son attention est portée sur sa droite; c'est le moment de rompre sa gauche, conformément au plan que Napoléon a conçu. Cette grande attaque se prépare ; elle s'ouvre par le feu de soixante et quatorze canons qui battent l'ennemi du haut des monticules, en avant de la Belle-Alliance. De ce côté, les lignes allongées du corps du général d'Erlon se plient en colonnes sur les hauteurs, d'où elles doivent se précipiter dans la vallée pour gravir la pente opposée, et couper en tronçons la ligne ennemie. Chacune de ces colonnes abordera le point qui lui est assigné; les chefs le considèrent d'avance, et en étudient les approches. Ney, placé sur la grande route, surveille le mouvement; il écrit au crayon, sous une grêle de boulets, ses dernières instructions : « Qu'il soit bien entendu que c'est l'échelon de gauche qui marchera en tête. » L'ordre de commencer le mouvement va être donné; on l'attend.

Mais, pendant que cette formation s'achève, un grave événement détourne au loin l'attention de Napoléon. Avant de donner le signal demandé, il a promené ses yeux sur l'horizon, et, là, perpendiculairement à sa droite, à une grande lieue du champ de bataille, sur la hauteur où pointe le clocher blanc de Saint-Lambert, il aperçoit comme un nuage qui lui paraît être des troupes. Le temps était très-brumeux; les objets se discernaient mal à une certaine distance. Les généraux qui l'entouraient tournèrent les yeux de ce côté : les uns soutinrent que c'étaient des arbres, d'autres des troupes en position. Il dit au major général : « Maréchal, que voyez-vous sur Saint-Lambert ? — J'y crois voir cinq ou six mille hommes. C'est probablement un détachement de Grouchy... » Il était alors une heure. Tel fut, d'après toutes les relations, le premier mouvement de Napoléon à la vue de ces troupes. C'était aussi pour lui l'avant-garde de Grouchy. Il le répéta, soit qu'il le crût, soit qu'il feignît de le croire. Dans tous les cas, l'illusion fut courte.

Un de ses aides de camp, le général Bernard, s'élance au galop pour reconnaître cette colonne. A l'entrée du bois de Lasnes, il descend de cheval et se glisse à pied dans le fourré. En quelques instants, il s'approche des troupes en marche et les reconnaît distinctement. N'ayant plus le moindre doute, il revient en toute hâte auprès de l'empereur. Napoléon se promenait un peu à l'écart, le dos tourné à la bataille, sur les hauteurs de Rossomme. « Sire, ce sont les Prussiens. — Je m'en doutais. » Et aussitôt, se rapprochant des officiers de l'état-major et d'une voix haute, avec un visage assuré : « Voici, messieurs, Grouchy qui nous arrive. »

Napoléon pensait alors que ce n'était là qu'un corps peu nombreux ; il s'obstinait, d'ailleurs, à croire que Grouchy suivait cet ennemi à la trace ! La victoire, selon lui, ne sera que plus complète si ce détachement de l'armée prussienne est poursuivi en queue par Grouchy, tandis que lui, il l'attaquera de front. Ainsi il tournait cet incident même à son avantage, tant il avait besoin d'espérer et de voir des promesses de victoire dans les plus dures menaces de la fortune !

Grâce à ces hauteurs de Saint-Lambert qui dominent la campagne, les têtes de colonne prussiennes avaient été démasquées à l'extrémité de l'horizon ; elles ne tomberont pas à l'improviste sur le champ de bataille. L'avertissement est donné à l'avance du plus loin que la vue puisse s'étendre. Comment Napoléon en profitera-t-il ? Il est indubitable que sa seule précaution à ce moment fut d'envoyer la cavalerie légère de Subervie et de Domon éclairer sa droite. Cette cavalerie prit position en potence en deçà du bois de Paris ; l'ennemi put s'y engager sans trouver aucun obstacle. Les étrangers avouent aujourd'hui qu'une seule division d'infanterie embusquée dans ce bois aurait suffi pour arrêter longtemps Bulow au passage des défilés et le rejeter sur la droite, dans la ligne de marche du corps de Ziethen, qui n'atteignit pas le champ de bataille avant sept heures du soir. Il était, pensent-ils, d'une si grande importance de retarder ou d'empêcher la coopération des Prussiens, que l'empereur aurait pu même détacher dès lors contre eux tout le corps de Lobau ; mais, après avoir laissé les Prussiens s'engager dans le défilé sans aucun empêchement, on les laissa encore se rallier, se former en toute sécurité sous le couvert du bois de

Paris, y organiser leurs mouvements comme dans un champ de manœuvre.

D'après les relations de Sainte-Hélène, il semble que l'ordre ait été donné à Lobau de sortir des lignes et de se porter avec ses 10,000 hommes au-devant du corps de Bulow presque en même temps que la cavalerie de Domon et de Subervie; mais on est aujourd'hui unanime à contester cette partie de la relation. Les Anglais, les Prussiens, ont vu distinctement les premiers mouvements du corps de Lobau. Tout le monde s'accorde à dire que le mouvement de l'infanterie s'est opéré très-longtemps après celui de la cavalerie légère, et lorsqu'il était trop tard pour disputer les défilés. Autrement, il serait incompréhensible que Lobau fût resté, comme il l'a fait, dans la plaine ouverte, sans point d'appui, en deçà du ravin, s'il avait été détaché assez tôt pour occuper et défendre le débouché du bois et du ruisseau de Lasnes; mais l'ennemi franchit sans obstacle ce ruisseau, changé alors en marécage. La meilleure raison qu'on puisse donner de ces délais, c'est que Napoléon ne voulut faire qu'à la dernière extrémité un détachement de 10,000 hommes de ses meilleures troupes sur sa droite. Il hésitait à se priver si tôt de cette puissante réserve d'infanterie, à l'engager avec les Prussiens dans le moment même où il allait exécuter sur son front l'attaque décisive contre les Anglais.

En effet, pendant cette délibération, le corps du général d'Erlon avait achevé de se former. Ce corps n'avait eu encore aucune rencontre sérieuse avec l'ennemi. Il était impatient de prendre sa revanche de la journée des Quatre-Bras, où il avait erré, sans coup férir, entre deux batailles. Napoléon, de la butte de Rossomme, était un peu loin pour que le détail des préparatifs n'échappât point à sa vue; mais il pouvait s'en fier à ses généraux du soin d'organiser leurs colonnes : c'étaient de vieux tacticiens rompus à toutes les ressources de l'art. Comment croire qu'il pût y avoir le moindre inconvénient à les laisser faire, sans les surveiller de près, ce qu'ils avaient fait cent fois, et toujours avec la même infaillibilité ?

Depuis deux heures, en avant de la Belle-Alliance, dix divisions d'artillerie de d'Erlon, de Lobau et de la garde continuaient de battre le centre et la gauche de l'armée anglaise. Cette furieuse canonnade de soixante et quatorze bouches à feu avait frayé le chemin à l'attaque de l'infanterie. Conformément aux ordres, les quatre divisions Quiot[1], Donzelot, Marcognet, Durutte, devaient marcher en échelons, la gauche en avant, afin de mieux tromper l'ennemi sur le véritable point d'attaque. Pendant que l'échelon de gauche abordera le premier l'ennemi et attirera ses forces de ce côté, les autres échelons se précipiteront sur l'extrême gauche

[1] Le général Alix, qui avait le commandement nominal de cette division, était absent, en mission.

anglaise; ils la rompront. Voilà les dispositions de détail par lesquelles s'exécutera le projet sur lequel repose la première conception de la bataille. L'ordre est donné. On s'ébranle.

Ici, nous touchons à l'une des phases les plus obscures, les plus extraordinaires de cette journée. Que s'est-il passé à ce moment? Quelle méprise a eu lieu dans la transmission des ordres? Il est certain qu'il se commit là une erreur des plus étranges, et peut-être la seule de ce genre dans toute la série de nos grandes guerres. Napoléon, à plus de quinze cents mètres de là, n'a pas connu les circonstances fatales de cette première grande attaque; le courage allait s'y trouver impuissant par la suite d'une faute que l'on ne sait encore à qui attribuer.

Une chose est avérée. Les Anglais, rangés sur les hauteurs, abrités comme par un épaulement ou couchés au bord du chemin creux, virent descendre lentement, au milieu de la mitraille, quatre colonnes françaises, énormes, pesantes, espèces de phalanges antiques, profondes, sans intervalles, telles qu'il ne s'en était plus montré au feu, dans une attaque, depuis l'introduction de la tactique moderne. C'étaient des colonnes ou plutôt des phalanges de huit bataillons, tous déployés et serrés en masse les uns sur les autres, sans aucune distance entre eux. L'ennemi éprouva un grand étonnement à l'approche de ces masses, et pourtant elles offraient par elles-mêmes peu de péril, car elles n'avaient aucun des avantages ordinaires dans un ordre d'attaque[1]. Elles ne pouvaient ni se déployer pour faire usage de leur feu et en couvrir l'ennemi, ni se rompre pour se former en carrés et se défendre sur toutes leurs faces, si elles étaient attaquées et enveloppées. Leur seule force était dans leur agglomération; mais cette multitude ainsi ramassée ne pouvait manquer d'être labourée, écharpée, désorganisée par l'artillerie, ou sabrée par la première charge de cavalerie sur ses flancs que cette ordonnance laissait entièrement à découvert et désarmés.

Quoi qu'il en soit, les quatre divisions de d'Erlon, ainsi formées, dépassent la ligne de batteries qui les protégent; elles descendent dans la vallée et commencent à gravir les hauteurs opposées. La division Donzelot était sur la gauche. Une de ses brigades se détourne pour attaquer la ferme de la Haie-Sainte; le reste, appuyé à la grande route, continue de marcher en avant, en laissant un rideau de tirailleurs sur la gauche. L'ennemi attendait, couché ventre à terre le long du chemin creux; c'était, en première ligne, la brigade hollando-belge de Bylandt, ses tirailleurs déployés sur son front.

Les Anglais racontent qu'à l'approche de la colonne

---

[1] On dit pourtant que ce même ordre a été employé à Albuéra et à la Moskova. Voyez Jomini, sur la bataille d'Essling.

française, qui couvrait le bruit des armes de ses cris de « Vive l'empereur ! » les Hollando-Belges cédèrent le terrain ; ils s'enfuirent en désordre, à travers les rangs anglais, au milieu des imprécations de l'armée. Les Français pénétrèrent dans la ligne, par cette trouée, de l'autre côté du chemin creux ; mais les Belges répondent à cette accusation que plusieurs de leurs bataillons, qui jusque-là étaient restés couchés en arrière du chemin, se relevèrent dès que les Français furent arrivés à portée de pistolet. Ceux-ci, au lieu de charger à la baïonnette, s'arrêtèrent pour tirer. On se fusilla de si près, que la bourre des cartouches entrait avec la balle dans les blessures. En même temps, le général Picton, avec les deux brigades de Kempt et de Pack, déborde la colonne française et l'enveloppe de feux. La colonne cherche vainement à déployer sa lourde masse, elle ne peut y réussir. Bientôt écrasée, sans moyen de résister ou de se venger, elle repasse en désordre le chemin creux, et redescend la pente qu'elle vient de gravir. Le général Picton s'avance pour la poursuivre : il est tué d'une balle qui lui traverse la tempe.

Un peu après Donzelot, les divisions de Quiot, de Marcognet, de Durutte, arrivent successivement sur la crête du plateau : elles traversent le même chemin creux, elles débouchent dans le plus grand ordre ; mais, là, elles rencontrent les régiments déployés des *highlanders* qui les couvrent de feux croisés, elles ne peuvent y répondre que sur un point et par leur front. Dans les intervalles des bataillons écossais passent les escadrons écossais de la grosse cavalerie de Ponsonby. On les entend crier, en se reconnaissant : « Vive l'Écosse ! » Les têtes de colonne de Quiot, de Marcognet et de Durutte, séparées du gros de leurs divisions par les accidents de terrain, sont fusillées et sabrées. Elles cèdent. Le reste de ces colonnes, qui gravissaient le côté extérieur du plateau, entendant la mousqueterie en avant, croyaient n'avoir affaire qu'à des attaques d'infanterie ; elles continuent d'avancer sans prendre aucune précaution contre des charges de cavalerie. Il arriva ainsi que la tête et la queue marchaient en sens inverse, la première reculant et la seconde avançant ; elles se choquèrent au centre et commencèrent à se briser elles-mêmes.

A la sortie du chemin creux accoururent les dragons anglais ; ils se jettent sur les flancs et sur le front de cette infanterie, déjà désorganisée. Ils avaient encore l'avantage du terrain en pente. Leur force fut irrésistible, lorsque, du haut de l'escarpement, ils s'abattirent sur ces masses, qui allaient se pelotonnant au fond de la vallée, sans pouvoir faire usage ni de leurs feux, ni de leurs baïonnettes. L'artillerie ennemie, partout où elle trouva une place pour ses coups, acheva de démolir ces épaisses murailles d'hommes.

Ainsi les quatre divisions du corps de d'Erlon, après d'inutiles efforts de courage, eurent toutes, par une même cause, un sort pareil. Lorsqu'elles regagnèrent les hauteurs de la ligne française d'où elles étaient parties, ce n'était plus qu'un rassemblement confus ; il en partait à peine quelques rares coups de fusil. La cavalerie de Ponsonby, acharnée à la poursuite des quatre divisions, leur prit ou leur tua en peu de temps 5,000 hommes ; c'était le tiers de l'infanterie du corps entier. Que serait-il arrivé si les cuirassiers de Milhaud, les lanciers de Jaquinot, à la vue de ce désastre, ne se fussent précipités à leur tour pour en recueillir les débris et châtier l'ennemi ? Le général Subervie accourut aussi de sa personne ; je lui ai entendu dire que, sans ce prompt secours de nos cavaliers, pas un fantassin n'eût échappé.

La cavalerie anglaise paya cher son triomphe. Elle s'était élancée témérairement jusque sur la grande batterie, *ravageant tout comme une nuée de sauterelles*[1] ; elle sabrait les canonniers ; elle avait déjà désorganisé trente pièces de canon. En un moment, la scène change : les cuirassiers de Milhaud fondent sur les dragons de Ponsonby, les lanciers de Jaquinot sur la cavalerie légère de Vandeleur. L'infanterie de d'Erlon est vengée : un régiment entier de la brigade de Ponsonby est taillé

---

[1] Relation du colonel Heymès.

en pièces ; ce général tombe mort, percé de sept coups de lance. Ce tourbillon de cavalerie est balayé au-delà du plateau, jusque sur les réserves. C'est dans cette première charge des cuirassiers de Milhaud que les Anglais ont remarqué ce qu'ils appellent la *gaieté* de cœur de nos soldats, présage certain de la victoire. Nos cavaliers, armés de sabres plus longs, poussent l'ennemi à coups de pointe dans les reins. Ils riaient entre eux de ce facile triomphe.

Quoique vengé si promptement, ce premier échec ne laisse pas d'être considérable. Le corps entier de d'Erlon en reste ébranlé et presque désorganisé pour plusieurs heures. Il fallut le replier derrière les hauteurs de la Belle-Alliance pour le reformer. La seule division de Donzelot se remit assez vite pour marcher à l'attaque de la ferme de la Haie-Sainte. Elle devait y suffire presque seule. Quant au reste du corps, on ne voit pas qu'il ait rien pu entreprendre de décisif jusqu'à la fin de la journée. C'était là sans doute un premier revers : la grande attaque projetée sur la gauche anglaise avait manqué, elle ne fut pas renouvelée ; mais ce qui fit de cet échec un vrai malheur, c'est qu'il obligea Napoléon à changer profondément son plan de bataille. Il est donc vrai qu'une simple erreur de tactique peut décider de la chute d'un empire [1] !

---

[1] Aujourd'hui, c'est une grande question de savoir quelle put être la cause de la formation insolite, désastreuse du premier corps. — Ce fut

une folie, dit le plus récent et le plus complet écrivain de cette campagne, M. le colonel Charras, avec un accent tout militaire ; mais par quel concours de choses, par quel hasard cette folie a-t-elle été possible avec des chefs aussi consommés dans l'art de la guerre que l'étaient les chefs du 1er corps ? Le général Jomini répond à cette question que ce fut peut-être la faute de la pénurie de la langue militaire, laquelle n'a qu'un seul mot, *division*, pour exprimer des choses aussi différentes que le sont une simple compagnie et le rassemblement de quatre ou six régiments. Cette hypothèse explique bien pourquoi chaque colonne se composait d'une division entière ; mais elle ne donne aucune raison de cette formation monstrueuse de bataillons massés les uns sur les autres et déployés sans intervalles sous le feu de l'artillerie.

En y réfléchissant, il me semble qu'on peut en découvrir au moins la cause éloignée ; pour cela, il faut considérer que Napoléon, lorsqu'il renouvela le soir sur le centre l'attaque manquée le matin sur la gauche, disposa lui-même en personne les colonnes d'attaque. Il attachait tant d'importance à cette formation, qu'après plusieurs années il a pris plaisir à la décrire en détail. Cette ordonnance, souvent employée d'ailleurs, était celle-ci : deux bataillons déployés, et sur les ailes deux bataillons en colonnes par division. Cela posé, n'est-il pas probable, n'est-il pas raisonnable de croire qu'il a voulu le matin quelque chose de semblable à la formation qu'il a lui-même dirigée le soir de ses propres mains, et qui, selon lui, réunissait tous les avantages, ceux de l'ordre mince et de l'ordre profond ?

Voilà sans doute ce qu'il a voulu, vers deux heures, dans l'organisation des colonnes d'attaque du général d'Erlon : une redoute, un bastion vivant, dont les deux flancs pussent au besoin se plier en nombreux carrés prêts à se couvrir de feux et de baïonnettes, s'ils étaient assaillis. Par une méprise quelconque dans la transmission de ses intentions, la moitié seulement aura été exécutée. Les bataillons se seront déployés l'un sur l'autre, sans se rompre sur les ailes. On aura eu ainsi l'ordre profond sur vingt-quatre rangs sans aucun mélange de l'ordre mince : soit précipitation, soit crainte de redemander une explication d'un chef trop redouté, soit confiance aveugle dans la moindre partie de ses ordres, même imparfaitement entendus ; car il faut qu'une volonté très-haute ait pesé sur l'ordonnance de ces colonnes ; ce fut non pas erreur, hasard, oubli dans la mêlée, mais résolution arrêtée d'avance. Un des chefs de ces bataillons, ayant voulu rompre le sien en colonne d'attaque, suivant la coutume en pareil cas, en fut empêché par ces mots du général Durutte : « Déployez ! c'est l'ordre. » Ainsi l'art militaire, comme tous les autres arts, s'altère par son exagération même.

II

CHANGEMENT DU PLAN DE BATAILLE.

A la vue de la cavalerie anglaise qui poursuivait les troupes de d'Erlon, Napoléon avait quitté les hauteurs de Rossomme; il avait gagné au galop celles de la Belle-Alliance. Lorsqu'il y arriva, l'échec était vengé : les cuirassiers et les dragons, après avoir nettoyé le champ de bataille, revenaient à leur position. Sans avoir vu de près le désordre de l'infanterie, il voit le triomphe de cette cavalerie; il la loue, il lui sourit en passant dans ses rangs, et en ce moment même il médite un nouveau plan d'attaque.

Plusieurs conditions, en effet, ont manqué à celle qui vient d'être tentée. Le 6e corps d'infanterie, celui de Lobau, qui, dans la première pensée du chef, devait appuyer le général d'Erlon, n'avait pu le suivre. On avait dû garder Lobau en réserve pour l'opposer aux Prussiens dès qu'ils déboucheraient. De ce moment, la pensée de rompre la gauche anglaise et de la déborder ne se montre plus dans aucun des efforts de la journée. Ce projet abandonné, c'est désormais sur le centre seul et la droite que Napoléon portera ses coups. Malheureusement, aucun des avantages qui se présentaient dans le premier plan ne se retrouve dans cette autre partie du champ de bataille. D'abord, au-dessous des hauteurs de la Belle-Alliance, un ravin profond; au delà, à mi-côte, la ferme de la Haie-Sainte, déjà assaillie plusieurs fois, et dont la résistance est acharnée; plus haut, la route coupée par un abatis, et au sommet cette même crête de terrain qui se prolonge sur tout le front, mais là plus difficile aux fantassins, presque impraticable aux cavaliers.

Dans ce changement du plan d'attaque, la ferme de la Haie-Sainte, cette lourde citadelle rustique, est le premier point qu'il faille enlever. Ney est chargé de ce soin. La division de gauche du corps de d'Erlon, celle de Quiot, soutenue bientôt de deux bataillons de Donzelot, enveloppe sur trois faces les bâtiments de la Haie-Sainte. Les soldats de Donzelot pénètrent d'un premier élan dans le verger et le jardin; ils en sont chassés, ils y reviennent. Arrivés au pied des murs crénelés, ils saisissent les fusils à travers les meurtrières, et s'efforcent de les arracher des mains des assiégés.

Sur la chaussée, la grande porte est ébranlée par

les nôtres à coups de hache; elle résiste. Les cuirassiers de Milhaud vont aussi à l'assaut de ces murailles d'étables et de granges; ils soutiennent les bataillons jusque sur le seuil; les toits d'ardoise protégent la ferme contre le feu, mais l'incendie s'allume dans l'intérieur de la cour. Les assiégés l'éteignent. Déjà 2,000 des nôtres ont jonché de leurs corps les clôtures de la ferme. Enfin la porte de l'ouest, qui de la cour conduit au verger, est enfoncée, quoique murée à l'intérieur. La ferme est envahie, les bataillons de Hanovriens et de landwehrs qui l'occupaient, sont chassés ou détruits. Le major Baring et ce qui lui reste de sa garnison se retirent par le jardin et le côté droit de la route.

Il est trois heures et demie. Le grand obstacle du centre a disparu; il est dans nos mains. A ce moment, toute la ligne française a fait un grand pas. Elle est descendue des hauteurs qu'elle occupait le matin. La position nouvelle s'étend un peu obliquement des clôtures d'Hougoumont à la Haie-Sainte, et de la Haie-Sainte à la ferme de Papelotte. Ce grand succès ne peut rester stérile. Le premier ébranlement de la ligne ennemie imprime à la ligne française un élan irrésistible: chacun croit que le moment de la crise est arrivé. Le maréchal Ney répète à Drouot, qui lui apporte des ordres, que l'on va remporter une grande victoire.

Sans doute, pour achever la trouée, il faudrait de fortes colonnes d'infanterie; mais celles de Lobau, sur lesquelles on comptait, viennent d'être détachées sur la droite, vers Planchenoit, contre un autre ennemi. Déjà elles ont manqué deux fois, par la même cause, aux nécessités de l'attaque. Il est vrai que l'infanterie de d'Erlon est sous la main de Ney; mais, à peine remise du grand choc par lequel elle est entrée dans l'action, cette infanterie, éparpillée maintenant en tirailleurs jusque vers Smohain, n'est plus propre à un tel effort contre les réserves anglaises, dont aucune n'est encore engagée.

Sur la gauche, les trois divisions de Reille, concentrées presque entièrement autour d'Hougoumont, suffisent à peine à en disputer ou à en garder les ruines. Elles ne présentent du côté de la Haie-Sainte que de faibles lignes, souvent interrompues, amincies déjà par le canon. Ces troupes ont usé le premier front de l'ennemi; mais dans cette lutte elles se sont consumées. Il en faut de nouvelles pour poursuivre leurs avantages, ou seulement pour remplir les vides qu'elles laissent à cet endroit de la ligne de bataille. Combien ne dut-on pas regretter alors les 3,000 hommes de la division Girard et les 5,000 laissés en arrière, à Ligny et à Fleurus [1]!

Mais, si déjà à cette heure de la journée il n'y a plus d'infanterie disponible, excepté la garde, il reste en-

---

[1] *Mémoires* de Napoléon, liv. IX, p. 126.

core, en arrière de ces deux lignes de fantassins épuisés, les quatre lignes immenses, superbes, de cavalerie qui sont demeurées immobiles, au même endroit, dans le même ordre où elles étaient au commencement de l'action. De ces nombreux cavaliers, tous hommes d'élite, les cuirassiers de Milhaud et les lanciers de Jaquinot sont les seuls qui aient été engagés dans une charge rapide et glorieuse. Les autres sont restés, sans faire un pas, à leur place de bataille, spectateurs de l'action qui se passe dans le ravin et sur les hauteurs opposées. Sous les détonations des batteries, les chevaux secouent la tête et frémissent avec un grand bruit de fer; mais les hommes restent immobiles et silencieux, ils ont encore le sabre dans le fourreau. Là sont les vieilles réserves de Lefebvre-Desnouettes, de Guyot, de Kellermann. A peine si un boulet perdu les a effleurées; jamais elles ne se sont ébranlées que pour frapper le dernier coup sur les armées que l'infanterie leur livre à moitié entamées et détruites. Elles attendent, dans le repos de la force, le signal non de vaincre, mais d'achever le vaincu.

Pendant ce temps, l'artillerie française, avec deux cents bouches à feu sur tout le front, rouvre l'attaque. Comme par la disposition des lieux cette artillerie tient l'arc de la corde formée par la ligne anglaise, les Français concentrent un feu supérieur et enveloppant sur la position de Wellington. Les plus vieux soldats n'ont jamais assisté à une canonnade soutenue avec tant de furie. Pour se soustraire à cette pluie de boulets, l'infanterie anglaise s'est retirée le long du bord intérieur du plateau. Couchée sur la terre, elle ne pouvait être vue; mais elle n'échappait pas aux boulets qui ricochaient au milieu des colonnes serrées, ni aux obus qui se déchiraient sur le sol. Les artilleurs anglais restent seuls en vue sur le front de l'armée.

De notre côté cependant, l'artillerie se tait, et la première ligne de cavalerie se met en marche et la dépasse. De ces 5,400 cavaliers qui s'avancent au trot, il n'y en a pas un seul qui ne croie aller à une victoire certaine et déjà décidée. C'est pourquoi aucune brigade, aucun détachement ne resta en arrière. Qui pouvait songer à conserver un seul escadron de réserve, quand tous étaient si persuadés qu'il s'agissait de poursuivre l'ennemi et de le ramasser prisonnier? Napoléon, à côté de la route, leur sourit au passage; ils le saluent, comme au défilé d'une revue, de leurs cris enthousiastes : « Vive l'empereur ! » et déjà les boulets prussiens commençaient à se croiser sur la route avec les boulets anglais.

Plus loin, Ney reçoit cette cavalerie formée en plusieurs colonnes. C'étaient les cuirassiers de Milhaud, vingt et un escadrons; la cavalerie légère de la garde de Lefebvre-Desnouettes, sept escadrons de lanciers, et douze escadrons de chasseurs, en tout quarante escadrons. Ney se met à leur tête; il les conduit d'abord dans les bas-fonds, à la gauche de la Haie-Sainte; les lignes en arrière obliquaient à gauche, et le front d'attaque s'étendait ainsi de la route de Charleroi aux clôtures d'Hougoumont, c'est-à-dire contre tout le centre et une partie de la droite des Anglais.

Comme les escadrons français gravissaient la pente extérieure du plateau, l'artillerie française continua de suspendre son feu. Les batteries anglaises redoublèrent le leur; les cuirassiers marchaient en tête. Leurs casques, leurs cuirasses qui étincellent, les désignent de loin aux pointeurs et servent de point de mire. Les premiers rangs sont troués de part en part, avec un bruit sourd, par les boulets. Cette pluie de fer ne causa aucun ébranlement apparent dans les colonnes. Les Anglais auraient pu croire que le fer ne pouvait rien sur ces hommes de fer. Ils arrivent à la gueule des canons. L'effet de la décharge fut terrible; mais la trompette sonne, les canonniers anglais s'enfuient et abandonnent leurs pièces : ils se jettent en arrière sous la protection des baïonnettes. Les cuirassiers couronnent la crête et s'élancent au galop par delà le chemin creux. Ils échappent un moment à la vue des escadrons qui les suivent; les lanciers et les chasseurs de la garde les rejoignent. Tous se trouvent bientôt sur le plateau. Dès leur premier élan, ils ont traversé la mitraille de soixante bouches à feu. Cette artillerie est en leur pouvoir; mais on a vu les artilleurs, en fuyant, emmener avec eux les avant-trains. Ainsi on possède les pièces, et on ne peut les enlever. Si du moins on les renversait comme à la Moskova!

Sur le revers du plateau, un spectacle inattendu se présente. Au lieu d'une armée en retraite, toute l'infanterie anglaise est là; elle semble enracinée dans le sol. Elle est formée sur quatre rangs, partagée en une multitude de carrés en échelons; la plaine en est couverte. Sans parler de cette formation compacte, dont la force a déjà été éprouvée, ces carrés, ainsi disposés, se soutiennent mutuellement, comme les bastions, les forts avancés, les redans d'une vaste citadelle qui présente partout et dans tous les sens plusieurs fronts et plusieurs lignes convergentes. C'est un réseau de feux directs, obliques, croisés, qui gardent justement entre eux l'intervalle nécessaire pour que l'assaillant soit enveloppé de toutes parts et foudroyé à bout portant. C'est entre ces murailles d'hommes et dans ces défilés de baïonnettes et de feux de trois rangs qu'il faut se précipiter tête baissée. A l'angle de chacun des carrés, qui est le point faible, l'artillerie des divisions a été rassemblée; elle vomit sa mitraille. Tout ce que Wellington a pu réunir de sa cavalerie est là aussi, prêt à se joindre aux deux autres armes. Du fond des ravins, l'infanterie française du 1er et du 2e corps voit la cavalerie de Ney passer au trot, sans pouvoir la suivre.

Celle-ci s'avance seule, sans soutien. L'ennemi est immobile; il attend.

Le sabre haut, les escadrons français se précipitent sur les carrés; ceux-ci réservent leur feu, ils l'ouvrent à trente pas. On vit alors sur de plus grandes proportions ce que l'on avait vu l'avant-veille aux Quatre-Bras. Sous le feu croisé et compacte de l'infanterie, il arrivait souvent que la tête de l'escadron se rompait et obliquait à la droite ou à la gauche, et le reste de la colonne, suivant instinctivement cette direction, passait sur les flancs du carré, dont il absorbait les feux. Souvent aussi les premiers rangs de l'infanterie anglaise étaient écrasés sous les chevaux et mis en pièces; mais ils se reformaient. Par moment, il se fait des brèches dans ces murailles humaines; elles s'entr'ouvrent sous le flot toujours renouvelé et les coups redoublés; presque aussitôt ces murailles se relèvent et se réparent. Les carrés diminuent, ils se rétrécissent à vue d'œil, ils semblent se fondre; mais un commandement se fait entendre : « Serrez les rangs ! » et ils sont encore debout !

A l'approche de la tempête de cavalerie qui s'est déchaînée sur son centre, Wellington a fait revenir de Braine-la-Leud et de sa droite les divisions Clinton et Chassé, qu'il y avait placées le matin, faute d'avoir deviné son adversaire. C'est sa droite qu'il replie précipitamment sur son centre. La brigade de cavalerie hollandaise passe entre deux carrés et se déploie sur trois lignes. Partout où il reste un intervalle entre les masses de l'infanterie de l'ennemi, sa cavalerie accourt pour la soutenir et s'opposer à la nôtre.

Ainsi, à travers les échelons des carrés comme à travers les rues en droite ligne d'une ville de fer et de feu les escadrons se jettent sur les escadrons. Français, Anglais, Hollandais, Belges, Allemands se mêlent. L'armée anglaise semble toucher à sa ruine. Vienne un seul renfort d'infanterie à nos cavaliers, le centre de cette armée sera percé, les deux ailes rompues. La terreur a saisi des régiments entiers. Un régiment de hussards, celui de Hanovre, refuse d'entrer dans la mêlée. Il tourne bride. Il fuit, son colonel en tête, sur la route de Bruxelles, et avec lui la foule des blessés, des hommes isolés, des équipages.

Mais, en même temps, les vainqueurs périssent dans leur victoire, s'ils ne sont promptement soutenus. L'artillerie à brûle-pourpoint fait de larges trouées dans leurs rangs, comme le témoigne la foule de cuirasses que l'on ramassera sur le plateau percées à la poitrine et au dos par l'énorme trou des boulets. Nos cavaliers, le sabre teint de sang, tourbillonnent; ils se croisent, ils se partagent, ils se rallient, ils se précipitent de nouveau dans ce labyrinthe de baïonnettes et s'y frayent un chemin. Sans souci d'eux-mêmes, ils entourent l'ennemi comme ses propres troupes. Maîtres du plateau, ils y sont en spectacle aux trois armées française, anglaise, prussienne. De moment en moment, ils attendent que notre infanterie vienne s'établir sur le terrain conquis. Ney voit périr les siens au milieu de son triomphe. Il envoie son aide de camp, le colonel Heymès, à Napoléon pour demander cette infanterie sans laquelle la victoire va lui échapper. L'aide de camp trouve Napoléon revenu en arrière sur les buttes de Rossomme. « De l'infanterie ! répond Napoléon à Heymès avec humeur; où voulez-vous que j'en prenne ? Voulez-vous que j'en fasse ? » Heymès, vieux soldat accoutumé à tous les mécomptes de la guerre, vit bien qu'il était trop tôt pour se réjouir. Il se hâte de porter la réponse de l'empereur au maréchal.

A cette nouvelle, Ney prend son parti; c'est celui qui lui coûte le plus : il fait sonner le ralliement. Nos escadrons haletants redescendent au pas une partie de la pente. Souvent ils s'arrêtent, et les hommes et les chevaux reprennent haleine sous la mitraille. Ney les ramène dans les vastes bas-fonds de champs de seigle, à l'ouest de la Haie-Sainte. Il espère qu'ils trouveront là un abri dans un pli du terrain; mais cet endroit, comme tous les autres, reste ouvert au feu de l'ennemi.

Les artilleurs anglais, sortis des carrés, se sont déjà élancés vers leurs pièces. Les carrés se sont rompus, ils se sont déployés en ligne au bord de l'escarpement;

et maintenant soixante bouches à feu, soutenues de la mousqueterie de toute la ligne anglaise, écharpent dans les bas-fonds la cavalerie française, serrée en masse, que l'épuisement, les blessures des hommes, des chevaux, retenaient immobile autant que la volonté du chef. Se retirer plus loin est impossible sans jeter l'ébranlement, peut-être le découragement dans toute l'armée; rester à la même place ne se peut davantage.

Indigné de voir cette cavalerie héroïque, victorieuse, se fondre de loin inutilement et sans gloire, Ney se décide à la jeter de nouveau en avant dans le cratère ouvert au sommet du plateau; mais il se fera suivre de la réserve de Kellermann, que Napoléon lui envoie pour soutenir cette nouvelle attaque : sept escadrons de dragons, onze de cuirassiers, six de carabiniers. Même la brigade de grenadiers à cheval, tenue un moment en réserve, suivra la charge. Pas un escadron, pas un homme ne restera en arrière. On s'était déjà ébranlé, lorsque Ney aperçoit dans la plaine la brigade de carabiniers. Il court à elle, il lui reproche son inaction, il lui ordonne de se précipiter sur des carrés anglais placés en échelon sur la pente, près du bois d'Hougoumont, et qui prenaient les colonnes en écharpe. C'était la dernière réserve de 1,000 chevaux, sur laquelle Kellermann comptait pour renouveler au besoin le miracle de Marengo. Kellermann s'élance pour l'arrêter; mais il est trop tard, la brigade est déjà engagée.

Trente-sept escadrons nouveaux s'ajoutent aux quarante que Ney a ralliés. Ils forment maintenant dans sa main une seule masse de soixante-dix-sept escadrons; on n'avait pas vu un pareil effort de cavalerie depuis la bataille d'Eylau. Ney prend encore une fois la tête de la charge; il montre de l'épée le chemin du plateau, ayant soin d'incliner davantage vers sa gauche, car à cet endroit la crête semble moins escarpée, et le chemin creux moins profond. Tant d'héroïsme sera-t-il inutile? Ce sont 10,000 hommes d'élite qui s'élancent sur le front de l'ennemi.

Suivant les relations des Anglais, quand l'immense masse de cavalerie commença à s'agiter sur un terrain onduleux, l'espace entre la Haie-Sainte et Hougoumont leur parut comme une mer houleuse pleine de brisants tout à coup soulevée par l'ouragan. Qu'est-il arrivé dans cette seconde attaque désespérée? Encore une fois la cavalerie a gravi le plateau; elle le possède. A peine les batteries anglaises ont-elles tiré, les formidables colonnes de soutien débouchent; le feu de cent pièces de canon a été comme perdu sur ces masses: cuirassiers, lanciers, carabiniers, chasseurs, dragons, couronnent les hauteurs.

Mais, si l'attaque a la même furie, la résistance est aussi acharnée. Les mêmes carrés se sont reformés, en première ligne par bataillons, en seconde par régiments et par brigades. De nouveau les fantassins anglais paraissent submergés au milieu d'une mer d'hommes. De nouveau les escadrons français se précipitent à travers les intervalles ouverts des bataillons. Les plus intrépides ou les premiers arrivés se jettent sur la face la plus proche des carrés; ils en essuient les feux, et laissent une meilleure chance à l'escadron qui suit. Partout où se trouve un point faible, il est forcé; on écarte ou l'on rompt les baïonnettes. Là où le sabre ne peut entrer, on se fait jour à bout portant à coups de pistolet.

L'artillerie seule, il semble, eût pu achever de démolir à mitraille et à brûle-pourpoint le réseau de carrés dont chacun sert d'appui à l'autre; il lui a été impossible de suivre les escadrons au delà de l'escarpement de la position. Douze fois les charges recommencent; mais il y a une différence entre les nouvelles attaques et les précédentes : on ne s'élance plus indistinctement en masse sur l'ennemi dès qu'on l'aperçoit, comme s'il était déjà en fuite. Les mouvements sont mieux combinés, plus réfléchis : d'abord on modère l'élan des chevaux, et ce n'est qu'en approchant de l'ennemi qu'on se jette sur lui à pleine carrière. Une partie reste en réserve pour fondre sur la cavalerie anglaise, dès que celle-ci débouche par les nombreux carrefours des lignes d'infanterie; l'autre partie s'acharne sur les divers échelons dont se compose la dernière ligne anglaise. Deux de ces échelons sont rompus; les autres, ployés, mutilés, tiennent encore.

Cette lutte inouïe s'étend alors jusque sur les pentes en avant d'Hougoumont. Les cuirassiers ont pénétré de ce côté entre le château en flammes et l'abatis qui ferme la route de Nivelles. De l'extrême gauche anglaise, l'effort a été ainsi porté successivement jusqu'à la droite; il n'est pas un point du centre qui ne soit assailli au même moment. Wellington attire à lui ses dernières réserves, il forme lui-même la brigade du général Adam en arrière des bataillons de Brunswick; il la replie sur quatre rangs de profondeur. A peine les autres réserves paraissent-elles au-dessus d'Hougoumont, elles sont chargées à fond, sans avoir le temps de se reconnaître.

L'armée anglaise est à bout. Le général Asten est grièvement blessé; sa division perd du terrain. Au centre, la brigade Halkett, chargée onze fois, est détruite aux deux tiers. Le 69ᵉ régiment et un bataillon de Hanovriens ont été sabrés. Six drapeaux sont pris dans les carrés; des lanciers les ont portés à l'empereur, que ce terrible choc a rappelé vers la Belle-Alliance : il les reçoit comme un gage assuré de la victoire. Tout l'état-major de Wellington est mis hors de combat. Les brigades de Sommerset et de Ponsonby, derrière les débris de la brigade d'Ompteda, avaient dû s'étendre sur un seul rang, pour tromper sur leur épuisement. Lord Uxbridge ordonne à cette cavalerie exténuée de se retirer plus loin, hors du feu. Son commandant, Sommerset, répond que, s'il fait un seul pas en arrière, la cavalerie hollando-belge, plus ébranlée encore, quittera incontinent le champ de bataille. Sommerset reste en position et réussit à tromper par ce faible rideau. Dans l'infanterie, les soldats qui n'ont plus de cartouches, harassés ou découragés, s'éparpillent en arrière; 18,000 hommes isolés emportent les blessés, 18,000 sont blessés ou morts. Il ne reste pas 30,000 hommes dans les rangs; mais un espoir les soutient, et cet espoir empêche la décomposition de l'armée anglaise. Elle tend la main aux Prussiens; dejà elle voit le corps de Bulow se développer en amphithéâtre sur le flanc droit de l'armée française; elle suit attentivement des yeux le corps de Lobau, seule réserve de Napoléon. Ce corps, qui, de la position de la Belle-Alliance, avait menacé d'abord de se joindre aux attaques de la cavalerie, s'éloigne; il change de but. C'est contre un ennemi nouveau qu'il est obligé de se détourner.

Le duc de Wellington aperçoit ce mouvement; il se sent sauvé. Au contraire, la cavalerie française entend gronder en arrière le canon des Prussiens : elle s'étonne; mais elle a reconnu sur les mamelons de la Belle-Alliance quelques bataillons déployés de la vieille garde. Cette petite troupe d'élite lui ôte toute inquiétude sur sa ligne de retraite. Elle avance encore ; elle reprend un terrain repris vingt fois. Si Napoléon peut encore soutenir sa cavalerie par le 6° corps ou au moins par la garde, nul doute que la victoire ne lui reste. Mais il lui arrive à ce moment ce qui est arrivé tant de fois à ses adversaires : il se trouve obligé d'employer ses dernières forces, pendant que l'ennemi garde encore des troupes pour le moment décisif.

Sur le plateau, l'épuisement des Français est égal à celui des Anglais. Sept généraux sont blessés gravement, Lhéritier, Donop, Blancard, Picquet, Delort, Travers, Colbert. Personne n'a donné l'ordre de retraite, personne n'a fait sonner le ralliement. Les rangs diminués, éclaircis par la mitraille, par la fusillade et par le sabre, désunis par trois heures d'une lutte sans exemple, l'anéantissement des forces chez les hommes et plus encore chez les animaux, la nécessité qui met des bornes à tout, ont tenu lieu d'un ordre formel.

Cette cavalerie est redescendue lentement, en bon ordre, au pas, toute sanglante, toute déchirée, ayant laissé sur le terrain plus du tiers de ses soldats, et ceux qui restaient, exténués, étonnés de faire un pas en arrière, les chevaux harassés, incapables d'obéir à l'éperon. A peine si les Anglais ont tenté de le suivre. Chez eux aussi, les forces humaines ont été outrepassées. Ils se bornent à revenir au bord de la position, où ils s'épaulent de la crête du plateau. Les carrés se rompent, ils rouvrent le feu. Les divisions en seconde ligne mettent l'arme au pied ; elles se reposent.

La cavalerie française, si magnifique il y a peu d'heures, maintenant accablée, abîmée par sa propre victoire, se ramasse entre la Haie-Sainte et Hougoumont, dans le fond du bassin. Mutilée, elle prête le flanc aux batteries, qui ont rouvert leur feu sur sa tête et la prolongent en tous sens. Sans aucun abri sur ces pentes ouvertes, elle couvre du moins de sa masse le centre de l'armée française, qu'elle est incapable de protéger autrement qu'en recevant, sans les rendre, les coups de l'ennemi. Est-ce ainsi qu'elle doit périr, sans se venger, immobile, en bon ordre, à son rang de bataille? La moitié des escadrons ont mis pied à terre. Seul, sans officiers, Ney passe et repasse devant le front des régiments. Il les harangue sous une épaisse mitraille : « Français, ne bougeons pas ! » Il ajoute d'une voix forte un mot que l'on n'entendait plus sur les champs de bataille : « C'est ici que sont les clefs de nos libertés ! »

III

GROUCHY ENTEND LE CANON DE WATERLOO. — GÉRARD CONSEILLE DE MARCHER AU FEU. — POURQUOI CE CONSEIL EST REPOUSSÉ.

Comment les Prussiens ont-ils échappé à la poursuite du maréchal Grouchy et sont-ils arrivés sur le champ de bataille de Waterloo ? C'est le moment de l'expliquer. Nous avons laissé Grouchy à Gembloux, toujours incertain de la direction prise par l'ennemi. A deux heures du matin, il reçoit de ses éclaireurs la nouvelle qu'un corps de Prussiens s'est dirigé par Sart-les-Walhain sur Wavre. Il en conclut que la pensée de Blücher pourrait bien être d'envoyer un fort détachement rejoindre Wellington ; mais cette lueur ne fit que traverser son esprit. L'idée que le général prussien méditait un retour offensif sur les derrières de l'armée française par sa gauche persistait encore chez lui ; elle l'empêchait de voir ce qui devenait évident. En proie à cette perplexité, il hésitait à faire un mouvement quelconque, qui, il le sentait, ne pouvait manquer d'être décisif. Voilà pourquoi, partagé jusqu'au dernier instant entre des résolutions contraires dans cette matinée suprême du 18, il n'avait mis son armée en marche qu'entre six et sept heures, attendant des instructions, des lumières qui ne devaient pas venir. Le général Gérard, le plus désespéré de ces délais, ne put même partir qu'à huit heures.

Ici se répéta la même erreur qu'en partant de Ligny. Une fois que Grouchy s'était fixé sur la direction de Wavre, il avait deux moyens d'arriver à ce but. Une route s'ouvrait à lui sur la gauche, qui, passant à Mont-Saint-Guibert, offrait l'immense avantage de le tenir plus rapproché de deux lieues de l'armée française, avec laquelle il resterait nécessairement en communication. Par cette route, il arriverait plus vite, plus sûrement à Wavre, et, dans tout le parcours, il tendrait la main aux corps français engagés avec les Anglais. Il y avait une autre route, celle de Sart-les-Walhain, plus longue, qui l'éloignait de deux lieues de Napoléon, mais qui le rapprochait d'autant de la direction imaginaire qu'il attribuait à l'armée prussienne. C'est cette seconde route que Grouchy avait malheureusement choisie. Il y marchait en une seule colonne, flanquée à gauche par la division de cavalerie du général Vallin.

A onze heures et demie, Grouchy, toujours plus incertain à mesure que l'événement approche, arrive à Walhain-Saint-Paul. Là, pendant que les troupes traversent le village, il s'arrête dans une maison. Pour tromper l'anxiété qui le ronge, il s'assied à table avec cette sorte d'indifférence qui saisit quelquefois les hommes accablés d'un trop lourd fardeau, et les jette dans une torpeur fatale à l'approche des grandes crises. Il mangeait des fraises, lorsqu'un officier entre dans la salle. Cet officier s'écrie qu'en se promenant dans le jardin de la maison, il a cru entendre sur la gauche le sourd retentissement du canon. On se lève, on court à l'endroit indiqué. Les officiers appliquent l'oreille contre terre. Le bruit augmente; on ne peut plus s'y tromper : cinq cents bouches à feu font trembler le sol. « C'est une nouvelle bataille de Wagram, » dit Grouchy; mais aucun ordre nouveau ne suit ces paroles.

A ce moment s'approche le général Gérard. Depuis deux jours, il évitait tout entretien avec Grouchy, dont les fausses manœuvres le navraient et le consternaient. Cependant alors il l'interpelle, il éclate, et ses paroles doivent être conservées pour son éternel honneur : « C'est au feu qu'il faut marcher, car on ne sait plus même où sont les Prussiens. C'est sur le champ de bataille seulement qu'on est certain de les trouver. La cavalerie de Vallin, qui est sur les flancs, est plus proche du canon; elle ouvrira le chemin. Le 4e corps débouche dans Sart-les-Walhain ; il n'a qu'à changer de direction à gauche. Le corps de Vandamme, plus avancé à Nil-Saint-Vincent, appuiera de son côté sur la Dyle. Par un bonheur inespéré, les deux ponts maçonnés de Moustier et d'Ottignies n'ont pas été coupés; ils sont entiers. Les Prussiens n'ont là que quelques vedettes, et plus loin aucun obstacle jusqu'à Saint-Lambert et Frichermont. Ainsi c'est la fortune qui a gardé ces passages. Qu'on en profite sans retard. Le général Valazé a sous la main un guide qui offre de conduire l'armée en moins de quatre heures. C'est donc bien avant le coucher du soleil que l'armée aura rejoint la gauche et concourra à la destruction des Anglais et des Prussiens; car il faut être aveugle pour ne pas voir qu'ils font à ce moment leur jonction. Si le maréchal Grouchy refuse cette occasion unique, s'il ne veut pas engager toute son armée dans ce mouvement de flanc, au moins qu'il laisse le général Gérard l'exécuter sous sa responsabilité et pour son compte. Il ira seul avec le 4° corps. Qu'il y soit seulement autorisé! »

Valazé joint ses instances à celles de Gérard. Par malheur, Balthus, commandant l'artillerie de Valazé, est d'un avis opposé à celui de son chef : exemple mémorable du peu de cas qu'un chef doit faire des impossibilités que soulèvent les inférieurs, sitôt qu'on les consulte dans les moments suprêmes; car ils voient les inconvénients et non la nécessité qui veut qu'on les oublie. Le général d'artillerie Balthus soutient qu'il est impossible de faire passer le canon dans les chemins de traverse que l'on propose de suivre. Il appuie cet avis de sa longue expérience du métier au moment même où toute l'artillerie de 60,000 Prussiens défile, pour ainsi dire, sous ses yeux impunément, dans les mêmes lieux, à travers ces mêmes obstacles qu'il juge insurmontables.

Cette raison fut une de celles dont se couvrit le maréchal Grouchy : il la saisit avec avidité; mais dans le fond ce qui l'empêchait d'agir, c'étaient l'idée fausse qu'il s'était faite du mouvement de l'ennemi et le poids de sa propre responsabilité. Elle l'écrasait au point de lui ôter tout autre sentiment. Quand il eût fallu improviser des manœuvres, il se contentait de s'attacher à celle qu'il avait commencée. D'ailleurs, comme il arrive toujours, les motifs à alléguer pour persévérer dans l'inertie ne lui manquaient pas. « Il avait ses instructions, c'était à lui de les suivre. La guerre d'inspiration ne convient qu'au chef; le lieutenant doit obéir. La maxime de marcher au canon n'est pas toujours la bonne. On vient de retrouver la trace des Prussiens à Wavre ; est-ce le moment de les quitter de nouveau pour s'engager dans une direction inconnue? Savait-on ce que l'on trouverait dans cette longue marche de flanc où le général Gérard voulait qu'on s'engageât? Quels défilés, quels escarpements, et peut-être quelles impossibilités! Avait-on mesuré les distances? Ne savait-on pas à quel point les guides se trompent sur le temps nécessaire à une armée? Fallait-il recommencer la faute de Ney, de d'Erlon, et ne se trouver sur aucun champ de bataille, ni à Mont-Saint-Jean, ni à Wavre? Et, si les quatre corps prussiens réunis sur les hauteurs de Wavre saisissaient l'occasion de cette marche de flanc, qu'arriverait-il? Comment ses divisions, désunies par la marche (et il ne faut pas oublier qu'il n'a que 32,000 hommes), ne seraient-elles pas compromises au passage de la Dyle, où l'attendront 90,000 hommes rangés sur l'autre bord? C'est donc une armée battue et dispersée qu'il amènera à Waterloo? Imagine-t-on que les Prussiens lui laisseront faire ce long chemin sans l'inquiéter sur la Dyle ou à Saint-Lambert, dont on aperçoit le défilé? A peine aura-t-il fait un pas dans la direction proposée, les éclaireurs du maréchal Blücher l'en instruiront aussitôt, et l'on verra les corps de Bulow, de Ziethen, de Pirch, tomber sur les flancs des Français. Au contraire, par la route que l'on suit, on va, bien rassemblés, en bon ordre, aborder la masse des Prussiens à Wavre. Si, comme il est probable, ils veulent revenir par leur gauche sur les derrières de l'armée française, on sera là pour les en empêcher. D'ailleurs, la volonté de l'empereur est formelle. »

Après ces paroles, que j'ai empruntées au général Gérard et au maréchal Grouchy eux-mêmes, les colonnes françaises, qui avaient fait halte un moment, se remettent en marche ; il était midi, elles étaient à trois lieues de Wavre.

Les accusations amères répétées contre Ney dans les loisirs du bivac de Ligny avaient fait une impression profonde sur Grouchy. Il était bien décidé à ne pas s'en attirer de semblables, et, par conséquent, à marcher réuni sur une seule colonne et à ne rien tenter qu'avec toutes ses troupes rassemblées sous sa main. Ainsi le blâme injustement jeté sur Ney eut pour conséquence d'augmenter l'irrésolution et les lenteurs de Grouchy.

Le maréchal Grouchy avait été, pendant la retraite de Russie, le chef de l'escadron sacré dans lequel les généraux servaient comme capitaines et les capitaines comme soldats. Quand on l'avait vu une fois, on ne pouvait l'oublier : il était grand, la tête haute, le visage osseux, les pommettes des joues étonnamment saillantes, les yeux noirs très-écartés et comme éblouis. Il laissait l'idée d'un brillant général d'avant-garde, mais non pas assurément de l'un de ces hommes rares sur lesquels la fortune d'un État peut se reposer sans crainte en des circonstances critiques. Lui-même le sentait. Il en donna deux fois la preuve : la première, lorsqu'il refusa le commandement à Ligny ; la seconde, lorsqu'il s'en démit dès sa rentrée en France.

Au moment même de cette discussion entre les chefs de l'aile droite française, la masse prussienne se disposait à déboucher de Wavre, dans la direction de Waterloo, avec l'impulsion d'une résolution depuis longtemps préparée. Aucune délibération n'avait suspendu ses mouvements. Cette armée, après avoir passé la nuit à Wavre et s'y être refaite, marchait au rendez-vous marqué par le chef de l'armée anglaise. Le corps de Bulow, qui n'avait encore eu aucun engagement avec les Français, se mit le premier en marche. Un incendie dans Wavre retarda jusqu'à midi une de ses divisions; il devait passer par Saint-Lambert, point culminant d'où il ne pouvait manquer d'être aperçu de loin. Pirch suivait; Ziethen devait longer la forêt de Soignes à travers de vastes bassins où son approche resterait cachée jusqu'à l'entrée du champ de bataille.

Ainsi dans cet espace compris entre Wavre et Waterloo s'avançaient parallèlement trois noires colonnes prussiennes, Bulow en tête, 30,000 hommes, Pirch en seconde ligne, 17,000, Ziethen à droite, 13,000, total 60,000 hommes. Au moment où les flanqueurs de gauche de Grouchy, en sortant de Sart-les-Walhain, s'approchaient de la Dyle, ils furent aperçus des vedettes prussiennes. Blücher est aussitôt averti; il crut que les Français renonçaient à marcher sur Wavre pour se diriger à leur tour sur le canon; il fut confirmé dans cette idée lorsque les têtes de colonne d'Excelmans et de Vandamme se montrèrent à la hauteur de Corbais, comme si elles allaient déboucher à Moustier. Dans la crainte de ce mouvement, Blücher fait suspendre la marche de Pirch; il ordonne à Ziethen de se rabattre sur la Dyle. Il ramène ainsi ses colonnes en arrière du côté de Grouchy; mais, ayant bientôt reconnu que celui-ci poursuivait son mouvement vers Wavre, le général prussien, pleinement rassuré, ordonne une nouvelle contre-marche : il reporte ses troupes dans la direction de Waterloo. Quant au corps de Thielmann, 18,000 hommes, il le laisse à Wavre pour couvrir le mouvement et amuser le maréchal Grouchy le plus longtemps possible sur les deux bords de la Dyle. Si ce maréchal, sans se laisser tromper par ce rideau, marche au canon de Waterloo, Thielmann a l'ordre de l'y suivre en toute hâte.

L'apparition des éclaireurs de Grouchy eut encore d'autres conséquences que de jeter un moment l'irrésolution dans l'armée prussienne. Nous connaissons aujourd'hui dans le plus petit détail les mouvements de cette armée, que la rapidité de sa fuite avait dérobés à nos soldats. Tout était obscur dans sa marche, et l'événement restait inexplicable. Il s'éclaire maintenant par les détails qui suivent.

En arrivant près de Vieux-Sart, la cavalerie française de Vallin se trouva un moment entre la tête et la queue du corps de Bulow. Dès que le détachement français fut signalé, le général prussien laissa en arrière deux régiments de cavalerie de la réserve pour lui faire tête.

La même chose arriva au général Pirch. Il reçoit la nouvelle que l'avant-garde d'Excelmans se montre sur les hauteurs en avant de la Baraque; aussitôt Pirch laisse en arrière la brigade de cavalerie du lieutenant-colonel de Sohr, le 11ᵉ régiment de hussards et quatre pièces d'artillerie attelée. Toutes ces troupes manqueront à la bataille.

Ainsi une démonstration involontaire de quelques troupes légères de Grouchy sur sa gauche a porté un trouble réel, profond, dans les dispositions de l'ennemi. Déjà, à cette seule apparence, que de faux mouvements de la part des Prussiens! quelle marche désunie! Blücher lui-même un moment incertain, le corps de Bulow séparé en deux par un intervalle de plusieurs lieues où les nôtres ont pénétré, Pirch affaibli d'une partie de ses troupes, la réserve de cavalerie et celle d'artillerie de la 7ᵉ et de la 8ᵉ brigade arrêtées et paralysées, le détachement de Ledebur coupé du reste de l'armée et obligé de se rouvrir un chemin de vive force, tout cela à la seule apparition d'une avant-garde de cavalerie! Que sera-ce donc si Grouchy se ravise, si, au lieu de quelques éclaireurs épars, aventurés, c'est tout son corps qui marche résolûment, de propos délibéré, dans les flancs des Prussiens! Il est peut-être temps encore de revenir à la résolution audacieuse du général Gérard; outre les circonstances que je viens de dire, il en est une autre qui conseille la hardiesse. Le gros de l'armée ennemie est en ce moment retardé sur les ponts étroits de Wavre; elle a peine à déboucher.

Si la discussion du matin n'avait pas persuadé Grouchy, elle l'avait du moins profondément agité. Il galopait seul, en avant et sur le flanc de ses colonnes; il s'avança de sa personne jusqu'à l'extrémité du bois de Limelette. Là, il écouta de plus près le retentissement croissant de la bataille qui n'avait pas encore de nom, il chercha, des hauteurs où il était, à pénétrer les secrets de l'horizon, vers Saint-Lambert; puis tout à coup il se rassure : la dépêche que Napoléon lui a envoyée à dix heures du champ de bataille vient de lui parvenir. Il se hâte de s'en prévaloir; on l'entend s'écrier : « Nous sommes sur la bonne route. L'empereur nous approuve; il nous ordonne de marcher sur Wavre; c'est à Wavre qu'il faut aller. » Et, l'esprit dégagé d'un grand poids, il achève tranquillement le mouvement funeste où il s'est engagé avec anxiété.

IV

SUITE DE LA BATAILLE. — INTERVENTION DU CORPS DE BULOW.

C'est à quatre heures que le général Bulow atteignit les bois de Frichermont. Il n'avait pas paru à la bataille de Ligny; sa hâte n'en était que plus grande. Ses troupes marchaient sur un large front, aux deux côtés du chemin encaissé qui avait été réservé à l'artillerie. En traversant ces défilés boisés, ces ravins marécageux de Lasnes à Planchenoit, on s'étonnait de ne trouver aucun obstacle; à chaque pas, les éclaireurs s'attendaient à une surprise. Les officiers, en se montrant le ruisseau de Lasnes, se disaient qu'il eût suffi de quelques bataillons français pour disputer longtemps le passage; mais, ayant trouvé les chemins ouverts, tous doublèrent le pas : ils descendirent des hauteurs en amphithéâtre, d'où la bataille se montra à leurs yeux jusque dans ses moindres replis.

D'abord l'intention des généraux prussiens avait été

d'attendre et de concentrer la masse de leurs troupes avant d'attaquer; mais Blücher, qui marchait avec les colonnes de Bulow, vit du haut des collines de Maransart que la crise de la bataille approchait. Son impatience naturelle le conseilla trop bien. Il décida au premier coup d'œil qu'il fallait user de ce premier moment de surprise et se jeter tête baissée sur la droite française, sans lui laisser le temps de se reconnaître. Le danger déjà imminent où se trouvait l'armée anglaise ne souffrait pas un instant de retard. On apercevait distinctement les réserves de Napoléon sur les hauteurs de la Belle-Alliance; plus loin, les charges de cavalerie sur le plateau attiraient tous les regards. Si l'infanterie de Lobau marchait en avant, si elle allait soutenir ces attaques, le dernier moment de l'armée du duc de Wellington était arrivé. Il fallait donc sur-le-champ attirer à soi et occuper cette infanterie de manière à l'empêcher de se raviser. Par ces raisons qui plaisaient à son impétuosité, Blücher fit commencer le feu à une grande distance sur la cavalerie Domon et Subervie; il annonça ainsi son arrivée.

Ces premières salves de quarante, bientôt même de quatre-vingt-six pièces de canon, firent impression sur les deux armées aux prises. Les Anglais respirèrent, les Français s'étonnèrent; mais, sûrs de la prévoyance de leur chef, ils n'éprouvèrent aucune crainte. Un peu après, la 15ᵉ et la 16ᵉ division de Bulow débouchèrent en rase campagne; elles se dirigèrent sur le flanc droit de l'armée française.

Depuis trois heures que les Prussiens étaient en vue, Napoléon n'avait rien fait de ce que ceux-ci craignaient le plus. Il aurait pu, ou leur disputer les défilés, ou devancer leur arrivée et précipiter toutes ses réserves dans une attaque désespérée contre l'armée anglaise. Au lieu de cette résolution extrême, il avait pris un moyen terme : observer de loin les Prussiens, n'attaquer les Anglais qu'avec la moitié de ses forces, conserver l'autre moitié intacte. Sans doute il pensa que le moment n'était pas venu de recourir aux moyens suprêmes; d'ailleurs, il serait toujours temps de renoncer aux règles de prudence pour chercher le salut dans la témérité et dans le désespoir.

Cependant Lobau, avec ses deux divisions d'infanterie Simmer et Jeannin de 7,500 hommes, avait changé sa première direction; il marchait résolûment au-devant de ces nouveaux ennemis. Pour s'appuyer, il n'avait que le village de Planchenoit, au milieu des champs ouverts, où les Prussiens ont élevé un petit monument de fer pour consacrer le souvenir de cette première rencontre. Canonnée par des batteries qui la prenaient en écharpe, la cavalerie de Domon et de Subervie, après un engagement avec les escadrons du prince de Prusse, dut se retirer en seconde ligne.

Tant que Lobau n'eut en tête que la moitié du corps

de Bulow, il le contint, il fit même des progrès sur lui; mais, en moins d'une heure, c'est-à-dire à cinq heures et demie, les deux autres divisions restées en arrière, celles de Hacke et de Ryssel, avaient atteint à leur tour le champ de bataille : elles débouchaient de Lasnes en colonnes serrées. Aussitôt Blücher, présent à l'attaque, fit déployer les masses sur la gauche prussienne, de manière à déborder Lobau et à le séparer de Planchenoit. Les Prussiens menaçaient ainsi la chaussée de Charleroi, seule retraite de l'armée. C'était le moment où Ney demandait avec instance l'appui d'un corps d'infanterie pour s'établir sur le plateau. Ainsi Napoléon pouvait alors se croire vainqueur sur le front; mais le flanc droit était ébranlé, presque entr'ouvert : il n'y avait pas un moment à perdre pour le raffermir et arrêter de ce côté le progrès de l'ennemi. Descendues des hauteurs, les quatre-vingt-six bouches à feu de Blücher prenaient l'armée française en écharpe et à revers. Leurs boulets ricochaient sur la ligne de retraite.

Débordés sur les deux ailes, les 10,000 hommes de Lobau sont obligés de céder en plaine aux 30,000 de Bulow. Cependant Lobau se retire en échiquier, lentement, posément; la première ligne se replie par les intervalles. Elle se remet en bataille derrière la seconde, qui ouvre alors le feu et soutient le combat jusqu'à ce qu'elle cède à son tour pour faire volte-face un peu plus loin et repousser les assaillants. Lobau dirige cette suite de combats alternatifs avec la régularité d'un champ de manœuvre; mais il est menacé de perdre son point d'appui dans le village.

Napoléon lui envoie le général Duhesme avec huit bataillons de la jeune garde et vingt-quatre pièces de canon. Les deux divisions prussiennes Hiller et Ryssel se massent en trois colonnes; elles enveloppent Planchenoit, elles y pénètrent, elles vont l'arracher à la jeune garde. On se fusille à trente pas dans le cimetière. Ce village avec ses vergers, ses jardins, ses enclos, ses débouchés vers Maison-le-Roi, c'est le bastion qui flanque la ligne de retraite. Il est emporté. Le général Morand, avec quatre bataillons de la vieille garde, accourt pour le reprendre. Sans tirer, il en chasse les Prussiens à la baïonnette; ses bataillons s'établissent à un grand intervalle sur l'extrême droite, comme la garde consulaire au soir de Marengo. A l'abri de cette troupe d'élite, le corps de Lobau et la jeune garde reviennent à la charge. Les Prussiens sont débordés à leur tour; ils plient, leur artillerie s'éloigne.

Dans ce combat de plus en plus inégal, qui se prolongera jusqu'au soir, le poste de Planchenoit est un poste de sacrifice. Les troupes n'y sont point soutenues par les regards de toute l'armée comme sur le plateau; elles sont aux prises en quelque sorte à l'écart, dans un bas-fond où les colonnes ennemies affluent par torrents. Comme si toutes les formes du courage devaient être rassemblées dans cette journée, la cavalerie sur le plateau venait de montrer l'impétuosité indomptable, la joie guerrière, la témérité héroïque d'une troupe sûre de vaincre; maintenant, le corps de Lobau et la garde montrent ce qu'il y a de plus austère dans le devoir militaire, la volonté stoïque de mourir à son poste, pour empêcher la destruction de l'armée et la captivité du chef. Le général Durrieu donne l'exemple de ce stoïcisme ; blessé d'une balle à la cuisse, il reste tout sanglant à la tête de l'état-major.

A ce moment, Napoléon crut que cette inondation du champ de bataille par l'armée prussienne était à son terme. L'artillerie fit silence un moment; dans cet intervalle, on entendit pour la première fois très-distinctement au loin le canon de Grouchy. Il était donc enfin aux prises avec ce qui restait des corps prussiens; il les occupait. On pouvait dès lors tenir pour certain qu'après la retraite de Bulow, il n'y avait plus rien à redouter de ce côté du champ de bataille. Ainsi c'est le moment de se retourner contre le centre anglais, de rallier, d'engager les réserves, d'achever enfin la victoire que cet incident de Bulow a tenue suspendue depuis quatre heures.

Outre la force d'espérance que Napoléon entretint jusqu'au dernier instant, il y avait une circonstance matérielle du champ de bataille qui explique comment l'illusion fut si tenace chez lui. Nous avons dit que des bois, des taillis épais, qui ont été coupés depuis, étendaient alors leurs fourrés sur sa droite. Ces bois empêchèrent de voir les noires colonnes de Ziethen, qui s'approchaient en silence; elles avaient déjà rallié à Ohain la cavalerie anglaise. Maintenant, elles étaient à un quart de lieue du champ de bataille; elles se pressaient d'arriver à travers les taillis par le plus court chemin, et personne dans l'armée française n'en soupçonnait encore l'existence. Les massifs d'arbres devaient couvrir jusqu'au dernier moment cette troisième armée. C'était comme une dernière embûche tendue par 30,000 hommes de troupes fraîches qui s'apprêtaient à s'élancer tête baissée hors des bois d'Ohain et de Frichermont.

V

LES DEUX ATTAQUES DE LA GARDE

Pendant ce temps, l'attaque du maréchal Ney contre le centre n'avait pas été abandonnée. Les masses de cavalerie dans les bas-fonds ne sont pas restées longtemps immobiles. Les cavaliers qui peuvent agir encore se distribuent en tirailleurs. Ils harcèlent l'ennemi, ils l'empêchent de respirer. Ils attirent à eux le feu des batteries; ils s'étendent en rideau pour protéger de leur dernier effort l'infanterie épuisée comme eux, et qui de nouveau se jette en avant. C'est encore la division Quiot et la division Donzelot. L'une et l'autre à ce moment semblent renaître. Après leur désastre du matin, après un combat acharné de quatre heures, elles portent encore sur le front d'attaque tout le poids de la bataille. A ce moment, quel incident, quelle parole, quel ordre a aiguillonné ces braves et les a mis hors d'eux-mêmes? Ney court à d'Erlon et lui dit:

« Toi et moi, nous devons périr ici, car tous deux, si la mitraille anglaise nous épargne, nous sommes destinés à être pendus. » Il semble que tous les soldats des divisions de gauche de d'Erlon aient entendu ces paroles, tant ils mettent de désespoir et de furie à renouveler leur attaque. Le souvenir de leur effort suprême a été longtemps confondu avec les derniers moments de la garde; c'est par l'aveu des historiens anglais qu'on peut restituer à cette portion de la ligne la gloire qui lui revient.

Les deux divisions ralliées sortent de la Haie-Sainte par toutes les issues. Elles se répandent en nuée de tirailleurs sur la pente des plateaux. Courbés dans les blés comme des moissonneurs, les soldats de Quiot et de Donzelot avancent jusqu'au-dessous de l'escarpement. Là, ils couvrent de leurs feux les troupes harassées d'Alten, d'Ompteda, de Maitland. Ces feux hardis, incessants, succédant aux grandes charges, ne laissent pas à l'armée anglaise un intervalle de repos. Ils l'exténuent et la désespèrent. Ce fut comme un essaim de guêpes qui se jettent sur un corps abattu et sanglant. Tel fut le caractère de la bataille sur le front depuis cinq heures jusqu'à sept. Les Anglais avouent qu'à ce moment leur armée n'offrait plus qu'un lambeau de ce qu'elle avait été le matin. De tous côtés, les chefs envoyaient demander des renforts; il ne restait, disaient-ils, de leurs corps que les *squelettes*. A ces demandes la réponse du duc de Wellington était uniforme : qu'il fallait rester jusqu'au dernier homme. Les brigades de Sommerset et de Ponsonby ne formaient plus que deux escadrons. Les bataillons étaient réduits à des poignées d'hommes. On n'entendait qu'un seul commandement : *Serrez les rangs!* Du haut du plateau, Wellington apercevait au loin le clocher de Planchenoit ; mais les incidents de la lutte sur cette partie éloignée du champ de bataille lui échappaient. Il ne savait qui l'emportait, des Français ou des Prussiens. Dans son anxiété, il envoyait officiers sur officiers à Blücher pour le presser d'arriver.

Napoléon sentit que le moment était venu et qu'il fallait tout oser. Restaient encore en réserve dix bataillons de la garde à pied, les seuls qui n'eussent pas été engagés. Ils attendaient, l'arme au pied, sur les hauteurs de la Belle-Alliance. Malgré tout, la certitude de vaincre était encore entière chez eux. Les cinq premiers bataillons sont formés en colonnes d'attaque, et ils doivent se succéder, à quelque distance, par échelons ; les batteries marchent avec eux dans les intervalles. Napoléon, à gauche de la route, galope sur l'éminence. Il montre de la main la position anglaise. Les soldats se répètent ses paroles : « Mes amis, je veux aller ce soir souper à Bruxelles. » Il enflamme de ses regards cette poignée d'hommes, en qui il a mis sa dernière espérance. Ils lui répondent par des cris

enthousiastes qui tous veulent dire : « Sois tranquille. »
En défilant à gauche de la Haie-Sainte, ils rencontrent
les cavaliers démontés qui s'y étaient réunis en grand
nombre; ils les raillent en passant avec une gaieté
héroïque : « C'était à eux d'enlever l'affaire à la baïonnette ! » et ils marchaient l'arme au bras, alignés
comme à la parade.

Ici, les Anglais interrompent le récit pour rapporter
une chose qui paraît impossible. Ils racontent qu'à ce
moment suprême un officier français de cuirassiers
galopa vers eux et passa dans leurs rangs. Il prévint
que leur ligne allait être attaquée par la garde impériale et Napoléon en personne. On cite les colonels, les
généraux auxquels cet officier fut adressé.

Vérité ou mensonge, le duc de Wellington n'avait
nul besoin de cet avertissement. Les préparatifs de l'attaque étaient assez visibles. Pour la troisième fois, le
général anglais répare la brèche qui s'est faite dans
son centre. De la gauche, il rappelle la cavalerie Vivian
et Vandeleur; elle se replie en toute hâte derrière le
front. Il comble avec les bataillons de Brunswick les
vides ouverts entre la brigade de Nassau et celle de
Halkett. La division Chassé se masse en colonnes profondes à la gauche de la brigade Maitland. Pour donner
quelque apparence à la brigade de Nassau, on déploie
derrière elle, sur un seul rang, les restes des Écossais
gris et des hussards de la légion germanique. Sur la

gauche, l'infanterie était déployée derrière la haie, le long du chemin creux, un régiment en carré, à l'angle des deux routes. Sur le front de l'armée, l'artillerie est presque entièrement désorganisée.

A ce moment de crise, un événement extraordinaire attire l'attention des trois armées. Une fusillade se fait entendre à l'extrémité droite de la ligne française : c'est la fusillade nourrie, ardente, précipitée d'une troupe fraîche qui se hâte de prendre part à la bataille. Elle tourne ses coups contre l'extrême gauche anglaise, formée de la brigade du prince de Saxe-Weimar; celle-ci, atteinte par ce feu imprévu, s'effraye, lâche pied. On la voit se disperser en arrière à un quart de lieue du champ de bataille. A ce bruit, au spectacle de cette fuite, des cris de joie se font entendre sur toute la ligne française : voilà enfin Grouchy qui arrive! Napoléon fut plus que personne empressé à croire à ce retour de la fortune. Il envoie son aide de camp Labédoyère répandre dans les rangs cette nouvelle, que Grouchy arrive, qu'il est là sur la hauteur de Smohain; on l'a reconnu à ses coups.

Cette nouvelle, confirmée par la fusillade qui ne fait qu'augmenter vers la droite, porte au comble l'exaltation des troupes chargées de frapper le dernier coup. Toute la ligne, d'Hougoumont à la Haie-Sainte, à Papelotte, avance avec la garde. Les blessés rentrent dans les rangs. Les tirailleurs de d'Erlon, de Quiot et

de Donzelot couvrent la garde d'un rideau de fumée;
ils la précèdent rapidement, pendant que, loin derrière eux, les tambours battent la charge et annoncent
l'approche des colonnes d'attaque, qui les suivent au
pas. Il faut que le feu de ces tirailleurs, exaltés par
l'approche et l'exemple de la garde, ait été terrible en
effet pour que les historiens anglais déclarent que
l'armée anglaise était *absolument hors d'état d'y répondre*, et qu'elle était sur le *point d'être rompue*. En
peu d'instants, sous ce feu désespéré, le 27⁰ régiment
anglais perd plus de la moitié de son monde. Une batterie française, en avant du jardin de la Haie-Sainte,
marche avec les tirailleurs; elle foudroie le carré de
gauche de la brigade de Kielmansegge, à cent pas; un
des côtés de l'autre carré est broyé; le reste se forme
en triangle. Bientôt après, sous la mitraille, il se réduit à une poignée d'hommes. Le prince d'Orange, à la
tête de la brigade de Nassau, tente de charger les tirailleurs; il est frappé d'une balle à l'épaule. Déjà
Alten, Halkett, presque tous les officiers supérieurs de
la 3⁰ division ont été blessés ou tués.

Enfin le rideau des tirailleurs s'entr'ouvre, la garde
le dépasse; elle s'avance seule. Ney la conduit. A mesure qu'elle approche, elle pousse de grands cris. La
seconde ligne anglaise ne voyait rien encore des têtes
de colonne en marche; mais ces cris seuls la terrifient. Elle recule et va lâcher pied. Les dragons de

Vandeleur serrent les rangs et ferment le passage à ceux qui sont tentés de fuir. L'artillerie anglaise concentre son feu sur ces 2,900 hommes qui s'avancent, l'arme au bras, à la rencontre de toute une armée. Ils ne répondent pas au feu, mais ils serrent leurs rangs diminués; ils s'alignent, en passant sur leurs morts, comme dans un jour de revue. L'artillerie ennemie redouble à cinquante pas. Friant est blessé, Michel tué; Ney est renversé de cheval (c'est le cinquième qui a été tué sous lui dans cette journée). Il se relève, l'épée à la main. Le 1er bataillon s'est arrêté. En voyant cette légion de héros chanceler sous la mitraille, Ney s'indigne. Il leur crie : « Lâches! ne savez-vous donc plus mourir? » Le général Poret de Morvan mêle ses cris à ceux du maréchal. La colonne reprend le pas de charge; elle a atteint le sommet de l'escarpement. Sur cette éminence, quand les grenadiers, avec leurs hauts bonnets à poil, couronnèrent la cime, ils semblèrent gigantesques à l'ennemi[1]. Devant eux se présentent en colonnes serrées les bataillons de Brunswick. Ces bataillons sont dispersés; ceux de Nassau les remplacent. La garde avance; les soldats de Nassau sont rejetés jusque sous la tête des chevaux du 10e de hussards anglais. Wellington s'élance au-devant des Brunswickois; il les rallie, puis il court à la batterie placée à la

[1] Siborne.

droite de Maitland. Cette batterie prend en flanc les colonnes de grenadiers. Ils avancent encore ; ils touchent à l'endroit où étaient couchés à terre les régiments des gardes. Une voix crie : « Gardes, debout, et visez bien ! » Les régiments se dressent de terre en une ligne étendue, et ils ouvrent leur feu. En un instant, les premiers rangs français sont abattus. Le colonel Mallet, les chefs de bataillon Cardinal, Agnès, les deux frères Angelet tombent morts ou blessés. On vit alors les officiers se détacher en tête et sur les flancs des colonnes mutilées, et commander de déployer pour se servir de leur feu ; mais, à mesure que les têtes de colonne se reformaient, elles étaient continuellement broyées sous la fusillade et la canonnade croisée de toute une armée. Les plus rapprochés tourbillonnent sans vouloir céder le terrain, ou ils disparaissent sur les flancs, pendant que d'autres en arrière font feu par-dessus la tête de ceux qui les précèdent. L'espoir reste encore d'emporter le centre anglais, si la dernière réserve, laissée à quinze minutes en arrière, arrive à temps ; mais cette réserve est encore loin, et l'on dit que, sur les 2,900 hommes qui ont gravi le plateau, il en reste à peine 700 en état de combattre. Étonnés, ceux-ci redescendent des hauteurs. Les blessés les précèdent en foule et se dispersent. Cette nouvelle incroyable se répand que la garde a été repoussée, qu'elle bat en retraite. A ce premier bruit, les rangs d'une partie de la ligne commencent à flotter.

Mais il reste un grand espoir. La première attaque de la garde a échoué ; il s'en prépare une seconde. C'est Napoléon lui-même qui, cette fois, range les cinq nouveaux bataillons presque encore intacts qui viennent de la Belle-Alliance. Ce qu'il ne faisait jamais dans les guerres précédentes, il le fait à ce moment suprême. Il marque aux soldats leur place, il forme deux bataillons en bataille, deux autres comme arcs-boutants, en colonnes sur la droite et sur la gauche ; la seconde brigade suivra en échelons. C'est ce même ordre de bataille qui a été irrésistible au Tagliamento, dans la dernière journée des guerres d'Italie ; c'est aussi la disposition de la division Desaix au soir de Marengo. Qui sait si ces souvenirs ne brillèrent pas aux yeux de Napoléon à ce dernier instant de sa vie militaire ? Le général Friant, qu'on emportait blessé, lui dit que tout allait bien sur le plateau, que l'ennemi serait infailliblement rompu dès que cette réserve déboucherait. Napoléon reprend espoir : il s'obstine à vouloir forcer la fortune.

La nouvelle colonne se composait du 1er bataillon de chasseurs, de deux bataillons du 2e, de deux bataillons des 2e et 3e régiments de grenadiers. Sans s'inquiéter de ce qui se passe dans le reste de l'armée, elle s'avance seule, à son tour, vers le plateau déjà pris et abandonné tant de fois. Les troupes de Maitland, qui l'aperçoivent, se retirent en désordre par-delà l'escarpement; elles vont se reformer sur quatre rangs de profondeur. On a pu réunir un petit corps de cuirassiers français qui protégent d'abord l'attaque. Ces cuirassiers font un dernier effort contre les batteries anglaises; mais, trop affaiblis, ils sont renversés. La colonne se trouve encore une fois seule et sans soutien sur ses ailes. Le 52ᵉ régiment anglais en profite pour venir audacieusement se déployer sur le flanc gauche. En tête, elle a les masses encore profondes de Maitland, de Chassé, des gardes, sur sa droite la batterie Napier. C'est dans ce triangle qu'elle se jette tête baissée. Quand le régiment anglais l'eut débordée tout entière, il ouvrit son feu à brûle-pourpoint. La colonne, surprise, s'arrêta, et, déployant ses bataillons de gauche, elle répondit à la fusillade qui l'écrasait; mais alors la batterie de Napier se démasque sur son front à soixante pas, et la mitraille. Au même instant, sur son flanc droit, elle essuie les décharges de la plus grande portion de la ligne des gardes anglaises. Ce n'était plus là un combat soumis aux chances de la guerre, mais une extermination. Le moment était venu où aucun effort de la bravoure humaine, aucune inspiration du soldat ne pouvait plus conjurer le désastre et remédier aux illusions obstinées du chef. Et pourtant c'est encore aujourd'hui un débat entre les Anglais et leurs alliés de savoir qui a porté les derniers coups à cette poignée d'hommes. On ne peut, ce me semble, disconvenir qu'une batterie des Hollando-Belges, celle de Vandermissen, ne soit venue aussi se démasquer à une portée de pistolet ; elle vomit sa mitraille sur la colonne déjà écharpée, et contribua ainsi à lui arracher le champ de bataille. Cette gloire ne peut être refusée à ceux qui la réclament.

VI

IRRUPTION DU CORPS DE ZIETHEN. — MARCHE EN AVANT DE L'ARMÉE ANGLAISE.

Pendant ce temps, un cri était parti des hauteurs de Smohain. Ce cri est le hourra d'une attaque nouvelle. Toute la portion de la ligne française qui se tenait encore suspendue à mi-côte chancelle. Le centre et la droite sont enfoncés en même temps ; ils se rompent. L'un se débande au premier pas que la garde fait en arrière, l'autre par une cause inconnue. On devait l'appeler panique jusqu'à ce que l'on sût avec précision à quelle force irrésistible il avait fallu céder. Ainsi, à ce dernier moment, deux causes très-distinctes agissent simultanément sur deux points éloignés de la ligne et la brisent en tronçons. Au centre, tout se précipite vers la garde ; on y cherche un refuge. Les troupes rompues, les hommes isolés, les intrépides tirailleurs de Donzelot et de Quiot, s'abritent derrière cette forteresse vivante ; mais ils l'embarrassent de leur foule. Décimés, les bataillons de la garde se retirent au pas, dans les bas-fonds, au sud de la Haie-Sainte. Là, ils se forment en carrés pour faire face à l'ennemi, qui s'abat sur eux de tous les côtés de l'horizon.

Jusque-là, Napoléon, dans le ravin, avait suivi des yeux les mouvements de sa dernière réserve. Il lui avait été d'abord impossible de s'expliquer la confusion soudaine de la partie la plus éloignée du champ de bataille. Obstiné à espérer, il ne pouvait s'arracher du lieu où il était ; mais, lorsqu'il vit sa garde invincible céder elle-même le terrain et repasser la Haie-Sainte, pour la première fois il renonça à l'espérance, et (s'il faut en croire le rapport de son guide) il s'écria : « C'est fini ! »

Comme déjà les cavaliers ennemis s'approchaient, il lança contre eux son escorte de quatre escadrons de service. Ces 400 hommes furent aussitôt enveloppés et culbutés. Le général Guyot, qui les conduisait, est blessé de deux coups de feu ; le général Jamin est tué à la tête de ce qui restait des grenadiers à cheval. Napoléon, n'ayant plus alors même un seul homme d'escorte, tourna bride. Il entra dans le carré du 2e régiment de grenadiers, que commandait le lieutenant-colonel Martenot.

Que s'était-il donc passé à l'extrême droite ? Le corps d'armée de Ziethen avait débouché à l'improviste des bois d'Ohain avec sa 1re brigade, sa cavalerie de réserve et quatre batteries. D'abord Ziethen avait établi une batterie sur la hauteur ; mais presque aussitôt il avait jeté ses troupes en avant. Elles avaient pris en écharpe celles de d'Erlon, qui marchaient en ce moment en colonnes pour flanquer l'attaque de la garde. Cela avait été comme le dernier coup.

On a accusé l'extrême droite d'avoir laissé percer la ligne de bataille ; mais que pouvait ce corps de 2,000 hommes exténués, disséminés, surpris, devant le torrent d'ennemis qui se précipitaient des hauteurs ? Ceux-ci devaient emporter l'obstacle par le poids seul de leur masse. Napoléon a reproché à la division Durutte de ne s'être pas crénelée dans Smohain ; mais c'est encore aujourd'hui une question de savoir si ce village, vaillamment défendu par le prince de Saxe-Weimar, a été emporté et occupé plus de quelques instants par les soldats de Durutte.

Puis l'étonnement, la stupeur s'y joignirent. On avait vu d'abord les nouveaux assaillants, trompés par l'uniforme bleu des troupes de Nassau, diriger leurs feux contre elles et les disperser à un quart de lieue ; maintenant, revenus de leur méprise, c'est contre les nôtres que ces mêmes corps s'étaient retournés avec fureur. Un changement si imprévu déconcerta d'abord l'infanterie de Brue, de Marcognet, qui tenaient la droite ; et pourtant les Prussiens rapportent que cette aile française, ainsi surprise, a fait plus de résistance que l'on n'a coutume de dire. Pendant une demi-heure, elle ferma aux nouveaux venus l'entrée du champ de bataille; elle disputa le débouché des fermes de Papelotte et de Smohain. Les Prussiens y furent arrêtés assez longtemps pour perdre 500 hommes. La division Durutte avait ainsi gardé le champ de bataille pendant la première attaque de la garde : le centre de d'Erlon avait même pu se retirer pendant quelque temps avec ordre ; mais enfin la brèche avait été faite à l'extrémité de la ligne. Les 13,000 hommes de Ziethen, troupe fraîche, s'y étaient précipités, la cavalerie en tête. Ils avaient pénétré entre d'Erlon et Lobau, dans l'intérieur même de l'armée française.

Ainsi écrasés de front, de flanc et à revers, il n'était pas besoin de la panique ou de la trahison pour que tout fût perdu. Le cri de *sauve qui peut* n'était pas nécessaire; d'ailleurs, qui y aurait pris garde au milieu des feux croisés, des caissons renversés, des canons qui tiraient leur dernière charge, des bataillons épars, des escadrons serrés sous le poids desquels la terre tremblait? Jusqu'ici, on n'a trouvé personne qui affirme l'avoir entendu. La force des choses, l'insurmontable nécessité, l'obstination ou l'aveuglement du chef dans une lutte devenue impossible, suffirent. Les armes, les corps, les régiments se mêlent.

Cette magnifique armée n'était déjà plus, vers la Belle-Alliance, qu'une multitude confuse; mais la masse française était encore si épaisse, que la cavalerie ennemie la refoulait au pas sans pouvoir y pénétrer ni l'entamer. La cavalerie prussienne marchait droit dans la direction de Rossomme; elle semblait portée sur les flots d'une mer houleuse. Le général Durutte se retira le dernier. Il se retourna un moment pour regarder l'ennemi. Des cavaliers prussiens se jettent sur lui, ils le sabrent au visage, ils lui abattent le poignet droit. Aveuglé par son sang et ne pouvant conduire son cheval, la foule l'entraîne vers la grande route de Charleroi. Il y cherche quelque temps le maréchal Ney pour lui remettre un dernier détachement rallié de la brigade de Brue.

A ce commencement du désastre, une chose frappe dans le récit des Anglais : c'est la louange enthousiaste qu'ils adressent au duc de Wellington pour avoir osé poursuivre la vieille garde décimée et écharpée. Quelle idée se faisait-on donc de cette garde, et quel éloge vaudra jamais un pareil aveu? Il est certain, en effet, que, même à ce moment de calamité où l'armée française sembla se fondre, le duc de Wellington usa d'une extrême prudence. Que de précautions encore contre cette foule désorganisée! que de circonspection dans la victoire! Il fut lent à croire à un pareil désastre. Quand il le vit, il fut lent encore à commettre toute l'armée anglaise contre de tels débris. Il retint la masse de ses troupes immobile sur les hauteurs, et il ne lâcha dans la plaine que les brigades de Vivian et de Vandeleur, comme pour s'assurer d'une victoire qu'il ne pouvait croire si complète.

Des batteries tiraient encore de différents points. La fusillade continuait autour des ruines enflammées d'Hougoumont, puis elle cessa. Il était huit heures et demie, le soleil se couchait; il jeta un dernier rayon à travers les arbres de Merbe-Braine. La fumée se dissipa sur presque tout le champ de bataille; l'affreux spectacle resta un moment à découvert. A mi-côte de la position française, on voyait encore çà et là des carrés d'infanterie et des canons sur les flancs et dans les intervalles. Où était alors cette invincible cavalerie de Milhaud, de Kellermann, de Guyot, de Lefebvre-Desnouettes? Il y avait çà et là des escadrons qui restaient immobiles. Ce n'étaient que des débris et, comme disent les Anglais, de vrais *fantômes* de ce qu'ils avaient été le matin. Ils étaient là épars, quelques-uns sans chefs, partout où le hasard de la bataille les avait dispersés. La foule passait à leurs pieds, comme les grandes eaux se précipitent à travers les arches d'un pont ruiné dont il ne reste que quelques piliers que l'inondation n'a pu emporter; mais tels qu'ils étaient, au milieu de la confusion générale, ces carrés et ces escadrons imposaient à l'armée anglaise. Wellington crut ne pouvoir prendre assez de précautions pour les aborder.

La brigade de cavalerie légère de Vivian, formée en échelons par escadrons, est lancée la première dans le centre des Français. Elle y fait la trouée. Les lanciers, les dragons de la garde impériale se retournent et chargent les dragons et les hussards de la légion germanique. On parle aussi d'un corps de cuirassiers qui contint par un feu de carabines la cavalerie allemande. Par là, ils donnèrent aux carrés de la garde le temps de sortir du ravin de la Haie-Sainte.

Sur la droite anglaise, la brigade de Vandeleur descend au trot vers les clôtures d'Hougoumont; elle refoule les tirailleurs sur la ligne de retraite. Là, l'aile gauche française, séparée de la droite par des hauteurs, n'avait pas vu le débordement des Prussiens. Elle s'obstinait autour des ruines d'Hougoumont. Quand elle se retira, elle le fit d'abord lentement, ne soupçonnant pas le désastre. La cavalerie légère de Piré s'éloigna au pas sans même être inquiétée. Si le général Reille eût pu imaginer ce qui se passait à la droite et au centre, au lieu de venir fondre ses colonnes dans la partie déjà désorganisée de l'armée, sur la route de Charleroi, il eût fait sa retraite par la route de Nivelles.

Cependant la cavalerie anglaise était déjà harassée par ses charges; elle s'était désunie et mêlée aux fuyards. Le désastre était contagieux même pour les vainqueurs. Déjà les généraux qui commandaient cette cavalerie s'étonnaient de se voir si loin seuls en avant de la ligne anglaise. Ils n'étaient pas sans inquiétude au milieu de leur triomphe. Ils arrêtèrent leurs escadrons pour attendre l'infanterie qui les suivait.

La première qui les atteignit fut la brigade d'Adam, formée sur quatre rangs, comme dans l'extrême danger; elle marchait sur la gauche anglaise de la route. Alors les deux armées, réunies sur les hauteurs de la Belle-Alliance, se jetèrent successivement sur les carrés de la garde. Les ennemis étaient si nombreux, qu'ils se frappaient et se canonnaient les uns les autres. En arrivant près de la Belle-Alliance, les troupes anglaises d'Adam tombent dans la ligne de feu d'une batterie prussienne. Le 18ᵉ de hussards britanniques sabre un régiment allemand; mais à la fin ils se reconnaissent : tous se ruent sur les carrés de la vieille garde qui subsistent encore.

Ces carrés servaient de refuge aux généraux qui n'avaient plus de soldats; ils s'ouvraient surtout pour recevoir les drapeaux que l'on venait de toutes parts leur confier. C'étaient autant de citadelles où s'abritait ce qui faisait l'âme de l'armée, et il est certain que, dans cette journée, où presque tout le matériel fut perdu, les drapeaux furent sauvés avec la religion militaire des vingt dernières années. Il fallut démolir les carrés homme à homme, et même ils ne furent pas

DE LA CAMPAGNE DE 1815.   275

rompus par une attaque combinée. Nul régiment, nulle brigade ennemie ne s'attribue l'honneur d'avoir brisé leurs rangs. Ils ne cédèrent qu'à la pression des trois armées anglaise, prussienne et même française, qui s'amassaient sur eux de tous les points de l'horizon, car le poids des fuyards les écrasa autant que celui des vainqueurs.

Au milieu de cette mer d'hommes, trois carrés subsistaient encore. Par moments ils s'arrêtaient, croisaient le fer, et se dégageaient par un feu à bout portant des masses ennemies qui les pressaient. A la fin, il n'en resta plus qu'un seul. Le colonel Halkett, à la tête des Hanovriens, l'enveloppe sur trois faces; il crie entre chaque décharge : « Rendez-vous! » Une voix répond : « La garde meurt et ne se rend pas [1]! » C'était la voix de Cambronne; une nouvelle décharge le renverse d'un éclat d'obus à la tête. Il reste évanoui parmi les morts. Le carré reprend sa marche et s'éloigne.

Dans cette dernière mêlée, les étrangers [2] parlent avec une admiration particulière d'un régiment français de cavalerie : c'était le reste des grenadiers à cheval; ils marchaient au pas, en colonne serrée, dans un

---

[1] D'après les *Souvenirs d'un officier*, on a entendu Cambronne, revenu à Nantes, répéter lui-même ses paroles : « Des gens comme nous ne se rendent pas! » La première version s'est imposée à l'histoire. Il ne serait plus possible de revenir à la vérité nue sans paraître l'altérer.

[2] Voyez Siborne.

ordre magnifique : on eût dit qu'ils étaient étrangers au chaos qui les environnait. Le 12ᵉ de dragons anglais osa les charger : le régiment français se retourne tranquillement, les culbute, et reprend sa marche majestueuse. Un peu plus tard, le régiment étant de nouveau pressé, un officier sort des rangs et va décharger ses pistolets sur le colonel Murray. Comme Napoléon se retirait alors le long de la grande route, à la droite de cette cavalerie, on a pensé qu'elle voulut assurer par là le salut du chef de l'armée.

A ce moment, Wellington, voyant que son avant-garde avait atteint, avec Vivian, Vandeleur et Adam, la position française, se crut enfin vainqueur. Alors, mais seulement alors, il lâcha la bride à son armée, qu'il avait retenue jusque-là sur le plateau. Il ordonna un mouvement général en avant de la ligne entière. C'est le moment dont parle le général Foy, quand cette armée, immobile, enracinée à la même place depuis le matin, s'ébranla, comme un seul homme, des hauteurs d'Hougoumont et de Smohain. Dès ce premier pas, la division Lambert traverse la Haie-Sainte, que l'on trouva abandonnée aux blessés et aux morts. Les Anglais tiennent beaucoup à maintenir qu'entre la retraite de la garde et le mouvement en avant de leur ligne il s'est passé au moins douze minutes; car ils en concluent que ce sont eux qui ont percé le centre français avant l'irruption générale des Prussiens. Ce sont ces douze minutes que les historiens se disputent, et voilà le comble de la gloire humaine!

En face de l'armée anglaise qui se précipite, un homme s'était arrêté de l'autre côté du ravin; il était à pied, appuyé sur le bras d'un caporal de la vieille garde : c'était le maréchal Ney. Il s'opposait aux fuyards. Vers la Belle-Alliance, meurtri, les habits troués de balles, mais encore invulnérable, il cherchait autour de lui un détachement, une compagnie, un peloton pour se remettre à leur tête et les ramener au feu. A ceux qui passaient il criait : « Venez! suivez-moi, je vais vous montrer comment meurt un maréchal de France sur le champ de bataille! » Ceux qui l'ont entendu assurent encore aujourd'hui que l'accent de ces paroles ne sortira jamais de leur mémoire; mais c'était là un courage surhumain qui étonnait les plus braves.

Napoléon passa près de la butte de Rossomme. C'est de là qu'il avait vu à ses pieds le matin cette héroïque armée qui remplissait, disait-il, la terre d'orgueil. Maintenant, il la voyait du même endroit, désorganisée, presque anéantie, toutes les armes confondues, les bagages, les caissons, les hommes mêlés qui fuyaient sans le reconnaître à l'approche de la nuit. Il y avait là deux bataillons et une batterie : il ordonna de tirer. Le dernier coup de canon emporta la cuisse de lord Uxbridge, qui commandait la dernière charge de cavalerie.

VII

SUITE. — DÉFENSE DE PLANCHENOIT PAR LOBAU.

Le corps prussien de Ziethen n'était pas le seul qui se fût jeté à l'improviste sur l'armée française. Presque en même temps, tout le corps de Pirch déboucha derrière Bulow et prolongea sa droite et sa gauche. C'étaient encore 15,000 hommes qui tombaient sur Lobau, affaibli de douze bataillons de la garde.

La destruction entière des Français dépendait de la prise de Planchenoit. Les Prussiens s'avancent par bataillons serrés dans la direction de l'église, qui était déjà remplie de morts et de mourants. Les toits de chaume s'étaient allumés. L'incendie, réfléchi dans les vitres de l'église, éclairait le cimetière, que défendait un bataillon de chasseurs au milieu des cadavres qui leur faisaient un second retranchement. Bulow et Pirch réunis ne peuvent forcer le village de front; ils le débordent et l'enveloppent jusqu'au bois de Chantelet.

La défense des Français de Lobau, au milieu des fermes en flammes, pendant que derrière eux s'écoulait toute l'armée, excite encore aujourd'hui l'étonnement des historiens étrangers. Durant une heure et demie, cette troupe se laissa écraser pour le salut des autres.

C'est là que la garde put réellement combattre. Quoique débordée de toutes parts, elle dispute chaque maison, elle se défend de haie en haie, d'arbre en arbre. Les généraux Barrois et Duhesme sont blessés grièvement. Si Planchenoit eût été pris une demi-heure plus tôt, la retraite eût été coupée; quand ce poste fut abandonné, tout ce qui restait de l'armée avait passé. Les chasseurs du 3e régiment de la garde furent les derniers à quitter le village. Le général Pelet en avait réuni 250. Faisant front dès qu'ils étaient menacés, ils se retirèrent par Maison-le-Roi. Cette poignée d'hommes et la nuit sauvèrent Napoléon.

Les hommes avaient fait ce que comportaient les forces humaines. Ils cédèrent à une force supérieure que presque tous appelèrent trahison ; car personne n'eût voulu y voir le résultat des erreurs du chef. Il fallait plus d'un demi-siècle avant qu'on admît que le général était pour quelque chose dans le désastre de tous. On aima mieux alors croire à la perfidie d'un grand nombre qu'à une seule faute d'un chef idolâtré, réputé infaillible même après Moscou et Leipzig.

La nouvelle que Grouchy arrivait produisit une sorte

de vertige. Quand, à la place de Grouchy, on vit 60,000 Prussiens déboucher par toutes les issues, alors les imaginations mêmes furent envahies. Chacun se crut livré; les armes tombaient des mains, et, comme on avait fait au delà des forces humaines, on paraissait céder, non pas à l'ennemi, mais à la fatalité. Il s'ensuivait que même les chefs aimés n'avaient plus aucun empire sur leurs hommes. Tous, hormis un seul, étaient devenus suspects. De là l'impossibilité de rallier une arrière-garde. La défaite se changea en désastre; et qui voulait s'y opposer, ou seulement marcher contre le courant, était tenu pour ennemi.

Dans les premiers moments de la déroute, le secrétaire de Napoléon se précipite de la ferme du Caillou au-devant des fuyards. Il conduisait un cheval à Napoléon, qu'il supposait encore dans la mêlée, peut-être blessé ou à pied. Deux cuirassiers français, le sabre haut, viennent à lui : « Où vas-tu? — Je cherche l'empereur. — Tu en as menti; tu vas rejoindre les Anglais! » Ils allaient le sabrer, quand des officiers le reconnurent et le sauvèrent.

Wellington arrêta l'armée anglaise dès qu'elle eut atteint la position des Français vers Rossomme. C'était assez d'occuper la place de Napoléon. D'ailleurs, les troupes épuisées n'eussent pu faire un pas de plus pour poursuivre les Français. Blücher s'était chargé de ce soin; il plaisait à sa haine, à son désir de vengeance.

Les Anglais bivaquèrent dans les lignes des Français, à droite de la route de Charleroi, qu'ils laissèrent libre à leurs alliés. En revenant du côté de la Belle-Alliance, Wellington rencontra Blücher. Tous deux mirent pied à terre et se jetèrent dans les bras l'un de l'autre. La ferme de la Belle-Alliance avait servi de point de direction à l'armée prussienne; Blücher voulait qu'on appelât de ce nom la bataille; l'orgueil des Anglais l'a emporté. Ils ont choisi le nom de leur quartier général, quoique le bourg de Waterloo soit resté en dehors de l'action pour les trois armées.

VIII

POURSUITE DE NUIT.

Blücher communique sa fureur à ses officiers : il veut que la poursuite soit une extermination. Bulow et Ziethen suivront les fuyards l'épée dans les reins. La cavalerie du 2ᵉ et du 4ᵉ corps a déjà passé sur le front, à travers les intervalles de l'infanterie. Pirch retournera en arrière vers Ayviers ; il passera la Dyle pour couper la retraite à Grouchy et l'envelopper, lui aussi, dans la déroute. Déjà, entre Rossomme et Maison-le-Roi, on a pris la plus grande partie de l'artillerie et des bagages : les artilleurs ont coupé les traits de leurs chevaux et se sont dérobés.

La nuit vint, et, ce que l'on n'avait jamais vu à la guerre, elle n'apporta aucun répit aux vaincus. Au contraire, elle redoubla leur détresse. Dans toutes les guerres précédentes, les troupes victorieuses avaient craint de se commettre dans les ténèbres, qui rétablis-

sent l'égalité entre le fort et le faible. Sur la Bérésina
ê e, la nuit avait été une trêve. Ici, le sentiment
que *tout était fini* avait envahi les deux armées; il
empêche l'une de résister et l'autre de s'arrêter dans
son trio phe. Après tant de calamités, on connut la
détresse d'une poursuite de nuit, dernière innovation
de la haine. Dans les ténèbres, on tenait pour ennemis
tous ceux qui approchaient, et les fuyards dispersaient
les fuyards. D'ailleurs, la lune se leva, et elle aussi vint
en aide au vainqueur. A peine les nôtres se sont-ils
réfugiés par groupes dans une cour, une étable, une
ferme, ils y sont découverts, pris ou taillés en pièces.
Les blessés sont arrachés de la paille sanglante où ils
sont étendus. On accuse, je ne sais si c'est avec raison,
le général Ziethen d'avoir joint ses insultes à celles de
ses soldats.

A onze heures du soir, cette masse d'hommes, qui
ne forme plus même une seule compagnie, arrive au
défilé de Génappe. Napoléon croyait que le pont était
de la même largeur que la chaussée; en réalité, il était
moins large de moitié. La Dyle était là peu profonde,
mais elle était retenue par des écluses, et la berge dominait de haut le cours encaissé de la rivière. Tout va
s'encombrer, au bout d'une rue sinueuse, sur le pont,
déjà barricadé et obstrué par les voitures du parc.
Personne n'indique les gués qui se trouvent au-dessous.
Napoléon it près d'une heure à traverser la foule

compacte, immobile, frappée de stupeur. Il échappe avec peine, sans escorte, presque seul. Sa voiture n'a pu franchir le défilé. Elle reste aux mains de l'ennemi, et, comme tout s'amplifie dans la bouche du peuple, j'ai entendu les habitants de Génappe raconter qu'elle était pleine de diamants.

Ney arrive aussi près de ce même défilé. Il est encore à pied; mais un officier qui mérite que son nom soit conservé, Schmidt, lui donne son cheval : l'ennemi ne se glorifiera pas d'avoir pris à Génappe le héros de la Moskova. Lobau est moins heureux; il a tenté de former une arrière-garde et n'a pu y parvenir. Son cheval s'abat sous lui au milieu de la cohue. Il est enveloppé et pris; sans respect pour tant d'intrépidité et de persévérance, on lui arrache ses insignes et jusqu'au portrait de sa femme, caché sur sa poitrine.

Les Prussiens, arrivés sur les hauteurs, y établissent des batteries. Comme si la haine les éclairait, ils font pleuvoir à minuit dans ce gouffre une grêle de mitraille et d'obus sur la foule, que les ténèbres ne protégent pas; car elle se trahit par ses cris, ses gémissements, ses imprécations, sans répondre par un seul coup de fusil. Les blessés qui ont pu se traîner à pied jusque-là succombent à cet endroit. Les voitures chargées des plus gravement atteints se renversent au bord du chemin; il en sort des plaintes qui se perdent dans la détresse universelle. Quant aux hommes valides, le désespoir leur fait trouver des issues; mais dans ce chaos tout achève de se mêler. L'armée fugitive, débandée, méconnaissable, devient à elle-même la plus grande cause d'épouvante.

A minuit, Blücher arrive à Génappe ; il s'y arrête, comme pour jouir pleinement du désastre. C'est de là qu'il date sa première dépêche aux souverains réunis à Heidelberg. Dans la maison où il plaça son quartier général se trouvait le général Duhesme, qu'une grave blessure avait forcé de s'arrêter. Les Prussiens disent qu'il a été recueilli et soigné par leurs chirurgiens; les habitants affirment qu'étant sur la porte de la maison, il fut égorgé par des hussards, déjà mourant de sa blessure de Planchenoit. L'inscription de son tombeau, que j'ai vue à Huy, est moins explicite ; on y lit : *Atteint d'un coup mortel au champ d'honneur, le 18 juin, décédé le 20 à Génappe*, soit qu'on ait ignoré la vérité, soit qu'on l'ait trouvée trop odieuse pour la consacrer sur un tombeau.

Au delà de Génappe, un tambour prussien monte sur un des chevaux dételés de la voiture de l'empereur, et, battant la charge, il entraîne après lui les troupes prussiennes dans l'ivresse et l'orgie de la victoire. Les Français ne marchaient plus que par groupes de centaines d'hommes. A peine reprenaient-ils haleine dans un bivac, ils étaient forcés de le quitter. Il suffisait alors d'un bruit de trompettes ou de tambours pour disperser cette armée, deux jours auparavant invincible dans ces mêmes lieux. Et ce qui faisait que l'on ne tentait nulle part de résister, c'était d'abord la nuit, qui grossissait partout l'ennemi, mais c'était surtout la persuasion que l'on ne pouvait rien contre l'universelle trahison dans laquelle on se croyait enveloppé. La poursuite fut acharnée jusqu'à Frasnes. Là, les Prussiens crurent apercevoir un fort détachement de cavalerie française; ils s'en approchèrent : tout avait disparu. Le général Gneisenau, à la tête de ses escadrons, atteignit l'auberge qui porte encore, par une sorte de dérision de la fortune, cette enseigne : *A l'Empereur*. Il s'y arrêta et y attendit le jour.

Un peu auparavant, à une heure du matin, Napoléon avait mis pied à terre aux Quatre-Bras. Tout était horrible autour de lui, sur ce champ de bataille du 16. Les morts n'étaient pas encore enterrés; mais ils étaient dépouillés et nus. A la lueur de la lune, quarante mille hommes dispersés s'écoulaient à grands pas au milieu de ces cadavres de trois jours. C'est de ce lieu sinistre que Napoléon instruisit Grouchy du désastre de Waterloo. La nouvelle d'où dépendait le salut de tout un corps d'armée fut portée par un seul officier, qu'un accident pouvait facilement arrêter. On se fiait à lui du soin de tout raconter de vive voix. Le temps, le lieu, ne permettaient pas d'écrire. On dit qu'on fit chercher dans les ténèbres la division Girard, laissée en arrière à Ligny; mais elle avait disparu sans que l'on sût comment. Elle s'était rejetée vers Charleroi, aux premières rumeurs. On ne put la trouver.

Une lieue avant Charleroi, Napoléon descendit de nouveau de cheval; il fit à pied le reste du chemin, accompagné du général Bertrand et de cinq ou six de ses officiers. Sur les bords de la Sambre, il trouva quelques cavaliers qui l'avaient précédé. Ayant traversé Charleroi sans y donner aucun ordre, il s'arrêta dans une prairie nommée Marcinelle, de l'autre côté de la ville. On lui fit en plein air un feu de broussailles et on lui apporta à boire [1]. Tandis que son cheval mangeait tout bridé, tant la hâte était grande, il s'approcha un instant d'un bivac et partagea la grossière nourriture d'un soldat; sur quoi il remarqua, dit-on [2], « combien il faut peu de choses à l'homme pour vivre. » Philosophie tardive chez celui qui venait de jouer et de perdre en quatre jours l'empire du monde et la fortune de la France.

Vers six heures du matin, il repartit en voiture; après lui, l'armée, affamée, désespérée, entra dans Charleroi; et bientôt, comme il était arrivé dans les guerres précédentes, cette ville, où l'on croyait pouvoir respirer et se refaire, ne fut plus qu'un lieu d'hor-

---

[1] Ces détails sont tirés de la relation de son guide.
[2] *Mémorial de Sainte-Hélène*.

reur. Au milieu des approvisionnements de toute sorte, on souffrait la disette. Le vin, l'eau-de-vie, coulaient dans les rues, et les soldats mouraient de faim et de soif à la porte des magasins ; puis aucune disposition cette fois encore pour faciliter la retraite ; un seul pont, une seule issue ; il faut s'y précipiter sans prendre aucun repos. A peine a-t-on touché ce que l'on croyait devoir être un abri, il faut rentrer dans le torrent de la déroute. « C'étaient, dit un écrivain que j'aime à citer, les horreurs de Vilna aux portes de la France [1]. »

Napoléon, arrivé à Philippeville, presque seul, y est rejoint par son secrétaire et quelques-uns de ses aides de camp, Drouot, Labédoyère, Dejean. Il se jette sur un pauvre lit d'auberge, une larme tombe de ses yeux. C'est dans cette maison d'auberge qu'il dicta le bulletin de la bataille. Il le fit lire devant ses généraux. Ceux-ci le trouvèrent exact, à l'exception d'un seul point. Napoléon avait tout avoué, hormis la prise de sa voiture. Ce détail avait quelque chose d'humiliant pour lui; il avait voulu se l'épargner, sachant bien que l'imagination des foules glorifie les grands désastres et dégrade les petits. Ses généraux insistèrent; il céda. Alors tout fut consommé. La France et le monde apprirent de Napoléon lui-même ce que renfermait le nom encore inconnu de Waterloo.

[1] Le colonel Charras.

IX

RÉSUMÉ DES OPINIONS ÉMISES SUR LA BATAILLE DE WATERLOO.

Telle fut cette bataille de Waterloo, qui retentira dans la plus lointaine postérité, avec celles d'Arbelles et de Zama, quoique, à vrai dire, elle soit sans exemple dans l'histoire par la prodigieuse fortune qui s'écroula en un moment. Les Français y laissèrent 25,000 hommes, sur lesquels 6,000 prisonniers. Cinq généraux avaient été tués, Bauduin, Desvaux, Jamin, Michel, Duhesme, dix-huit blessés. On avait fait en hommes des pertes presque doubles à des journées tenues avec raison pour des victoires, par exemple à la Moskova. Les Anglo-Hollandais perdirent 15,094 tués ou blessés, près du quart de leur armée; les Prussiens, 7,000 hommes, Ceux-ci tirent un orgueil légitime des forces que Napoléon dut leur opposer. Ils en font l'énumération suivante : Lobau, 16 bataillons; la garde, 14; la division Durutte, 8; total, 38 bataillons, auxquels il faut joindre les 3,000 chevaux de Domon et de Subervie. C'est donc presque la moitié de l'armée française qui a été occupée par l'armée prussienne.

Des historiens ont compté jusqu'à treize fatalités dans cette courte campagne. Réduisons-les à une seule. S'il y eut des traîtres, ils furent, Dieu merci, en trop petit nombre pour avoir pu influer sur les événements. Napoléon, pendant ces quatre jours, ne fut trahi que par son génie.

Dès que la matinée du 18 avait été perdue par une confiance trompeuse qui laissait aux corps prussiens le temps d'arriver, la journée était presque sans ressource. Quant à l'excuse du mauvais temps et de la pluie, personne que je sache ne l'admet aujourd'hui; il est trop évident que cette justification couvre mal la sécurité fausse dans laquelle on est resté. Deux heures ne suffisent pas pour étancher des terrains tels que ceux de la Belgique. C'était la première fois qu'on avait vu la volonté de Napoléon céder à de pareils obstacles. D'ailleurs, le corps de Reille, qui avait passé la nuit à Génappe, se mit en marche le 18 à trois heures du matin; il était le premier en ligne à Waterloo. Ce que fit ce corps, les autres le pouvaient faire. Rien au monde n'empêchait que l'action ne commençât à huit heures au lieu de midi, et que *le coup de collier ne fût donné dès neuf heures du matin* [1].

[1] Jomini, *Précis*, p. 224.

Napoléon resta aveugle sur les mouvements des Prussiens jusqu'au moment où il lui fallut bien reconnaître à leurs coups que les troupes en vue à Saint-Lambert étaient des ennemis. Quand Blücher se montra au loin, il y avait trois partis à prendre, qui certainement s'offrirent à l'esprit de l'empereur.

Premièrement, la retraite. Personne ne dit qu'il y ait arrêté un seul instant sa pensée; et pour moi, je l'avoue, je n'ai pas le courage de lui reprocher de ne s'y être pas décidé vers une heure, quand assurément la retraite était très-possible et qu'il ne tenait qu'à lui d'aller chercher un autre champ de bataille. Nous voyons, nous savons aujourd'hui que c'eût été le parti le plus sage. C'est à quoi se seraient probablement résolus César, Turenne, le prince Eugène, Frédéric, et c'est ce que M. le colonel Charras démontre avec beaucoup de force; mais on était déjà dans une telle situation, que la plus grande prudence était dans la plus grande hardiesse. Était-on sûr, d'ailleurs, que cette avant-garde de Bulow cachât derrière elle les trois autres corps? Fallait-il, à cause d'un danger probable, se jeter dans une quasi-certitude de ruine? Si l'ennemi avait le bonheur insigne de recevoir un renfort, ne pouvait-on pas compter sur une bonne fortune du même genre? Quand Napoléon interrogeait l'horizon, le souvenir de Desaix à Marengo, de Ney à Eylau, se dressait devant lui. Il voyait Grouchy derrière Bulow; car il avait depuis longtemps coutume de s'aveugler de sa propre gloire. Et puis ce n'était rien de se retirer, il fallait vaincre; on allait retrouver derrière soi une opinion irritée qui demanderait compte pour la première fois du sang de la France. Déjà les armées russe, autrichienne, bavaroise, étaient en marche sur le Rhin. Le politique forçait le général à la témérité. Voilà pourquoi le caractère de la bataille a été de chercher une victoire éclatante jusqu'au milieu de la crise du désastre. Ce sont là les motifs de ceux qui approuvent Napoléon d'avoir persisté dans l'attaque vers une heure. Ils vont même jusqu'à voir dans cette persistance une des grandes résolutions de sa vie.

Mais ceux-là mêmes avouent qu'il en fut tout autrement le soir, à mesure que la nuit s'approcha, que la mauvaise fortune s'obstina, que l'ennemi s'accrut. Il n'y avait plus aucune chance de voir paraître Grouchy, dont le canon s'entendait à plus de trois lieues. Alors il eût été sage de céder à l'impossible. Sans penser davantage à la victoire pour ce jour-là, il n'y avait plus qu'à se servir de la réserve de la garde pour couvrir la retraite et sauver l'armée. Et certes il y avait pour Napoléon une grande différence à quitter le champ de bataille à la tête d'une troupe d'élite encore invincible, ou à se retirer en fugitif, laissant derrière lui son armée taillée en pièces; car la raison peut exiger que le général ne veuille pas l'impossible, et qu'il ne brise pas contre cette impossibilité les instruments héroïques qui lui sont donnés pour vaincre.

Or, Napoléon, le soir même, à sept heures et demie, à l'approche des masses noires de Ziethen et de Pirch, s'obstine encore, lui seul, à forcer la fortune ; il se croit encore la puissance de tirer un éclatant triomphe de cette crise désespérée. Le mot de retraite ne peut sortir de sa bouche; il jette en avant son dernier bataillon, son dernier peloton d'escorte, son dernier homme. Il reste seul, sans songer encore à la retraite, comme si par cette persévérance il allait épuiser l'adversité et contraindre le sort. Ce n'est plus là le génie du général toujours maître de soi ; c'est le caractère de l'homme qui éclate tout entier à ce moment suprême. On dit qu'Annibal a fait de même à Zama. Son armée était déjà enveloppée, les deux ailes en fuite ; il s'obstinait encore à arracher une victoire impossible. Peut-être est-ce à cause de cette dernière ressemblance qu'à tous les autres capitaines de l'antiquité Napoléon préféra toujours Annibal.

Voilà l'opinion des tacticiens. Ajoutons-y celle du moraliste : les plus grandes opérations stratégiques ont pour théâtre l'âme du général, et vous n'expliquerez jamais une journée telle que Waterloo, si vous ne vous rendez compte de ce qui se passait alors dans l'esprit de Napoléon.

Son activité avait diminué, mais non pas son inflexibilité de caractère. Celle-ci s'était même accrue de cette sorte de roideur qu'apportent avec elles les années, les victoires ou même les défaites, et de cette disproportion voici ce qui s'ensuivit. A l'heure décisive, il se ramassa en lui-même dans une sorte d'immobilité stoïque. Comme il agissait moins, il laissa ses fautes produire tous leurs résultats; le mal s'accumula jusqu'à se changer en un désastre non-seulement sans remède, mais sans exemple.

Dans sa jeunesse, il avait su plier à propos sous la nécessité. Il avait cédé quelque chose même à Arcole, et plus tard à Marengo, où il avait fait une retraite de deux lieues. Il avait cédé encore à Saint-Jean-d'Acre; et même, à Essling, il avait repassé un bras du fleuve pour se chercher ailleurs une meilleure occasion sur un meilleur terrain; mais ce fut là sa dernière complaisance pour la mauvaise fortune. Depuis lors il semble que ses cent victoires l'aient enchaîné, et que tout eût été perdu s'il eût cédé d'un pas.

Moscou, Leipzig, Waterloo, trois résultats uniformes du même enjeu, trois conséquences semblables de la même pensée: ne rien céder sur aucun point, tout perdre ou tout regagner d'un seul coup. Pour ne s'être pas retiré à temps de Moscou et de Leipzig, il avait trouvé les désastres de 1812 et de 1813; pour ne s'être pas retiré à temps de Waterloo, il trouva les désastres de 1815. Le même principe amena la même catastrophe, mais tout ici renfermé et résumé dans quelques heures.

Plutôt que d'ajourner la victoire, il aima mieux s'abîmer, lui et son armée : grand spectacle pour celui qui n'envisage les choses humaines que comme une tragédie de Corneille, où le plus obstiné joue toujours le plus beau rôle ; mais spectacle éternellement lamentable, quand on songe qu'il s'agissait du meilleur de notre sang et du salut de la patrie. Un général chargé de moins de gloire et de puissance, un Turenne, un Hoche, un Kléber, un Joubert, n'eût probablement pas vaincu ; mais, comme il n'eût pas manqué de faire retraite vers deux heures, ou au moins vers six, il n'eût pas causé la catastrophe où l'imagination même reste accablée. De telles chutes ne sont possibles que chez les hommes dont nous faisons nos idoles ; car alors, s'ils perdent l'équilibre, ils entraînent tout avec eux. C'est du haut de leur piédestal qu'ils se précipitent tête baissée sur les peuples qui se sont mis à leurs genoux.

Deuxièmement, le parti que choisit Napoléon au moment de l'arrivée en ligne du corps de Bulow fut d'envoyer, quoique tardivement, le corps de Lobau et les réserves prendre position au-devant des Prussiens et leur barrer le passage. Ce moyen était prescrit par la force des choses ; nul n'a reproché au chef de l'armée française de l'avoir employé ; il semble répondre à toutes les nécessités, et pourtant il n'a pu conjurer le désastre ni même le diminuer. Par là, on est conduit à rechercher s'il n'existait pas un autre parti à prendre, qui laissât au moins une chance de victoire, parti désespéré, aujourd'hui facile à indiquer, difficile à admettre dans la journée du 18, tant qu'il put rester une espérance de vaincre par les combinaisons ordinaires.

Cela posé, on reste convaincu que la coopération des Prussiens à la bataille de Waterloo ne laissait qu'une seule chance de victoire à Napoléon. Depuis le moment où Bulow se montra à Saint-Lambert jusqu'à l'instant où il entra dans l'action vers Planchenoit, il se passa trois heures et demie. Toutes les chances qui restaient aux Français dépendaient de l'emploi de ces moments. Au lieu de porter Lobau et ses réserves au-devant des Prussiens et de différer les nouvelles attaques sur les Anglais, une autre résolution, a-t-on dit, était possible. Napoléon, en supputant les trois heures et demie qu'il fallait encore à Bulow pour entrer en ligne, eût pu négliger ce corps sur son flanc droit, de la même manière qu'à Rivoli il avait négligé le corps de Lusignan, qui venait lui couper la retraite. Dans ce cas, il eût opposé à Bulow un rideau de cavalerie et de flanqueurs embusqués dans les bois de Lasnes pour retarder encore son arrivée. Sans un instant de délai, il eût renouvelé sur la gauche anglaise une attaque à fond, désespérée. Cette même cavalerie, qui s'est dépensée inutilement à l'endroit le plus difficile du champ de bataille, eût été lancée sur des pentes, là où la crête, en s'abaissant, lui eût offert un passage plus libre. D'ailleurs, elle n'eût pas été seule, elle eût été soutenue de tout ce qui avait été rassemblé du corps de d'Erlon, de toute l'infanterie de Lobau, et cette infanterie elle-même eût eu pour appui les vingt bataillons de la garde à pied. On n'avait, il est vrai, que trois heures et demie pour vaincre ; mais combien ces heures ainsi employées eussent pu produire de résultats ! La cavalerie seule a mis en grand péril la ligne anglaise ; que serait-il arrivé si cette même cavalerie eût été suivie de cette masse d'infanterie qui bientôt à son tour allait aussi se consumer inutilement et sans soutien ! Certainement on ne s'aventure pas beaucoup en avançant que la gauche anglaise eût été enlevée et toute l'armée prise à revers. C'est là ce que craignait Bulow, ce qui lui inspira de se jeter prématurément dans la mêlée avec la moitié de son corps d'armée, le reste en arrière encore de plusieurs lieues.

Voilà une des choses qui pouvaient très-vraisemblablement arriver ; mais il se pouvait aussi, quoique cela soit moins probable, que ces trois heures ne fussent pas suffisantes pour emporter la gauche anglaise, que la crise ne fût pas assez préparée, que l'ennemi, ayant encore ses forces, ses réserves intactes, opposât à une attaque désespérée une défense également désespérée. Dans ce cas, Bulow arriverait presque sans obstacle sur les derrières de l'armée française, qui aurait été tout entière engagée sur son front, n'ayant plus un seul homme de réserve. La victoire lui aurait été encore une fois enlevée, mais plus tôt, quoique avec des suites, ce semble, moins funestes, puisque les corps de Pirch et de Ziethen ne pouvaient prendre part à la lutte.

Telles sont les deux chances qui se présentaient et que peuvent peser ceux qui aiment à remplir l'étendue de ce grand désastre par des conjectures faciles aujourd'hui à former. Ceux-là arriveront à cette conséquence, que la seule chance de vaincre que Napoléon se fût ménagée par ses fautes était encore si pleine de périls et d'embûches, si contraire aux règles de la guerre, qu'ils hésiteront assurément à regretter qu'il ne l'ait pas tentée. Il fut prudent, la prudence le perdit.

Qui peut assurer que la témérité l'eût servi davantage?

X

EXAMEN DES JUGEMENTS PORTÉS SUR LA CONDUITE DU MARÉCHAL
GROUCHY. — CONCLUSION.

Au reste, le nom de Grouchy a tout couvert : fautes, trahison, malheurs, fatalités, il dit tout. Nous avons affaire ici à une opinion arrêtée, irrévocable; tâchons pourtant d'être juste, quand même pour cela il serait trop tard d'un demi-siècle.

C'est en effet une discussion, toujours pendante depuis quarante-six ans, de savoir ce qui serait arrivé si le maréchal Grouchy, suivant le conseil de Gérard, eût marché par le plus court chemin au canon de Waterloo. « Grouchy était à deux heures du champ de bataille, » a écrit Napoléon dans les relations de Sainte-Hélène. Deux heures! ces mots ont saisi toutes les imaginations. Il n'en fallait pas tant pour faire travailler les esprits et donner matière à d'innombrables hypothèses. Tous, nous nous sommes représenté Grouchy débouchant, avant le soir, vers Planchenoit, à la place des Prussiens, et faisant subir aux Anglais le désastre de Waterloo. Sans tenir compte des lieux, des distances, des obstacles divers, une seule chose nous a comme transportés et éblouis : cette terrible attente où l'on fut la journée entière du 18 juin sur la butte de Rossomme nous possède encore, dès que nous touchons à ces événements.

Chose singulière, entre tant de récits, tous diffèrent même sur le point capital, la distance qui séparait Grouchy du champ de bataille. La relation de Sainte-Hélène dit deux heures, Valazé trois, Gérard quatre heures et demie, Jomini cinq heures, le colonel Charras huit ou neuf heures. J'ai fait mesurer exactement le chemin. Un homme à pied, marchant isolément au pas ordinaire par les chemins de voiture, va de Sart-les-Walhain par Moustier au clocher de Planchenoit en cinq heures vingt-sept minutes [1]. Que l'on calcule sur cette donnée positive la marche d'un corps d'armée

---

[1] Détail de cet itinéraire :

De Sart-les-Walhain à Walhain-Saint-Paul..	0 heure	20 minutes.
De Walhain-Saint-Paul à Nil-Saint-Vincent..	0 —	55 —
De Nil-Saint-Vincent à Corbaix.	0 —	15 —
De Corbaix à Moustier.	1 —	45 —
De Moustier à Ciroux.	0 —	50 —
De Ciroux à Maransart.	0 —	40 —
De Maransart à Planchenoit.	0 —	42 —
Total.		5 heures 27 minutes.

Ces chiffres et des notes topographiques sur cet itinéraire m'ont été fournis par MM. Lefebvre, qui ont bien voulu, d'après mes indications, parcourir les distances.

avec son artillerie, que l'on tienne compte du défilé sur les deux ponts étroits de la Dyle, et l'on se rapprochera des huit heures que M. le colonel Charras assigne à cette marche avec une exactitude dont j'ai trouvé la preuve à chaque pas.

Après les distances, considérez les lieux. Si Grouchy eût marché au canon, il eût trouvé devant lui jusqu'à Nil-Saint-Vincent un terrain découvert, de vastes prairies, puis, par delà Corbaix, un sol ondulé, qui se termine en ravin. Là, il fût descendu par une pente aisée vers la Dyle, large de sept mètres, profonde et rapide. Il l'eût passée sur les deux ponts maçonnés de Moustier et d'Ottignies, à un quart de lieue l'un de l'autre. De Moustier à Ciroux, d'abord un court défilé, puis bientôt des plateaux étendus sur une terre sablonneuse. C'est seulement sur le revers de ces plateaux, vers Maransart, qu'il eût rencontré un terrain escarpé; mais alors il était près du champ de bataille, il le dominait; il serait vu de toute l'armée : ce voisinage doublerait ses forces. Ce n'est pas en arrivant au but qu'il pouvait le manquer.

Tels sont les lieux et les distances; voyons quelle lumière il en peut ressortir. Les uns pensent que Grouchy eût pu arriver sans obstacle, vers sept heures, sur le champ de bataille; ceux-là s'autoriseront de la facilité des lieux, tels qu'ils viennent d'être décrits. D'autres supposent, avec plus de raison, que l'armée prussienne eût attaqué Grouchy dans quelque position intermédiaire, rangée derrière la Dyle, et lui eût barré la route; mais ils reconnaissent que, si la victoire était devenue difficile aux Français, le désastre eût été infailliblement moindre, puisque la moitié des troupes prussiennes n'eussent pu paraître à Waterloo.

D'autres enfin, et de ce nombre est M. le colonel Charras, pensent que la marche de Grouchy au canon n'eût diminué en rien ni l'étendue, ni les chances du désastre; les motifs que M. le colonel Charras en apporte sont assurément considérables. Il allègue, en effet, que les corps prussiens, partis de Wavre, à midi, ayant mis sept heures et demie pour atteindre le duc de Wellington, l'armée de Grouchy aurait mis certainement plus de temps, puisqu'elle avait un chemin plus long à faire ; elle serait arrivée à neuf heures, peut-être à dix, après que tout aurait été fini. En supposant que Blücher eût voulu arrêter Grouchy dans sa marche, il se serait contenté de lui opposer en tête, en queue et sur les flancs les corps de Pirch et de Thielmann, et il aurait continué d'aller frapper le grand coup à Waterloo avec le corps de Bulow et celui de Ziethen, dont la seule intervention à la fin de la bataille a suffi pour rendre la victoire au duc de Wellington. Tout ce qu'il y aurait eu de changé en suivant le conseil de Gérard, c'est que le corps de Grouchy aurait été enveloppé dans la déroute. Ce qui rendait ce résultat inévitable, c'est la trop grande différence numérique entre le corps de Grouchy, de 33,000 hommes, et les 90,000 de Blücher; différence telle, que, même si Grouchy eût pris la ligne droite à partir de Gembloux, par Mont-Saint-Guibert, l'issue de la campagne aurait été encore la même. Quarante mille Prussiens auraient arrêté Grouchy vers Mont-Saint-Guibert. Cinquante mille autres auraient débouché à Waterloo, et l'effet eût été tout semblable.

Ces raisons sont graves : elles empruntent une nouvelle force de la précision savante avec laquelle elles sont exposées par M. le colonel Charras. Et pourtant il me reste plus d'un doute : malgré moi, je résiste. Soit habitude d'un préjugé difficile à déraciner, soit besoin de garder je ne sais quelle fausse espérance jusque dans le récit d'un désastre passé, soit enfin qu'une fois entré dans le champ des conjectures, on ne consente pas aisément à en sortir, je combats des suppositions par des suppositions. Aux observations profondes du colonel Charras je ne puis m'empêcher d'opposer celles-ci : on ne doit pas mesurer exactement les distances par le temps que les corps prussiens ont mis à les parcourir, puisqu'il est constant qu'une partie de ces corps sont revenus sur leurs pas, et ont perdu un temps précieux en inutiles contre-marches.

D'ailleurs, pour que deux corps d'armée agissent l'un sur l'autre, il n'est pas nécessaire qu'ils se rencontrent et qu'ils se touchent. Ils se contiennent, ils se neutralisent à distance. La vue seule produit quelquefois autant d'effet que le choc. Aussi n'était-il pas besoin à Grouchy d'arriver jusque sur le champ de bataille de Waterloo pour exercer une grande influence sur l'issue de la journée. La seule apparition lointaine des colonnes de Gérard, de Vandamme, d'Excelmans, sur le plateau de Corbaix, eût produit un effet immanquable. N'a-t-on pas vu, dans cette même campagne, ce que peut un corps, même éloigné, qui se montre à l'improviste? Deux fois toutes les dispositions de Napoléon avaient été changées par la découverte d'une troupe encore éloignée et inconnue : à Ligny, par la vue de d'Erlon; à Waterloo, par celle de Bulow. Il est donc permis de croire que l'annonce de l'arrivée de Grouchy eût produit un effet semblable sur l'ennemi.

Dira-t-on que Blücher aurait montré la résolution qui manqua à Napoléon? Le contraire est certain, puisque Blücher avait suspendu son mouvement au seul rapport que les flanqueurs français s'approchaient de la Dyle. Qu'aurait-il donc fait, s'il eût eu derrière lui, non pas quelques flanqueurs, mais toute l'aile droite française? Ce ne sont pas seulement quelques régiments prussiens qui se seraient arrêtés, de Bulow et de Pirch, mais vraisemblablement tous leurs corps. Cela eût pris du temps; il eût profité aux Français. Ziethen eût continué de marcher. Oui, sans doute;

mais, quand il serait arrivé, vers sept heures, privé de Bulow et de Pirch, il eût pu trouver l'armée anglaise en fuite. Voilà une des chances qui s'ouvraient par l'intervention de Grouchy.

Et qui peut dire quel trouble elle eût jeté dans l'esprit des généraux prussiens? Supposer qu'ils eussent agi en tout de la manière la plus conforme à leurs intérêts, c'est leur attribuer la connaissance précise de la situation telle que nous la possédons aujourd'hui, et qu'ils ne pouvaient la posséder alors. Restait donc le grand chapitre des accidents et des fautes à commettre. Si Blücher avait trompé Grouchy depuis trente-six heures, était-il impossible que Grouchy, avec sa nombreuse cavalerie, trompât durant trois heures le général Thielmann et le retînt dans Wavre pendant qu'il passerait la Dyle trois lieues plus haut?

La différence de 33,000 Français à 90,000 Prussiens est sans doute immense; mais on a vu aux Quatre-Bras les 20,000 hommes de Ney arrêter les 50,000 Anglais de Wellington. Il n'était pas question pour Grouchy de vaincre; il s'agissait seulement de disputer le passage à Pirch, à Ziethen, de retarder au plus leur marche pendant quelques heures, et de les empêcher de submerger avant la nuit le champ de bataille. Cela eût suffi, non pour assurer une victoire décisive à l'armée française, qui depuis cinq heures n'avait plus de réserve, mais pour lui donner, avec le champ de bataille, l'avantage de la journée. C'est du moins la conséquence qui semble la plus probable au milieu de ces conjectures opposées, où il est impossible de trouver un motif éclatant de certitude.

Dans tous les cas, une question est résolue : Grouchy doit-il supporter seul la responsabilité de l'absence de l'aile droite à Waterloo? Ici, les faits, les choses, ne permettent plus de doute. L'art profond avec lequel a été cachée, dans le récit de Sainte-Hélène, cette partie de l'histoire de la campagne de 1815 a pu faire illusion pendant près d'un demi-siècle. Ce moment est passé; la légende se dissipe sur ce point, l'histoire la remplace.

Napoléon a quitté Grouchy le 16 à Ligny, à midi, avec la seule instruction vague de poursuivre les Prussiens. Depuis cet instant, aucune communication suivie avec son lieutenant, aucune lumière transmise à ce général; nul pressentiment de ce que se propose l'ennemi; le soir du 17, en atteignant l'armée anglaise, les plus simples précautions omises; pas une seule reconnaissance sur la droite du côté de Grouchy; le défilé de Lasnes laissé libre à l'ennemi, sans qu'on y eût un seul poste; les éclaireurs de Bulow déjà sur le flanc à Ciroux et ignorés; pendant la nuit du 17 au 18, nulle instruction positive au commandant de l'aile droite, alors que Wellington et Blücher communiquent à chaque instant toute cette longue nuit perdue dans l'incertitude, car on ne peut croire à des ordres portés par un seul officier, dont il ne reste aucune trace, pas même dans les ordres postérieurs; et, le matin, le même oubli persistant, quand déjà les hussards de Blücher sont en vedettes dans le bois de Frichermont, et y remplacent les avant-postes anglais; l'aveuglement ne cessant que lorsque les Prussiens débouchent en masse sur les hauteurs de Saint-Lambert; et à ce moment même, depuis une heure jusqu'à quatre heures et demie, nulle mesure efficace pour leur disputer le défilé du bois de Lasnes, où, d'après leur propre aveu, quelques bataillons les eussent arrêtés; mais une espérance vague de voir Grouchy derrière eux, et cette espérance tenant lieu de toute précaution efficace pour les prévenir; dans le premier ordre envoyé à ce maréchal, vers dix heures, un peu avant la bataille, une simple instruction de lier les opérations; la marche sur Wavre approuvée et confirmée, mais pas même à cette heure-là l'ordre formel de se rabattre en tout ou en partie sur Waterloo. Cet ordre n'est donné qu'à une heure après midi, sous le coup de la nécessité; il ne parviendra à Grouchy qu'à sept heures du soir, à cinq lieues du champ de bataille, quelques instants avant que la catastrophe soit consommée. Ces fautes-là n'appartiennent pas à Grouchy; elles appartiennent toutes à Napoléon.

Le désastre de Waterloo n'est donc pas le résultat d'une faute seule, mais d'une série de fautes, les unes éloignées, les autres immédiates, que l'on peut résumer ainsi : le peu d'élan donné à l'esprit public, la nation tenue endormie pendant trois mois sur l'imminence du péril : d'où la faible augmentation de l'armée, accrue seulement de 43,000 hommes; dès le lendemain de l'entrée en campagne, la lenteur de Napoléon à prendre un parti à Charleroi : d'où la perte de la matinée entière du 16, qui ne permit pas de profiter de la victoire de Ligny; les 20,000 hommes de d'Erlon en vue de Saint-Amand négligés et rendus inutiles; la nuit entière du 16 au 17 donnée à l'ennemi pour se refaire et se rallier, ce qui lui permit de se préparer à rentrer en ligne dès le lendemain avec les Anglais; toute la matinée du 17 perdue en vaine attente : d'où l'impossibilité de joindre les Anglais ce jour-là et de les battre séparément; l'erreur prolongée jusqu'au bout sur les projets de Wellington et de Blücher, et cette erreur persistant au moment même où déjà ces projets s'exécutaient; le mépris d'un ennemi que l'on croyait détruit entraînant à ne plus le craindre; la matinée entière du 18 perdue dans une fausse sécurité, et les Anglais attaqués trop tard à Waterloo, comme les Prussiens l'avaient été trop tard à Ligny; le plan de bataille changé après l'échec du général d'Erlon; la formation malheureuse du premier corps, cause de ce changement et de cet échec; les Prussiens de Bulow regardés comme un simple détachement, ce qui fit que l'on ne prit ni le parti le plus sensé, qui était la retraite, ni le parti le plus audacieux, qui était de profiter du temps accordé encore pour vaincre, renouveler l'attaque à fond avec toutes ses forces et gagner de vitesse l'armée prussienne; enfin, et comme résultat inévitable de ces retards, de ces ajournements, de ces incertitudes, de ces illusions, de ce mépris exagéré de l'ennemi, les 60,000 Prussiens de Bulow, de Ziethen et de Pirch inondant le champ de bataille.

La part d'erreur de Grouchy est manifeste; il aurait dû, dès le 18 au matin, marcher par Mont-Saint-Guibert; ne l'ayant pas fait, il aurait dû au moins, vers midi, marcher de Sart-les-Walhain à Waterloo. Telles sont ses fautes; elles ont été commentées, agrandies par l'imagination et par un travail de conjectures où se sont donné carrière tous les contemporains.

Les erreurs de Napoléon ne sont pas moins évidentes : elles sont plus nombreuses, elles datent de plus loin; mais, tandis que l'imagination des hommes a commenté les erreurs de Grouchy, elle a couvert et caché celles de Napoléon. On a écrasé la mémoire du lieutenant en le chargeant et de ses fautes et de celles de son chef. On a laissé au chef la gloire du désastre; mais la responsabilité lui a été épargnée. La gloire passée a empêché qu'il ne fût soupçonné d'erreurs par les contemporains, ceux-ci ayant mieux aimé accuser l'injustice de la fortune que de s'exposer par un examen plus attentif à trouver que Napoléon vaincu a été lui-même le premier auteur de sa défaite.

Au reste, si j'en crois les juges les plus compétents[1], on connaît bien peu de généraux qui eussent pris sur eux-mêmes la résolution conseillée à Grouchy; car, dans ces occasions suprêmes, l'élan guerrier ne suffit pas toujours. Il faut de plus un détachement subit de soi-même tout entier et de sa renommée, une hauteur d'esprit, une fierté d'âme qu'étouffent presque nécessairement la trop longue obéissance dans un rang secondaire et la crainte d'un maître. Kléber, Hoche, Joubert, Desaix eussent exécuté ce mouvement à leurs risques et périls; mais l'Empire ne produisait plus de tels hommes : il en fut puni par sa ruine.

Pour moi, je ne croirai pas avoir perdu trop de jours dans le spectacle et l'examen de cette grande chute, si je contribue à ramener dans l'histoire cette vérité utile à tous, que nul ne périt que par sa faute. Napoléon a-t-il échappé à cette dure condition de la nature humaine? L'adversité prolongée n'avait-elle rien pu sur lui? N'avait-elle usé en rien sa force d'impulsion et sa foi en lui-même? Tous les autres étaient-ils diminués, et lui seul invulnérable? Non, une pareille inégalité ne s'est pas vue sur la terre. Si les autres avaient perdu quelque chose, lui aussi avait été atteint au de-

---

[1] Jomini, *Précis*, p. 224.

dans, quoiqu'il fût plus habile à le cacher. Plus lent à se décider que dans les autres campagnes (car il avait appris que lui aussi ne pouvait se tromper impunément), il ne donnait presque plus rien à la bonne fortune. En pesant toutes choses, il laissait l'occasion passer. L'ordre arrivait plus tard ; il eût fallu qu'il eût été déjà exécuté quand il était à peine donné.

D'ailleurs, Napoléon avait enseigné la guerre à ses ennemis. Il leur avait surtout appris l'audace. Celle de Blücher, malgré ses soixante et dix ans, fut incroyable. Enfin on n'avait plus affaire aux armées d'Alvinzi et de Wurmser, qui se battaient seulement par métier. Les Prussiens montrèrent dans cette guerre une passion qui allait jusqu'à la fureur. Les nôtres furent ce qu'ils avaient toujours été : ce furent les anciens soldats vainqueurs dans cent batailles; mais l'ennemi était différent. La haine d'une servitude longtemps subie, le désir des représailles, donnaient aux armées étrangères la force d'un soulèvement national. Ces armées étaient peuples, et les peuples étaient devenus plus hostiles que les rois.

Telles sont, autant que j'ai pu les rechercher par un travail persévérant, les causes naturelles du désastre de Waterloo. J'y ai insisté, persuadé que, pour dominer de si grandes calamités, la première chose est de les comprendre. On n'y échappe qu'en les expliquant. Lorsqu'à la douleur publique se joint un reste de superstition antique pour la fatalité, la raison d'un peuple en demeure bouleversée; la défaite entre jusque dans le cœur; car le pire en de pareils maux sera toujours ce que l'imagination y ajoute de suppositions et de conjectures, mer sans fond où la pensée s'égare. Ramener les événements à leur cause, substituer aux imaginations la raison, aux conjectures la certitude, c'est en quelque sorte borner l'adversité elle-même.

QUATRIÈME PARTIE

L'ABDICATION

I

COMBATS DE WAVRE. — RETRAITE DE GROUCHY.

La plupart des historiens terminent ici l'histoire de la campagne de 1815. Ils ne signalent pas même les combats de Grouchy, par ressentiment, par oubli, ou parce que ces combats sont stériles, tout ayant été décidé ailleurs et le drame ayant fini avec l'espérance.

Au moment même où Bulow était entré en ligne à Waterloo, le maréchal Grouchy avait atteint les hauteurs de Wavre. Au bruit de la canonnade lointaine, il avait pressé le pas. Il aperçut enfin des troupes ennemies en position à moins d'une demi-lieue : c'était le corps de Thielmann. On en était séparé par une vallée étroite et surtout par la Dyle, qui, grossie par les pluies des jours précédents, débordait dans une prairie marécageuse. Les collines étaient plus hautes du côté des Français, plus roides du côté des Prussiens. Au milieu de la vallée s'étendait la petite ville de Wavre, presque tout entière sur l'autre rive, à l'exception de quelques maisons disséminées dans la plaine.

Tandis que Grouchy croyait avoir devant lui le gros de l'armée prussienne, Thielmann au contraire croyait, à cause de la mollesse que l'on avait mise à le poursuivre, n'avoir affaire qu'à un simple détachement. Il s'apprêtait à suivre le mouvement général vers Waterloo. Déjà même il avait envoyé une de ses brigades vers Saint-Lambert, lorsque les Français parurent. Il se disposa à leur disputer vivement le défilé. Les débouchés des ponts furent occupés, les troupes massées dans les rues parallèles, les réserves tenues à distance, sur les hauteurs, en face de chaque point de passage.

Grouchy, de plus en plus excité par le tonnerre de ces quatre cents pièces d'artillerie qui grondait sans intervalle au bout de l'horizon, prit à peine le temps de reconnaître les lieux. Il se décida seulement à tomber tête baissée sur l'ennemi par le plus court chemin. Dans l'impatience de s'atteindre, on commença l'action de loin par une vive canonnade des hauteurs opposées, dès que l'on s'aperçut. Sous cette voûte de feu, nos tirailleurs se précipitent dans la vallée. Ils bordent la Dyle et s'engagent, à travers cette étroite rivière, avec les tirailleurs déployés sur l'autre rive. Derrière ce rideau se forment les colonnes de Vandamme. Les ponts n'avaient pas été coupés; on y court. Une lutte de plusieurs heures commence. A peine les nôtres ont-ils franchi les ponts, les têtes de colonne ennemies débouchent des rues transversales. C'est là, encore une fois, un de ces combats de rue où l'attaque trouve un obstacle à chaque pas. L'impétuosité ne peut rien qu'à force de patience et de temps.

Onze fois le corps de Vandamme s'est brisé dans ces attaques de front. Grouchy tente alors le passage à travers le moulin de Bierge, situé plus haut, à douze cents mètres de la ville, en rase campagne. Mais, là aussi, la résistance est vive, l'obstacle difficile : un pont étroit, flanqué de deux murs, qui débouche dans une cour partout crénelée, et au-dessus, en amphithéâtre, la 12ᵉ division prussienne déployée, avec une batterie qui commande le passage. Un bataillon de Vandamme a déjà été repoussé. Grouchy, que l'impatience gagne, met pied à terre. Il prend avec lui un bataillon du 4ᵉ corps et le porte à l'attaque du pont de Bierge. Le général Gérard marche en tête. Lui seul avait alors le clair pressentiment des calamités prochaines. Mécontent de son chef, il semblait chercher la mort. Il tombe frappé d'une balle qui lui traverse la poitrine. L'attaque est manquée.

Terrible jeu de la guerre qui mêle dans le même moment l'espérance et le désespoir! La seconde dépêche de Napoléon, écrite à une heure, est remise alors à Grouchy. « Ne perdez pas un instant pour vous rapprocher de nous et pour écraser Bulow, que vous prendrez en flagrant délit. » Quel abîme sépare le moment où ces paroles ont été écrites de celui où elles ont été reçues! *Écraser Bulow!* il était alors aux prises avec Lobau, dans Planchenoit, à quatre lieues de là! Cependant la crise imminente éclaira Grouchy, et il fit ce qu'il eût dû faire dès le commencement de l'attaque. Il tourne Wavre à Limale. Là, les hauteurs, s'abaissant brusquement sur la Dyle, favorisent une attaque impétueuse de la division Teste. Elle s'élance à l'improviste sur le pont, qui n'a pas même été barricadé; elle le traverse. Deux divisions de Gérard la suivent au pas de course. Les trois bataillons et les trois escadrons prussiens qui gardaient le pont sont renversés. L'infanterie de Vichery et la cavalerie de Pajol couronnent les hauteurs perpendiculairement à tout le corps de Thielmann.

La nuit était arrivée; le combat se prolongea longtemps encore. Au milieu de l'obscurité, les Prussiens tentent avec leur réserve de rejeter dans la Dyle les troupes de Pajol et de Gérard; mais les ténèbres étaient déjà si profondes, que les assaillants ne purent garder leurs lignes de direction. Ils se choquèrent les uns les autres, et se retirèrent vers le bois du Point-du-Jour. Grouchy bivaqua dans la position où il était, ses deux corps séparés par la Dyle. Il venait d'envoyer le général Berton avec sa cavalerie sur la route de Namur à Louvain, tant la pensée de chercher l'ennemi dans la direction de la Meuse persévérait encore chez lui longtemps après que l'événement avait décidé du contraire!

A minuit, dans Limale, Grouchy, sans nouvelles, projetait de faire, à la pointe du jour, un grand effort pour refouler l'ennemi; il se rabattrait alors avec toutes ses forces vers l'empereur, qu'il supposait vainqueur, et il n'était pas sans espérance de réussir dans ce mouvement, quoique encore incertain de n'avoir pas devant lui Blücher et Bulow. Ainsi la même action qui lui avait semblé impraticable le matin, quand elle était possible et que Gérard la conseillait, lui semblait avoir des chances de réussite depuis que l'empereur l'avait ordonnée et qu'elle était devenue impossible!

Plein de ces projets aventureux par lesquels il trompait son angoisse, Grouchy écrivit à minuit à Vandamme de venir le rejoindre en toute hâte sur la rive gauche. C'est au nom de la patrie qu'il l'adjure d'arriver sans retard pour concourir à l'effort décisif qu'il prépare. Comment de semblables paroles, en de semblables moments, peuvent-elles rester sans effet? Vandamme ne vint pas; il resta sourd à ces ordres suppliants. Ses trente et un bataillons demeurèrent sur l'autre rive, en face de Wavre. Cette étrange inaction eut sans doute pour cause que les ponts étaient demeurés au pouvoir des Prussiens. D'ailleurs, là aussi, le combat s'était prolongé jusqu'à onze heures du soir. La nuit profonde, l'épuisement des hommes avaient pu seuls l'interrompre; et, comme l'écrivit plus tard Grouchy à Napoléon, « on n'entendait plus le canon de Votre Majesté. »

La nuit s'acheva dans cette attente sans apporter aucune nouvelle certaine de la bataille. Personne ne doutait dans le corps français que Napoléon ne l'eût gagnée. Au contraire, le général Thielmann avait reçu une première indication vague encore de ce qui s'était passé à Waterloo, et sur cette rumeur il pensait que Grouchy se hâterait de faire retraite. C'est ce qui décida Thielmann à prendre audacieusement l'initiative à l'aube du jour, le 19, lorsque Grouchy et Vandamme étaient encore séparés par la Dyle. Les Prussiens s'avancèrent avec la confiance exaltée que leur donnait la première renommée de Waterloo; ils poussaient des hourras. Les Français, qui croyaient achever la victoire de Napoléon, marchèrent avec la même assurance, en sorte que les deux armées prirent en même temps l'offensive.

Grouchy avait sa première ligne formée de la division Teste et de deux divisions de Gérard, la troisième en réserve. Il occupait le plateau de Limale, la gauche en face du bois de Rixensart, la droite en face de Bierge; la cavalerie de Pajol, à l'extrême gauche, menaçait de tourner la droite des Prussiens. Ils cédèrent, et les nôtres s'emparèrent du bois ; mais cet échec de l'ennemi fut bien vite compensé, car, à huit heures, le général Thielmann reçut la nouvelle authentique de la victoire de Waterloo, et que le corps de Pirch avait été envoyé pour couper la retraite à Grouchy sur la Sambre. Dès lors la tâche des ennemis était facile : soit qu'ils parvinssent à retenir Grouchy devant Wavre, soit qu'ils l'entraînassent à les suivre dans leur retraite, celui-ci semblait perdu dans tous les cas.

On vit alors, pour la première fois peut-être, deux armées aux prises soutenues, l'une par la certitude absolue de la victoire, l'autre seulement par une vague et tenace espérance, et c'est celle qui n'avait que l'espérance qui l'emporta. Les nôtres avaient perdu le bois de Rixensart ; ils le reprennent. Sur la droite, à neuf heures, la division Teste s'empare du village et du pont de Bierge. Le corps de Vandamme débouche, les Prussiens sont délogés de Wavre. Thielmann se retire en plusieurs colonnes par Ottenbourg à Rhode. Sainte-Agathe ; la cavalerie française les suit. Tout le corps de Grouchy est dans la joie. Et comment croire, en effet, qu'en suivant sa victoire il ne fit qu'avancer dans un gouffre? La perte des Prussiens a été de 2,476 hommes ; on ignore la nôtre. Aucun rapport ne l'a constatée, soit précipitation, soit que la perte de quelques milliers d'hommes ait été négligée, comme insignifiante, dès que l'on connut le désastre de la veille.

Il était onze heures du matin. Grouchy, en pleine victoire, avait dépassé Rosière, quand l'officier envoyé des Quatre-Bras dans la nuit finit par l'atteindre. Cet officier avait mis douze heures à faire le trajet. Il n'apportait pas de dépêches, il raconta seulement ce qu'il avait vu. En l'entendant, le maréchal Grouchy pleura, et dans ces larmes données à l'armée il y avait aussi le pressentiment que le désastre lui serait attribué et pèserait sur sa mémoire.

D'autres disent que la pensée d'un malheur irrévocable n'entra d'abord que faiblement dans son esprit : il était vainqueur, et il croyait que Napoléon l'était aussi. De cette double victoire, il était jeté en plein désastre. L'homme ne passe pas ainsi sans révolte d'un excès à l'autre ; et l'on rapporte que Grouchy, inspiré par Vandamme, eut l'idée un moment de convertir la défaite en triomphe en se jetant avec son corps par

Bruxelles sur les vainqueurs, qu'il prendrait à revers dans le désordre et l'imprévoyance de la victoire.

Que le désespoir ait inspiré ce projet à des hommes de cœur dans le premier moment d'émoi où le conseil de guerre fut rassemblé, cela est naturel et vraisemblable ; mais la réflexion fit bientôt évanouir ce projet, et Grouchy n'y arrêta pas sa pensée. Il jugea avec raison que son corps était trop faible pour une pareille entreprise, qu'il serait infailliblement cerné par les masses ennemies. Tout ce qu'il pouvait faire était de sauver les 30,000 hommes qu'il lui restaient encore. Ses larmes essuyées, il ordonna sagement la retraite.

Commencée le 19, quatorze heures après la bataille de Waterloo, cette retraite était elle-même déjà une entreprise assez périlleuse. On eût pu la croire impossible. Il fallait, en effet, à tire-d'aile revenir par une ligne parallèle à celle de Napoléon, se jeter dans Namur, y passer la Sambre, aller chercher, sans savoir où, sur la ligne de la Meuse, les débris de l'armée ; mais dans cet intervalle que de fois la retraite pouvait être coupée ! Elle pouvait l'être en deçà de la Sambre ou au delà, dans le long défilé que suit la route en côtoyant la Meuse. Et les Prussiens n'avaient que la peine de vouloir ; on a vu que, le soir même du 18, le corps de Pirch avait été envoyé du champ de bataille au-devant de Grouchy. Pirch, ayant marché toute la nuit, se trouva le matin du 19 à Millery, entre l'aile droite française et la Sambre. Ainsi la retraite de Grouchy était coupée avant même qu'il eût appris la perte de la bataille et qu'il songeât à se retirer. L'ennemi, car il y eut aussi des fautes chez les vainqueurs, ne profita pas de cette fortune insigne. Pirch, persuadé que le corps français avait échappé, arrêta ses troupes; il perdit vingt heures. Cela fit le salut de Grouchy, qui, menacé en queue et en tête, enveloppé de tous côtés d'armées victorieuses, semblait être une proie oubliée de Waterloo.

Et il faut dire que ce général tant accusé, dont le lot est devenu si pesant, ne manqua pas à la fortune dès que tout fut perdu et que l'excès des revers lui eut ôté l'incertitude. Il sait agir depuis que l'adversité, en le délivrant de l'embarras du choix, l'a délivré de la nécessité de délibérer. Il sait alors tromper l'ennemi, se hâter, lui dérober ses marches, toutes choses qu'il semblait avoir oubliées dans les hésitations de la veille. La calamité a fait luire le jour dans son esprit.

Pour tromper Thielmann, il laisse son arrière-garde à Wavre, à Limale, jusqu'au soir. Sa feinte lui réussit : il gagne toute l'après-midi du 19. Lui qui n'osait faire un détachement en présence d'une armée battue, il se partage au milieu d'une armée partout victorieuse. Il tient à la fois la route de Gembloux et celle de Limale à Sombref. La cavalerie d'Excelmans, huit régiments de dragons le précèdent, ils vont bride abattue s'assurer de Namur. Hier, tout était difficulté, impossibilité, les chemins, les guides, le temps, la pluie; aujourd'hui, les obstacles ont disparu. Est-ce bien le même homme qui s'arrêtait indécis à chaque croisée de route? Il court, il a des ailes, tant il est vrai que les pires des obstacles, à la guerre comme ailleurs, sont dans l'obscurité de l'esprit. Mettez-y la lumière, tous les objets changent de face.

Trompé par cette retraite à la fois précipitée et mesurée, Thielmann n'en a eu connaissance que le soir du 19, entre Rhode-Sainte-Agathe et Louvain. Il ne commencera la poursuite que le 20, il n'atteindra Grouchy qu'à trois quarts de lieue de Namur. Pirch est déjà aux prises avec l'arrière-garde française; mais l'infanterie de Vandamme a profité d'un bois qui couvre les abords de la ville, elle y arrête longtemps les Prussiens et leur tue plus de 1,200 hommes. Quand elle se retire avec le corps d'armée, la division du général Teste reste seule dans la ville; elle y barricade les portes, les rues, les ponts qu'elle ne peut détruire.

Cette faible division montra ce que peut faire, dans une circonstance extrême, une poignée de braves dirigés par un homme de cœur. Sans artillerie, elle repousse tous les assauts furieux des Prussiens. Les officiers ramassent les fusils des morts, des blessés; ils redeviennent soldats. Le plus grand ordre est maintenu dans la ville. Les blessés, les munitions, les bagages, sont déjà éloignés sur la ligne de marche. Quand il n'y a plus un seul caisson à sauver, le général Teste fait filer ses bataillons sur les parapets des ponts, à la rive droite de la Sambre. En même temps, des masses de bois et de paille avaient été entassées sous les portes; on y met le feu, cela retarde encore l'approche des Prussiens. On ne leur laisse prendre possession de Namur qu'à neuf heures du soir, désunis, excédés, incapables de suivre les Français. Teste se retire lentement par la route de Dinant jusqu'à Profondeville. Là, il fait reposer sa division pendant trois heures. A minuit, il la remet en marche, et rejoint le gros du corps de Grouchy à Dinant, à quatre heures du matin.

Cette retraite si hardie, cette contenance si ferme, montrent combien le moral de ce corps était resté intact. S'il avait été, par son absence involontaire, une des causes du désastre, c'était à lui de le réparer. Ce fut là, en effet, l'attitude des soldats, des officiers, des généraux et de Grouchy. Tous furent au-dessus d'eux-mêmes, ayant quelque chose à faire oublier ou pardonner. D'ailleurs, ils gardaient un plein espoir : aucun d'eux, en parlant de la bataille du 18, n'égalait de loin ses craintes et ses imaginations à la réalité.

A Paris, on était dans l'attente; mais la victoire de Ligny, que l'on était occupé à célébrer, saluée le 18 par le canon des Invalides, en faisait présager une autre. Voici comment le secret de la déroute de Waterloo transpira pour la première fois. Le soir du 20, plusieurs personnes étaient réunies chez le ministre de l'intérieur Carnot; elles l'interrogeaient sans en tirer de réponse. Pour se soustraire à ces questions importunes, Carnot s'approche d'une table à jeu et s'y assied avec trois de ses amis. Il distribue les cartes. Celui de qui je tiens ce récit[1] était en face du ministre, et il jouait. Par hasard, il lève les yeux sur Carnot; il voit ce grave visage sillonné, inondé de larmes. On jette les cartes; on se lève. « La bataille est perdue! » s'écrie Carnot, qui n'avait pu se contenir plus longtemps. La nouvelle se répandit le soir même dans Paris.

[1] M. de Gérando.

II

RETOUR DE NAPOLÉON AU PALAIS DE L'ÉLYSÉE.

Pendant ce temps-là, que faisait Napoléon? Arrivé à Laon et encore inspiré par le champ de bataille, il avait d'abord voulu s'arrêter et rallier l'armée autour de lui. C'était l'instinct du salut qui lui parlait encore; mais ses familiers lui conseillèrent, au contraire, de quitter l'armée et de se hâter vers Paris, pour se fortifier des Chambres. Chose nouvelle chez lui, il céda sans nulle résistance. On put voir alors que sa puissance de volonté avait été brisée dans l'effort suprême du soir de Waterloo, et ce premier abandon de sa volonté se renouvellera à chaque épreuve dans les jours qui vont suivre. Il sentait pourtant, mieux que personne, combien serait désastreux l'effet de ce retour précipité. Les comparaisons funestes se présentaient d'elles-mêmes. C'est ainsi qu'on l'avait vu revenir de Moscou, puis de Leipzig, et toujours seul, sans armée! Il était donc vraiment marqué par la fatalité. Pourquoi n'était-il pas resté à la tête de ses soldats? C'est qu'il les avait abandonnés, ou qu'il ne lui en restait plus, ou qu'il venait mettre à exécution des projets sinistres contre la ville désarmée. Napoléon vit clairement ces conséquences; il sentit qu'il se perdait, et, malgré cela, il obéit à ses conseillers au même moment où il condamnait et rudoyait leur avis. « Ma vraie place était ici! J'irai à Paris, mais vous me faites faire une sottise. »

Carnot était d'avis que l'empereur retournât sur-le-champ à l'armée. L'événement a prouvé que cette vue était juste. En se séparant de l'armée, Napoléon perdit la seule force qui pouvait le soutenir encore. Il s'isolait de ses amis, il se livrait à ses ennemis. Chercher dans les Chambres une résolution qu'il ne devait chercher qu'en lui-même, c'était montrer qu'il n'avait plus le sentiment véritable ni de sa force ni de sa faiblesse. Ainsi, poussé malgré lui par les conseils de quelques-uns, étonné de ne plus diriger sa fortune, Napoléon rentra à Paris dans la nuit du 20 au 21. Avec un rire convulsif[1], il accusait Ney, Grouchy, Vandamme, d'Erlon, les troupes du 1er corps; mais ni à ce moment, ni plus tard, il ne songea à s'accuser lui-même.

[1] *Mémoires de la Valette; Histoire du gouvernement parlementaire*, de M. Duvergier de Hauranne.

Au reste, il ne reparut pas, comme après Moscou et Leipzig, dans le palais des Tuileries. Il cherche une demeure obscure, éloignée des regards. Comme s'il se fût déjà senti tombé du trône et qu'il eût fui lui-même les murs témoins de ses prospérités, il court s'enfermer dans le palais suburbain de l'Élysée. Si, par le choix de cette demeure écartée, il voulut éloigner tout soupçon sur l'emploi de la violence contre ses ennemis du dedans et amortir la défiance ou la haine en se montrant désarmé, il se trompa. Cette modestie inaccoutumée ne servit qu'à accroître l'audace de ses adversaires. Les uns y virent un piége; les autres l'aveu de sa chute irréparable; la plupart pensèrent que l'occasion était venue de se défaire de lui. C'est alors qu'apparut dans tout son jour l'impossibilité de l'alliance entre les amis de la liberté et Napoléon. Il y avait une arrière-pensée des deux côtés. Vainqueur, il eût détruit la liberté, dont il disait que « cela durerait deux ou trois ans; » vaincu, c'est la liberté qui va le détruire.

Instruit par le désastre, Napoléon savait que, pour retrouver sa force, il lui fallait rentrer dans le pouvoir absolu. C'était là son principe, sa tradition, son instinct; ce fut aussi là son premier mot; ce que les autres appelaient despotisme, il l'appelait dictature. Il était dans le bain, quand le maréchal Davout est introduit. Avec un bon sens tout militaire, celui-ci, se rappelant que son maître est le fils de la force, conseille la force. Que l'empereur proroge les assemblées ; c'est son droit écrit dans la constitution; qu'il en use, mais promptement, sans délibérer davantage ; l'occasion menace de disparaître bientôt. Cet avis est soutenu par Lucien : il se souvient d'avoir présidé les Cinq-Cents; il s'offre pour recommencer son œuvre. N'avait-il pas réussi une fois? Selon lui, la chose est plus facile qu'on ne pense. Il s'agit seulement d'oser ; c'est à l'empereur de sauver sa couronne avant qu'on vienne la reprendre.

Au milieu de ces conseils emportés, on a vu Napoléon, incertain, n'oser faire usage de son droit et laisser échapper l'occasion. Plus que tous les autres, il sent qu'il est condamné par l'entraînement des choses, car il ne se retrouve pas lui-même. Nulle résolution, nul parti arrêté; ne sachant s'il faut garder ou quitter le pouvoir, espérant qu'on lui offrira cette autorité suprême dont il balance à se saisir : de là une attente vague, stérile, qui ne profite qu'à ses ennemis ; demandant encore une heure pour se décider, cherchant sa destinée dans les yeux de ceux qui l'entouraient! En un moment il passe de l'abattement à l'audace, de Fouché à Carnot. Rien ne ressemble moins au Napoléon des temps heureux que le Napoléon de l'adversité. De longs silences, des paroles précipitées, et, comme le rapportent ses familiers, une sorte de *catalepsie morale* d'où il sortait par moments pour amuser les siens de vains projets de retraite dans sa demeure de la Malmaison. Là, il vivrait seul, loin des affaires, visité rarement de quelques fidèles, sans donner d'ombrage à personne. Et de nouveau par intervalles le désir de tout ressaisir encore une fois; il en aurait les moyens, s'il le voulait, et il se plaisait alors à énumérer ses forces. Ses soldats approchaient. Déjà il avait sous la main les dépôts de la garde : 6,000 de ses grenadiers, 17,000 tirailleurs de la garde nationale, tous à lui, sans compter cette foule dont les acclamations se faisaient entendre autour du palais dans l'avenue de Marigny. Mais ces acclamations mêmes ne pouvaient le fixer à une résolution énergique, et il retombait dans ses incertitudes; il savait trop bien que cette foule, qui a quelquefois abattu un pouvoir, n'a jamais su en défendre ou en sauver un seul.

Dans ces tergiversations, tout se retirait de lui. Le mot d'abdication avait déjà été prononcé autour de lui par un de ses aides de camp dès l'arrivée à Laon ; maintenant, ce mot était dans toutes les bouches, comme la parole de la nécessité. Chacun, persuadé que l'Empire n'avait plus de raison d'être, voulait se ménager l'honneur d'avoir été le premier à se détacher d'un pouvoir désormais impossible. En effet, l'audace de l'assemblée croissait avec les hésitations de Napoléon; on le sentait doublement vaincu, sur le champ de bataille et dans le conseil; on se hâtait de profiter de l'occasion qu'il perdait. Presque tous en vinrent à lui marchander même une heure.

Voyez alors, si vous avez quelque impartialité d'esprit, éclater ici la justice de l'histoire! Il avait beau jurer qu'il ne venait pas porter atteinte aux libertés des Chambres, ces Chambres n'en pouvaient rien croire; elles revoyaient dans Napoléon reparaître, mais vaincu et désarmé de sa gloire, ce même général Bonaparte qui avait dispersé au 18 brumaire par les baïonnettes la dernière assemblée libre qui se fût montrée en France. Ceux-là mêmes qui avaient le plus applaudi à cette journée la rappelaient maintenant pour la tourner contre lui. Ils disaient que c'était là le même homme qui n'avait pas craint de faire chasser par ses grenadiers les élus de la France. Ce qu'il avait fait victorieux, pourquoi ne le ferait-il pas vaincu, s'il lui en restait seulement la force? Pourquoi respecterait-il aujourd'hui ce qu'il avait écrasé il y avait seize ans? En quoi espérait-on qu'il fût changé? Ne savait-on pas que, dans les champs de Ligny, il avait montré autant de haine pour l'assemblée que pour l'ennemi lui-même?

Ces soupçons, ces impossibilités d'oublier, ne firent qu'augmenter quand Napoléon eut l'idée désastreuse d'envoyer son frère Lucien aux deux Chambres en qualité de commissaire. Ce choix donna à penser à tout le monde. Était-ce bien le président du conseil des Cinq-Cents dans la journée du 18 brumaire qui pouvait rassurer les deux assemblées sur les intentions de son frère? Ne savait-on pas que Lucien ne voyait de salut que dans cette date et qu'il voulait la recommencer, comme si c'était le droit public des Français? Par ce choix, Napoléon acheva de se trahir lui-même; car dans ces moments de crise rien ne soulève plus les imaginations que l'aspect subit de celui qui rappelle et personnifie le danger que l'on veut le plus éviter.

Napoléon balançait entre une usurpation nouvelle et une obéissance inaccoutumée; et, sans examiner encore de quel côté il penchait davantage, toutes les circonstances que je viens de dire jetèrent l'assemblée dans une sorte de vertige. A chaque instant, on s'attendait à le voir paraître à la tête de ses grenadiers, comme dans la salle de l'Orangerie. D'autres fois, on pensait que son frère se chargerait de ce soin, tant les imaginations des uns et des autres étaient remplies du souvenir du passé.

Ainsi cette journée du 18 brumaire se dressait à cette heure entre l'assemblée et Napoléon, et empêchait qu'aucune réconciliation pût s'établir entre eux. Le 18 brumaire accabla à ce moment Napoléon, qui ne put même s'expliquer par les siens; il endura, par l'effet d'une justice suprême, après la défaite, tout ce qu'il avait fait endurer d'humiliations et de revers aux institutions libres à l'heure de sa prospérité. Le 21 juin 1815 et surtout le lendemain, cette même assemblée des Cinq-Cents, librement élue, que l'on croyait dispersée et évanouie depuis 1799, renaît de ses cendres avec ses colères et ses désirs de représailles; d'un mot elle oblige à disparaître et à s'évanouir pour toujours le maître qui l'avait dispersée. La justice s'accomplit; mais, en même temps, la liberté va périr avec l'indépendance; tant il est vrai que des journées telles que le 18 brumaire, où la conscience d'une nation succombe, ne laissent après elles tôt ou tard que ruine et désastre pour ceux qui font ces journées et pour ceux qui les subissent ou les acclament.

III

ABDICATION.

Quand il n'y a plus aucun principe en jeu, que tous ont été détruits les uns par les autres, alors vient pour un moment le règne d'une certaine espèce d'hommes qui sortent subitement de l'ombre; ils s'apprêtent à perdre celui qui est perdu. M. de Talleyrand avait joué avec grâce ce rôle l'année précédente; M. Fouché répéta le même rôle en 1815, mais avec audace et comme s'il n'était plus besoin de garder aucune précaution.

Il s'était fait le ministre de Napoléon avec le parti pris de lui rester fidèle s'il était le plus fort, de le précipiter et de l'achever s'il s'avisait d'être le plus faible. Et ce n'était pas de loin qu'il préparait ses trames, c'était dans l'antre même du lion qu'il ourdissait ses piéges et qu'il tendait ses toiles. Pendant les cent jours de cet étrange ministère, il est là, épiant si le maître qu'il sert, traqué par l'Europe, se relève ou s'abat, décidé dans le dernier cas à le livrer lui-même et à le châtier de sa défaite.

Chose plus extraordinaire encore, Napoléon voit ces piéges; il les voit, et il les laisse se nouer autour de lui. Il sait quelles mains ourdissent ces trames, et il s'en laisse enlacer jusqu'au moment où il ne peut plus même tenter de se délier. Déjà enveloppé, il n'a pas un moment de révolte, pas une parole indignée. Il connaît, il mesure l'embûche et il y tombe sciemment; il laisse faire jusqu'au bout son ministre, soit lassitude, soit dégoût de sa destinée, soit un reste de faiblesse pour le complice de son ancienne puissance, soit volonté de périr par l'instrument de sa domination passée, soit plutôt qu'il comptât sur la victoire pour rompre en un instant les fils d'araignée qui l'entouraient. Fouché, dans un même moment, conseillant, patronnant, aveuglant et livrant Napoléon, c'est là une des grandes instructions de cette histoire qui en renferme tant d'autres.

Fouché eut le mérite de voir que Napoléon, battu à Waterloo, était frappé à mort; de ce moment, toute délibération cessa : il ne s'agissait plus que de livrer sans péril celui qui avait le tort d'être le plus faible. Voici comment ce dernier dénoûment fut préparé.

Napoléon insistait encore sur la nécessité de dissoudre ou de proroger l'assemblée. Fouché combattit cet avis; lui qui savait mieux que personne combien la Chambre des députés était hostile, combien la défaite l'avait rendue irréconciliable, il conseille de s'en remettre à la Chambre. C'est en elle que Napoléon trouvera le salut de son trône, un appui véritable ; et en même temps tous les incidents des conseils tenus à l'Élysée arrivaient par des voies obliques aux oreilles des représentants, les menaces, les projets de violence, puis le retour à la confiance, la lassitude de tant de pensées opposées. Le lion était à demi vaincu; on le livrait endormi, mais il fallait se hâter.

Et, comme si pour abattre Napoléon le génie de la ruse ne suffisait pas, la vertu elle-même se leva dans la personne de M. de la Fayette. Il avait appris de la bouche même de Fouché, de Regnault de Saint-Jean-d'Angely, les projets de Napoléon contre l'assemblée; il gagna de vitesse l'empereur, et, sans prendre le temps de consulter personne, il rompit le silence des vingt dernières années par la proposition que « toute tentative pour dissoudre l'assemblée serait considérée comme une trahison. » Par cette hardiesse, la question fut résolue. Tous ceux qui hésitaient encore se mirent du côté de ceux qui osaient davantage; car, en ces moments suprêmes, on prend l'audace pour le gage assuré de la force. Même l'auteur de l'acte additionnel, Benjamin Constant, s'était déjà désabusé de son œuvre; il poussait en secret la Fayette à le délivrer promptement de son héros. « Vous voulez renverser l'empereur, lui disait-il, vous avez raison; c'est toujours un tyran[1]. »

C'étaient là autant de déclarations de guerre. Napoléon le sentit enfin, mais trop tard. Il s'était trompé sur les intentions de ses adversaires dans l'assemblée comme sur les projets des généraux ennemis dans le champ de bataille. Pourtant la nuit lui fut encore laissée; et c'est alors qu'il revint à ses projets, cent fois repris, cent fois abandonnés, de disperser l'assemblée et de s'emparer de tous les pouvoirs. Parmi les causes qui l'empêchèrent de prendre cette résolution, l'illusion eut une grande part. Pour retenir sa colère, qui redevenait menaçante, quelqu'un eut l'idée d'affirmer que son abdication, jointe à une prompte soumission aux volontés des Chambres, assurerait le trône de son fils. Cet appât grossier fit tomber ses projets de violence. Il goûta cette amorce en souriant, comme s'il n'en eût pas fait l'épreuve, il y avait à peine quelques mois, dans l'abdication de Fontainebleau. Il devait pourtant savoir ce que valait le trône de cet enfant quand il n'était plus là pour le défendre.

Napoléon sans force et sans audace était un spectacle si surprenant et si nouveau, que chacun sentit qu'il avait fini de régner. Le matin du 22, un homme obscur

---

[1] *Mémoires du général la Fayette*, t. V, p. 23.

(c'est par des inconnus que la nécessité se révèle le mieux), M. Duchesne, proposa dans l'assemblée l'abdication. Toute l'assemblée se leva, et d'un cri unanime répondit : « L'abdication ! approuvé. »

Cette nouvelle mit Napoléon hors de lui ; il s'écria que le temps perdu en vaines menaces contre des révoltés pouvait encore être réparé ; mais ce fut la dernière résistance d'une volonté qui s'éteignait. Même ses frères furent de l'opinion qu'il était trop tard pour résister ; ils le pressèrent de se dépouiller du pouvoir qu'on allait lui reprendre. Déjà, au lieu de l'abdication, on menaçait de la déchéance.

Ceux qui ont assisté à cette agonie d'une grande volonté racontent que, tant qu'il médita sérieusement des projets de violence, il les renferma en lui-même, ou ne s'en ouvrit qu'à quelques-uns. Lorsque le temps en fut passé, il s'exhala en menaces ; bientôt même ces menaces furent oubliées. Comme si elles n'eussent été qu'apparentes, quand on le pressa de nouveau et qu'il se vit au moment d'être forcé, il dicta d'une voix rassise la déclaration d'abdication en faveur de son fils à ce même Lucien qui avait été le plus obstiné à conseiller la force.

Alors on revit ce que l'histoire a rencontré cent fois, mais jamais peut-être avec de si grands contrastes, l'abandon, le silence autour de ce fils de la renommée, ses familiers eux-mêmes se retirant un à un, le palais désert à peine gardé par une sentinelle, la foule même, ce courtisan de la dernière heure, se dispersant au loin et sans espoir, de vagues menaces d'assassinat circulant dans ces solitudes, et, comme si l'abandon n'était pas encore assez profond, l'invitation, puis bientôt l'ordre à ce maître des maîtres de se retirer plus loin, hors des regards de Paris, dans l'obscurité de la Malmaison.

IV

PROJETS DE NAPOLÉON.

Voilà ce qu'étaient devenus ces projets mystérieux médités la nuit dans le secret du palais de l'Élysée. En quoi consistaient-ils réellement? Napoléon a eu soin plus tard de nous en instruire lui-même. « Se rendre, le 22 au point du jour, au palais des Tuileries, y convoquer toutes les troupes de ligne qui se trouvaient dans la capitale, les six mille hommes de la garde impériale, les fédérés, la garde nationale, le conseil d'État, les ministres, et ajourner les Chambres. Que si elles résistaient, les contraindre ; se livrer, s'il le fallait, aux actes les plus terribles, gouverner au besoin par la hache des licteurs. »

Telles étaient, en effet, les conditions du problème que Napoléon avait rapporté avec lui de l'île d'Elbe. Ces conditions, qu'il aurait dû prévoir nettement, mûrement, dès la première idée qu'il se forma de son entreprise, lui apparurent seulement à cette dernière heure; et cette nouveauté l'accabla, d'autant plus que de pareilles mesures doivent se méditer de loin, et qu'elles ne s'improvisent pas en une nuit. Il fit alors ce qu'il n'avait jamais fait, et ce qui est la marque la plus certaine que le génie vous abandonne. Il voulut un résultat, il le voulut avec passion, et il ne voulut pas ce qui le rendait possible. Par là, il rentra dans la classe de ceux qui ne sont plus faits pour commander. Il descendit à grands pas des sommets de l'histoire, et sa vie publique cessa plusieurs jours avant son abdication.

Car il est certain que, dans le retour de l'île d'Elbe, le plus difficile n'était pas de rentrer à Paris. La question n'était pas seulement de ressaisir la France, qui se donne si facilement à qui a l'audace de la prendre; c'était là le côté brillant, éblouissant de l'entreprise. La question véritable, c'était de défendre la France au dehors contre les puissances coalisées, au dedans contre ses propres inconstances, et dans ces deux choses Napoléon a échoué. Si tout devait être abandonné et perdu à la première opposition de l'intérieur, reconnaissez que l'entreprise était plus séduisante que solide.

Après un demi-siècle, on peut se demander qui l'eût emporté de Napoléon ou de l'assemblée, s'il eût engagé la lutte; l'histoire convenue répond sans hésiter qu'il eût été vaincu. Ceux qui refont ce passé avec des souvenirs vivants, non avec des traditions aveugles, garderont au moins le doute; et l'une de leurs principales raisons, c'est que la liberté échappée d'un si long servage, se retrouvant à peine, née de quelques jours, était plus faible qu'on ne pense. Des généraux sans soldats, des chefs de parti sans partisans, des démocrates sans peuple, voilà ce qui s'opposait à Napoléon. Les amis de la liberté qui avaient survécu au despotisme se trouvaient eux-mêmes dans un isolement aussi grand que l'empereur. S'il n'avait plus d'armée, eux n'avaient plus de peuple derrière eux, celui-ci ayant été effacé depuis quinze ans, tant le vide avait été fait dans les esprits, tant on se trouvait désarmé et impuissant dès que l'on sortait du pouvoir absolu! Hors de lui, il n'y avait que l'abîme. Le maître et les sujets s'y plongèrent à l'envi, et ainsi par toutes les routes on se précipitait au but préparé, l'anéantissement du peuple dans un seul, et avec la chute de celui-là la chute de tous.

Notre génération avait été élevée à poursuivre de ses risées la dernière assemblée libre. Dans les récits, les histoires, les tableaux offerts à nos yeux, nous l'avions vue livrée à tous les genres d'opprobres. Combien nous avaient paru ridicules les députés, les représentants de la loi, désarmés, obligés de fuir par les fenêtres de l'Orangerie, devant les intrépides soldats qui s'étaient avancés, baïonnette basse, front haut, comme à la bataille! Que l'attitude des premiers nous avait paru misérable, sans épée, sans défense, sans abri! Si Napoléon en 1815 eût lancé de nouveau ses grenadiers contre une assemblée qui avait eu à peine le temps de se nommer, s'il y eût mêlé les accusations de trahison, dont l'effet est presque immanquable, s'il eût osé comme en brumaire, il avait bien des chances de nous trouver comme en brumaire (je parle de l'immense masse anonyme) courtisans de la force et dévoués à qui l'évoque même contre nous, ne connaissant que lui, ne voulant que lui, indifférents aux choses, pourvu qu'on nous en donne l'ombre.

D'ailleurs, quel nom nous attirait dans cette assemblée? Aucun. Ceux qui rappelaient les grands jours de la Révolution étaient peut-être ceux qui nous étaient le plus étrangers; la langue même qu'ils parlaient, celle du droit et de la liberté politique, était comme une langue morte, nous ne la comprenions plus. Quinze années suffisent chez nous pour oblitérer les noms, les choses, les événements les plus mémorables. Dans ce naufrage surnageaient, il est vrai, la Fayette, Carnot; mais eux-mêmes, nous ne les connaissions plus, ils avaient à refaire leur renommée.

On se figure aujourd'hui que le parti libéral existait dès lors dans toute sa force, et qu'il aurait pu servir de base. Il n'en est rien, ce parti n'avait encore que quelques têtes et point de corps. Les masses étaient restées idolâtres de leur servitude; il fallut, durant les années qui suivirent, le travail de quelques hommes, à la tribune, dans la presse, pour refaire en nous les notions, les idées, les sentiments même que nous avions perdus; en sorte que nous avons vu, dans la première partie de notre existence, ce double phénomène : quelques hommes extirper chez nous toutes les notions de liberté et quelques hommes les faire revivre toutes; grand motif d'espérance dans les mauvais jours et de vigilance dans les bons.

Voilà ce que nous étions; mais lui avait changé, et il prit pour un obstacle invincible la défiance qui était entrée dans son esprit; il a trop douté de son ouvrage. Mieux éclairé par son génie, il eût mieux vu dans l'avenir, il eût rendu plus de justice à ses œuvres, il eût mieux vu que ses coups avaient porté, et qu'il n'avait affaire qu'à un fantôme. Mais ici, comme à la guerre, il devait périr par l'illusion, au dehors pour avoir trop méprisé l'ennemi, au dedans pour l'avoir trop estimé. On raconte que ceux qui parlaient le plus haut de déposer leur idole se ravisèrent dès qu'ils apprirent que l'empereur était près d'eux. Ils se reniaient de nouveau au seul bruit de son retour. Combien à plus forte raison se seraient-ils reniés, si, au lieu d'un Bonaparte désarmé, incertain ou suppliant, ils eussent revu devant eux leur ancien dieu de la guerre!

Par tout cela, il semble que Napoléon après Waterloo

a trop vite cédé à la mauvaise fortune, et que la liberté lui a fait trop aisément peur. Il me paraît qu'il eût pu encore une fois s'en défaire sans trop de péril; au moins il devait à sa tradition de le tenter. Je ne dis pas qu'il eût triomphé de tous les obstacles, mais au moins il avait une chance; et dans le parti qu'il a pris il ne lui en restait aucune. La force, c'était là son génie, hors duquel il n'avait plus de raison d'être; et puis il est trop périlleux de changer sa nature. Depuis que le monde existe, on n'a jamais vu un despote gagner quelque chose à cesser de l'être.

Qui avait fait la situation nouvelle? Napoléon. Lui seul en était responsable, c'était donc à lui de la résoudre. L'entreprise du retour de l'île d'Elbe supposait les résolutions, l'énergie de l'homme de brumaire; mais, cette force de résolution n'existant plus, elle ne pouvait être suppléée par personne. En revenant de l'île d'Elbe contre les lois existantes, Napoléon s'était donné la tâche de sauver la France avec les lois ou contre les lois. Il se résigna, dit-on; mais ce n'est pas avec la résignation qu'on sauve les États après les avoir amenés au bord du gouffre : en tout cas, il eût mieux valu se résigner à Porto-Ferrajo qu'à Paris.

Par ces considérations, on arrive à cette conclusion, que la liberté n'a rien fait pour Napoléon, et qu'au contraire elle l'a détruit. Ce fut chez lui une idée fausse de s'y appuyer après l'avoir brisée. En cela, son génie le trompa, ou, ce qu'il y a de plus vraisemblable encore, il vit que tout était perdu, et il voulut laisser à d'autres, avec la responsabilité de ses fautes, une situation qu'il désespérait de sauver.

V

LE RALLIEMENT DE L'ARMÉE.

La postérité s'étonnera que la France ait été accablée par la perte d'une seule bataille. Ceux qui ont vécu en ce temps-là se l'expliquent facilement. Dans la plus grande partie de la France, la nouvelle de Waterloo et celle de l'abdication nous parvinrent presque à la fois. Dès que Napoléon s'abandonna, tout parut consommé, comme s'il ne s'agissait que de lui dans cette mêlée. L'ombre même d'une volonté nationale avait disparu. Ces mots de droit, de salut public, de garanties, de franchises, d'indépendance même, ne se rapprennent pas en un jour. D'ailleurs, s'il faut tout dire, l'invasion avait perdu ce qu'elle avait de plus odieux, l'inconnu. On y avait survécu une fois, on espérait bien y survivre encore; dans l'esprit du plus grand nombre, il y avait plus de stupeur que de désespoir, tant l'homme s'accoutume vite aux maux et aux jougs les plus intolérables.

J'ai raconté ailleurs [1] comment les soldats de Waterloo arrivaient du champ de bataille, par bandes, désarmés, un bâton à la main, pareils à des voyageurs. Nous allions au-devant d'eux, à l'entrée des villes, des bourgades, et nous les interrogions. Les vieux soldats hochaient la tête et gardaient le silence. Les plus jeunes répondaient. Ils racontaient qu'ils avaient été trahis vers le soir, au moment où ils étaient victorieux, que les chefs les avaient livrés, que l'ennemi approchait, et que sans doute il ne tarderait pas à paraître, car toutes les portes lui étaient ouvertes. Nous allions à notre tour répéter çà et là ce qu'ils avaient dit. Le sentiment de la trahison entrait sous chaque toit, à chaque foyer. Ainsi de proche en proche se répandait l'idée de la fatalité, et avec elle la panique. Tous, se sentant les bras liés, attendaient avec résignation l'arrivée de l'ennemi.

Mais déjà même, à ce moment, une partie de l'armée s'était ralliée. Les plus fidèles s'étaient réunis, armés ou non, dès qu'on avait pu s'arrêter quelque part; à Beaumont, à Philippeville, le noyau s'était déjà reformé. Là, on avait revu ces drapeaux sauvés par miracle. Le général d'Erlon avait réuni 5,000 hommes, le général Reille 6,000. En y joignant la garde, c'étaient déjà plus de 20,000 hommes qui s'accroissaient

---

[1] *Histoire de mes idées*, t. X, Œuvres complètes.

à chaque pas de tous les hommes égarés qui cherchaient le drapeau. Bientôt on ferait la jonction avec les 30,000 soldats que Grouchy ramenait intacts par Rocroy, Réthel, Soissons. C'était là toute une armée qui, n'ayant subi aucun échec, se sentait la force de réparer tous les autres. Elle arrivait, en bon ordre, se replacer sous le commandement immédiat de Napoléon ; et si, l'année dernière, avec 50,000 hommes il avait disputé pendant trois mois le territoire à l'Europe entière, que ne pourrait-il faire encore avec ces hommes éprouvés, reste de cent batailles ! Il s'agissait seulement de donner quelques jours à la France pour respirer et se remettre du saisissement de la défaite.

Les soldats cherchaient des yeux Napoléon. Ils le demandaient, ils l'appelaient comme l'espérance. Lui seul, en effet, eût pu à ce moment raffermir les esprits, empêcher par sa présence les soupçons, les accusations, et ces terribles incertitudes dans lesquelles se jette une armée quand son esprit est une fois déchaîné. Où était-il? Qu'avait-on fait de lui? Il avait disparu. Et n'était-ce pas là encore une nouvelle trahison de l'avoir séparé de l'armée? C'est pour lui que l'on avait combattu. A quoi bon rester sous le drapeau, si lui-même est forcé de le quitter? Et que peuvent les soldats quand ils sont vendus par les chefs ?

Voilà ce que faisaient entendre les soldats, non pas en de sourds murmures, mais au milieu d'imprécations. Quant aux chefs, ils voyaient clairement que, puisque Napoléon avait couru loin des siens se livrer à ses ennemis, rien ne pouvait le sauver. Il perdait sa cause par son départ de l'armée. Pourquoi suivre son étoile, qu'il ne suivait plus lui-même? Lui absent, les conjectures étaient libres, et à Laon déjà les généraux, certains qu'ils n'avaient plus de maître, se demandaient quel serait, d'ici à peu de jours, le nouveau gouvernement de la France, quel était celui qu'il fallait préférer. La plupart, comme si déjà l'empire était vacant, opinaient, en présence de l'armée, pour le duc d'Orléans.

C'est en marchant qu'avaient lieu ces délibérations, ces discussions de l'armée, car l'ennemi ne faisait trêve nulle part. Arriver avant lui à Paris semblait difficile. A mesure que l'on approchait, le bruit de l'abdication se répandit dans les rangs, et ce fut un désastre au milieu d'un désastre.

Napoléon avait pensé que, deux jours après son abdication, il n'y aurait plus d'armée. Il n'en fut rien pourtant. On vit des essais de révolte et de désertion. Quelques-uns, dans leur colère, brisèrent leurs armes, et on les entendit s'écrier : « Pour qui nous battrions-nous? Il n'y a plus d'empereur. » Les plus désespérés étaient la garde et le bataillon de l'île d'Elbe. La paix, la guerre, tout leur semblait impossible sans celui pour lequel ils avaient vécu. Était-ce pour le perdre de nouveau qu'ils avaient accompli le miracle du retour de l'île d'Elbe, qu'ils l'avaient ramené sur le pavois? Cependant, même parmi ceux-là, la discipline fut plus forte que le désespoir. Le devoir les retint, un devoir sans enthousiasme, sans confiance. Ils demeurèrent sous le drapeau, comme si c'était là tout ce qui restait de la patrie; ce ne fut pas chez ces hommes une médiocre vertu, puisque plusieurs de leurs généraux s'étaient hâtés déjà de les quitter. Le prétexte, c'est qu'ils n'avaient plus de troupes; la vérité, c'est qu'ils se précipitaient vers le pouvoir nouveau. Au reste, plusieurs d'entre eux avaient été pris de remords, et l'exemple des soldats avait ramené les chefs.

L'armée revenait ainsi ébranlée sous Paris, sachant bien que c'était là qu'elle devait trouver la fin de toutes ses incertitudes, mais capable encore d'un grand effort, si on le lui demandait au nom d'une grande cause. L'assemblée des représentants avait envoyé des députés à sa rencontre. Dans le nombre était le général Mouton-Duvernet. Il s'arrêta, au delà de Soissons, devant les premiers fuyards qu'il rencontra. Il les pria de reprendre leurs armes, il les adjura, non plus au nom de Napoléon, mais au nom de la liberté, de la constitution, de l'indépendance, et lui-même rapporte qu'il leur arracha de *grosses larmes*. Que ne pouvait-on tenter encore avec de pareils hommes?

Tout dépendait du gouvernement et de l'opinion que l'on allait trouver dans Paris.

Le maréchal Grouchy commandait en chef. On n'avait point encore rejeté sur lui le désastre. Les accusations n'avaient pas eu le temps de le perdre. Il avait, au contraire, grandi, parce qu'il ramenait son corps intact. On était prêt à lui tenir compte de sa fidélité comme d'une victoire.

VI

MARCHE DE L'ENNEMI SUR PARIS.

Cependant rien n'arrêtait la marche des armées ennemies, et déjà elles se faisaient de la légitimité une machine de guerre; car, si l'on a pu dire que le retour des Bourbons n'était pas un des buts avoués de la coalition de 1814, on ne peut rien affirmer de pareil en 1815. Le surlendemain de la bataille de Waterloo, le duc de Wellington, dans l'orgueil de la victoire, adresse un ordre du jour à ses soldats, et il déclare que les souverains étrangers sont les alliés du roi de France. C'est donc bien pour les Bourbons que l'on a vaincu. Anglais, Prussiens, Hollandais, Hanovriens, tous ont une même cause, et cette cause est celle du roi légitime. Il faut, pour se tromper sur les intentions des ennemis, vouloir absolument être trompé.

Dans le même temps, Louis XVIII, appelé par le général anglais, se rend au milieu de l'armée d'invasion. Il marche avec elle. Il somme de se rendre les places qui résistent, par exemple la citadelle de Cambrai, et elles se rendent : victoires funestes au vainqueur; elles font du prince légitime un ennemi dès son premier pas. La maison de Bourbon payera cher un jour ces faciles conquêtes.

Pour le duc de Wellington, il sentait tout ce que pouvait avoir de périlleux l'invasion de la France, à travers les trois lignes de forteresses qui, de ce côté, couvraient la frontière. Jamais elles n'avaient été violées. En 1793, on avait vu l'Europe victorieuse s'arrêter devant ces lignes, et, saisie de je ne sais quelle crainte superstitieuse, consumer à des siéges obscurs des armées de deux cent mille hommes sans gagner un pouce de terrain. Cette religion des frontières du nord de la France n'était pas entièrement tombée; avant de l'affronter, le général anglais, pour se rassurer, voulut chercher son appui dans une opinion publique. Membre d'un État libre, il s'informait de l'esprit des Chambres, de la division des partis, bien différent en cela de Blücher. Celui-ci ne demandait qu'à avancer; il ne s'inquiétait ni des espérances, ni des craintes de la nation française. Quant aux partis, il se faisait gloire de les braver et de les haïr tous, quel que fût leur nom.

Ainsi les deux généraux ennemis s'entendirent pour exécuter le plan le plus téméraire, l'un parce qu'il avait trouvé un appui dans l'ancienne royauté, l'autre parce qu'il crut pouvoir se passer de toute prévoyance. Ils négligeront sur la Sambre ce qui reste de l'armée française, ils ne la suivront pas sur sa ligne de retraite à Laon, à Soissons; mais, laissant à la fois derrière eux et l'armée française et la triple enceinte des forteresses, ils marcheront sur Paris, sans dévier ni s'arrêter. S'il faut jeter des ponts sur l'Oise, le duc de Wellington prêtera au maréchal Blücher son équipage, l'armée prussienne, dans son impatience, n'ayant pas voulu s'alourdir d'un embarras de ce genre.

Ce plan, semblable à celui d'une incursion, fut aussitôt exécuté. Les deux armées ennemies franchissent la frontière française le 21, et, le lendemain, jour de l'abdication, Wellington adresse aux Français une proclamation à la fois douceâtre et barbare. Il y menace *d'enlever leurs propriétés à tous ceux qui seront trouvés absents de leur domicile.* Par un singulier raffinement, il date cette proclamation de Malplaquet, comme si Waterloo n'eût pas suffi! C'étaient donc les étapes de nos désastres que suivait l'armée anglaise! Pour le maréchal Blücher, il nous fit grâce au moins de ses proclamations et de ses sourires. Sa haine ne lui permet pas de telles avances. Il garde le silence, tout entier à sa colère, à sa précipitation, à son désir d'arriver le premier au but, de nous couper le premier de l'Oise, le premier de la Somme, et, s'il le peut, de Paris.

Et qui sait s'il n'y réussira pas? car il a laissé à une journée en arrière l'armée anglaise. Il marche à tire-d'aile par Beaumont et Saint-Quentin sur l'Oise. Il l'atteint le 27 à Compiègne, à Creil, avant les Français. D'Erlon, qui conduit l'avant-garde de l'armée ralliée, arrive une heure trop tard à Compiègne. La route de Paris est fermée ; la ville et les ponts sont déjà occupés par une brigade prussienne. Après un combat d'une heure et demie, par lequel il masque sa retraite, d'Erlon se rejette sur la route de Soissons à Senlis.

La même chose était arrivée à d'autres détachements français lorsqu'ils s'étaient présentés à Creil. Ils avaient trouvé le corps de Bulow qui leur avait barré le passage. Ainsi déjà la ligne de l'Oise était assurée aux Prussiens. Ils avaient leurs grand'gardes le 27 aux environs de Villers-Cotterets.

A Compiègne, à Crespy, à Senlis, on se heurta contre l'ennemi; et dans ces engagements les corps prussiens, isolés, morcelés par leur marche désordonnée, se trouvèrent aussi compromis que les Français. Les uns et les autres étaient également aventurés, les premiers par une confiance excessive, les seconds par les hasards d'une retraite précipitée. Plus d'une fois les têtes de colonne prussiennes se trouvèrent enveloppées par ceux qu'elles croyaient cerner; mais la nécessité de gagner Paris et l'imagination qui grossissait l'ennemi empêchèrent qu'on ne profitât de l'occasion.

A Senlis, le général de Sidow, ayant en tête le général Kellermann et en queue le général d'Erlon, parvient à se dégager de cette périlleuse rencontre. A Villers-Cotterets, Pirch, qui surprend Grouchy, est lui-même surpris par Vandamme, et il ne réussit à s'échapper que par une marche forcée de trente-huit heures, fuyant devant les fuyards. La première division prussienne était dispersée sur la Fère, Villers-Cotterets, Crespy, Gillicourt. Les autres divisions n'étaient pas mieux rassemblées, et le gros de l'armée à deux jours des Anglais. Cette dissémination de l'ennemi eût pu lui coûter cher; mais il croyait pouvoir tout oser.

Il y était encore encouragé par le peu de résistance de plusieurs des villes frontières, tombées à la première sommation. En deux jours, Avesnes, Guise, Cambrai, Ham, s'étaient rendues, et ce n'était pas seulement le moral de la France qui tombait avec les places : elles servaient de points d'appui à l'invasion. La marche sur Paris, qui semblait d'abord désordonnée, eut une base assurée.

Grouchy avait reçu à Soissons le commandement en chef; il revenait à la tête du 6ᵉ corps et de la garde. Il atteignit Levignon, que les Prussiens de Ziethen avaient déjà dépassé. Cette route fermée, Grouchy se détourne à gauche vers la Marne, et il achève sa retraite par Assy, Meaux, Claye et Vincennes. La même raison fit que Vandamme se dirigea par la Ferté-Milon et Meaux.

Il passe la Marne à Lagny et traverse Paris pour occuper, sur la rive gauche, le plateau de Montrouge. Vivement pressé, Reille, avec le 2ᵉ corps, avait rejoint d'Erlon. Au delà de Nanteuil, le prince de Prusse leur avait fait 2,000 prisonniers; mais il n'avait pu les empêcher d'arriver au but sans trop de dommage : ils rejoignirent par Saint-Denis le gros de l'armée.

Pendant que les Français, après une perte de quelques mille hommes seulement enlevés dans la retraite, rentraient ainsi dans Paris en se couvrant de la Marne, les Prussiens arrivaient en face de la plaine de Saint-Denis. A leur marche furieuse, on eût dit que Paris serait le prix de la course; mais, là, ils furent subitement arrêtés par les lignes de retranchements qui, de ce côté, défendaient la capitale.

C'était d'abord, de la Villette à Saint-Denis, le canal de l'Ourcq, large de trente pieds, rempli d'eau. Il fermait la courbe de la Seine. Le long du bord intérieur, une haute digue formait un excellent parapet, dans lequel avaient été pratiquées des embrasures pour l'artillerie de gros calibre. La ville de Saint-Denis, servant d'appui, était fortifiée, le terrain inondé aux environs, et le poste d'Aubervilliers occupé à une portée de fusil en avant de la ligne. De fortes batteries et des travaux protégeaient les barrières de Paris et les mettaient à l'abri d'un coup de main. Une tête de pont sur la rive gauche de la Marne couvrait le pont de Charenton.

Trois cents pièces de grosse artillerie armaient ces travaux. La ligne entre Saint-Dènis et Vincennes était défendue par les 1er, 2e et 6e corps, la garde en réserve à Ménilmontant, la cavalerie au bois de Boulogne. Vandamme, avec les 3e et 4e corps et la cavalerie d'Excelmans, avait pris position sur la rive gauche; mais, là, les travaux de défense étaient à peine commencés.

L'armée qui venait couvrir Paris comptait encore 70,000 hommes. Ajoutez-y 17,000 tirailleurs fédérés, presque tous anciens soldats. Les 30,000 hommes de la garde nationale élevaient ce chiffre à 117,000 combattants. Que ne pouvait-on attendre encore de ces 117,000 Français appuyés sur les retranchements que je viens de décrire et combattant pour leurs foyers! Les Anglais et les Prussiens, après les détachements qu'ils avaient dû faire pour masquer ou bloquer les places du Nord, n'étaient pas beaucoup plus nombreux.

En entrant dans Paris, Grouchy, que les accusations commençaient à entamer, et qui douta trop de lui ou désespéra trop tôt de la patrie, donna sa démission. Le maréchal Davout le remplaça dans le commandement; il établit son quartier général à la Villette.

VII

LA CHAMBRE DES REPRÉSENTANTS.

A Paris, l'effet de l'abdication avait été naturellement plus faible dans le peuple que dans l'armée. La surprise ne s'y ajouta pas ; on avait vu heure par heure le pouvoir de Napoléon céder et disparaître. Comme s'il eût dû représenter à jamais la force pour être adoré, dès que la force lui manqua, il y eut pour lui de la pitié dans les masses; avec la pitié commencèrent l'examen, la critique, et bientôt le blâme de l'idole. Chacun se désintéressa de la chose publique, soit que ce mot de fatalité, prononcé si souvent et de si haut, eût glacé tous les cœurs, soit plutôt qu'on se fût accoutumé à tout renfermer, passé, présent, avenir, dans un seul homme. Lui tombé, il ne restait plus rien qui valût la peine d'un sacrifice. Chacun se retira comme d'un spectacle public après que le rideau est baissé.

On n'aurait jamais imaginé qu'un tel homme, relevé

par un si grand prodige, pût tomber de nouveau et disparaître dans un tel silence de peuple. Pas une protestation, pas un essai de soulèvement contre la destinée nouvelle, quand rien n'eût pu empêcher le peuple de montrer ses regrets et qu'il avait l'armée pour complice, mais une prompte et muette obéissance, et, après que l'acte d'abdication fut consommé, pas un murmure! On se hâta d'obéir à cette dernière volonté du maître, sans chercher si elle était libre ou forcée. Quant à nos provinces, pas une parole, pas même un adieu au vaincu. Sur cette longue route triomphale de Cannes à Paris, partout le même silence, l'abandon ou la soumission à ce que nous avons appris à nommer fatalité! L'ennemi s'approchant par masses de village en village, les plus fidèles ou les plus signalés enterraient leurs armes et leurs drapeaux.

Au milieu de cette stupeur, toute la vie parut concentrée dans l'assemblée des représentants. C'était à elle de combler le vide laissé par Napoléon. Cette assemblée des Cent-Jours fut alors ce qu'elle pouvait être avec l'éducation reçue de quinze ans de silence, d'oubli, d'inaction morale : un désir de liberté, mais sans savoir laquelle; la lassitude d'une longue servilité et l'impatience d'en sortir sans pouvoir dire par quelle route; nulle tradition et pour ainsi dire nul souvenir, car personne n'aurait osé rappeler les traditions de la Révolution, même dans ce qu'elle avait de meilleur, et se rattacher à ces grands jours; ils avaient été dégradés par tant d'injures encore récentes! De là une assemblée où personne ne se connaît, fille de la Révolution française et n'osant l'avouer; nul principe déclaré, nul étendard déployé, nul chef de parti qui osât se faire des partisans; les meilleurs, fidèles à leur passé, mais en secret, et sachant bien que nul ne les suivrait, s'ils osaient l'invoquer; pour les autres, des hommes nouveaux, formés en plein esclavage, étonnés d'être libres, bientôt effrayés de n'avoir plus de maître, empressés à en chercher un autre, comblant ce vide tumultueusement, aveuglément par le nom d'un enfant, Napoléon II, dans les mains de l'ennemi, et ne faisant rien pour que cette déclaration devienne sérieuse; les plus avisés, certains que ce n'est là qu'un leurre pour amuser les regrets de l'armée et du peuple; le plus grand nombre, se complaisant dans une demi-duperie où s'abritait leur conscience; tous, voyant ou pressentant que la restauration du droit divin était au fond de leurs œuvres, mais croyant avoir assez fait contre lui parce qu'ils ne l'avaient pas nommé.

On ne peut rattacher cette assemblée par aucun lien à nos grandes assemblées nationales de la Révolution, qu'elle tint toujours à honneur de répudier. Elle aurait eu honte de se dire républicaine, elle qui avait renversé le destructeur de la République. Ni républicaine, ni bonapartiste, ni royaliste, qu'était-elle donc? Il lui eût été impossible de le dire.

Rien au monde de semblable à l'embarras de cette assemblée quand elle se trouva n'avoir plus de maître. Elle n'osa avouer qu'elle était libre. Quand on lui demandait au nom de qui elle rendait les lois, elle ne savait que répondre.

Dans ce vide profond des Chambres qui n'osaient même se souvenir des temps antérieurs au 18 brumaire, une voix s'écria avec ironie : « Pourquoi ne nous proposez-vous pas une république ? » Ce mot jeta une clarté subite dans ces esprits troublés. Tous sentirent qu'il n'y avait en effet de possible que le droit commun ou la restauration ; le premier faisant peur par son nom seul, chacun se prépara en secret à accepter la restauration du droit divin, qu'il proscrivait en public. Le seul parti qui avait sauvé la France de l'invasion fut ainsi le seul dont personne n'osa prononcer le nom en public et pas même en secret.

Ils sont si bêtes! disait Fouché, qui ne se donnait plus la peine de feindre. En effet, quand une assemblée se met en dehors de tout principe, de toute tradition, il est incroyable à quel point l'intelligence, la clairvoyance, le discernement, peuvent se retirer de ces grands corps comme d'une chose inanimée. Ils gardent la puissance de parler avec art, et leurs paroles ne servent qu'à leur masquer la réalité, que les enfants mêmes aperçoivent clairement; car nous voyions l'ennemi arriver à grands pas, et l'assemblée seule n'en voyait rien ou n'en voulait rien savoir, certaine de charmer le maréchal Blücher et ses hulans par quelque amendement envoyé aux négociateurs.

Effet d'un silence qui avait tout stérilisé, cette assemblée se réveillait comme Épiménide; mais, offusquée de ce long sommeil, elle marchait à tâtons, les yeux fermés, au-devant de tout ce qu'elle voulait éviter. Les moins novices, craignant de se rappeler leurs ancêtres, n'étaient qu'une contradiction perpétuelle. Ce même Manuel, que nous devions voir un peu plus tard si ferme, si lucide, si intrépide, semble la dupe de tout ce qu'il rencontre. Cet homme si droit est l'instrument aveugle de Fouché, dont il partage la demeure. Ce républicain a horreur de la République; cet ami de l'égalité réclame l'hérédité du sénat; ce bonapartiste ouvre la porte aux Bourbons, qu'il maudira demain.

Ne faisons pas à ces hommes de trop vifs reproches; l'esprit politique ne se retrouve pas en un jour. A ceux qui avaient désappris la liberté, il fallait un nouveau noviciat pour la rapprendre.

On n'a vu qu'une fois dans le monde, en 89, des assemblées apparaître tout armées, fières, intelligentes, éclairées de mille flambeaux au sortir de l'esclavage; mais dans cet esclavage il y avait eu la parole de Montesquieu, de Voltaire, de Rousseau, et ces grands tribuns de l'esprit humain avaient dominé tout un siècle. En 1815, au contraire, on se réveillait après un silence qui n'avait été rompu par personne. Une femme seulement, madame de Staël, avait osé laisser échapper quelques vérités voilées; mais elles avaient été à peine entendues d'un petit nombre; l'auteur était proscrit, et l'on craignait, en recevant la vérité de sa bouche, la contagion de l'exil. Il fallait donc s'attendre à toutes les méprises qu'enfante, chez les meilleurs, la désuétude de la vie publique et même de la pensée.

En 1815, nous ne comprenions plus un seul des grands ouvrages politiques nés d'une âme libre. C'était là pour nous un vocabulaire perdu. On sut un gré infini à Manuel et à d'autres qui en reproduisirent quelques échos. M. Dupin se trouva être l'orateur et l'âme de cette époque. On ne cherchait pas même quel était le sens caché sous des mots souvent équivoques, et l'embarras de ce premier bégayement de la liberté servait les espérances les plus contraires. Le plaisir de la parole après un si long silence suffisait aux rares esprits qui formaient alors la tête des partis; mais le peuple, la foule, devaient rester longtemps encore sourds à cette puissance qu'ils avaient oubliée ou qu'ils n'avaient jamais connue.

C'est, sans doute, une des conditions de la France que

cet évanouissement successif de la conscience publique. Quelques hommes restent debout et rendent aux autres le sentiment d'eux-mêmes. Après cela, tout disparaît de nouveau et se rétablit de la même manière. La nation semble prendre je ne sais quel plaisir à ce jeu cruel, où se perdent et se retrouvent ses destinées.

Telle était cette assemblée, image de la France asservie et deux fois vaincue. Parmi tant d'illusions, presque toutes volontaires, il en est pourtant une à laquelle échappa la chambre des représentants. Avec une promptitude étonnante, elle vit que le despote d'hier ne supporterait pas longtemps le frein des lois; que, pour s'en défaire, il n'attendait que de redevenir le plus fort. Aussi montra-t-elle sa répugnance, sans attendre la défaite. Dès l'ouverture de la campagne, quand tout paraissait favorable, elle n'avait laissé passer aucune occasion de faire éclater ses soupçons. Ils allaient déjà presque jusqu'à la haine, car elle avait d'abord refusé avec ironie de déférer à Napoléon le titre de sauveur, puis celui de grand homme, lorsque les choses étaient encore incertaines; mais c'est plus tard qu'elle s'était surtout dévoilée. A la nouvelle de la bataille de Ligny, sa première pensée avait été de chercher des garanties contre l'empereur, marquant ainsi qu'elle redoutait les victoires de Napoléon, presque autant que ses revers; tant le divorce était profond, l'alliance impossible entre l'ancien maître et les libertés nouvelles.

Et maintenant qu'il était vaincu, les ressentiments privés se déchaînaient au nom du salut public. Comme Napoléon avait excité toutes les espérances dans ses prospérités, il excitait dans sa chute toutes les colères. On ne voyait plus de dangers et même de difficultés qu'en lui; les 500,000 ennemis qui avaient franchi les frontières disparaissaient, on y pensait à peine. Il était désormais le seul ennemi : qu'il s'éloigne, qu'il disparaisse, et tout sera sauvé! Se débarrasser de l'idole d'hier était le seul désir, mais ce désir était une passion irrésistible. On serait délivré de tous les maux à la fois, si l'on se délivrait du maître encore présent; même tombé et précipité, il remplissait seul encore les esprits.

VIII

FOUCHÉ.

Du sein de cette assemblée, un homme surgit pour un moment, Fouché de Lyon et de Nantes, maintenant duc d'Otrante, qui ne pouvait prendre son essor qu'en des temps pareils, nourri de nos misères, caché dans nos ruines, et qui se trouva en ce moment avoir le tempérament de notre adversité. Il reçut les pleins pouvoirs de l'Assemblée, impatiente de se démettre entre ses mains, et il devint le maître de la France dans le gouvernement provisoire. Car, des cinq membres qui le composaient : Fouché, le général Grenier, Quinette, Caulaincourt, Carnot, le premier fut nommé président, et le pouvoir ne résida réellement qu'en lui. Admirez ici le vide fait par une longue servitude : après Napoléon, il ne resta que Fouché! M. de la Fayette ne put même réussir à être un des *cinq empereurs*, comme on les appelait alors, tous les partis s'étant réunis pour exclure cet homme incommode, qui, dans la ruine publique, ne représentait que le droit et la justice. Lui-même accuse les anciens républicains de l'avoir repoussé comme ennemi des titres de l'ancienne et de la nouvelle noblesse. Craignaient-ils de se commettre avec lui, parce qu'il leur rappelait leur passé dans ce qu'il avait de meilleur?

On reproche à Carnot de n'avoir pas été le cœur d'airain qu'il avait été autrefois; mais que pouvait cette austère figure où l'héroïsme avait quelque chose de la placidité de la science? Depuis quinze ans, son nom n'était plus prononcé. Avec notre faculté d'oublier, nous ne le connaissions plus. Où étaient ses partisans, ses compagnons, ses amis, tous ceux sur lesquels le souvenir eût pu agir encore? Persécutés, foulés, on avait fait de leur nom une injure; le peuple, pour lequel ils avaient sacrifié plus que la vie, les ignorait, ou, selon sa coutume, ajoutait à l'insulte. Comment ces hommes ensevelis vivants pouvaient-ils en une heure retrouver leur autorité? Il ne suffit pas d'être fort, il faut encore que votre force ait quelque rapport avec ce qui vous entoure. Ils essayèrent de reparaître, mais timides, balbutiant comme les autres des phrases sur la licence, étonnés eux-mêmes de se voir si changés par l'ingratitude et l'outrage de deux générations.

Et ce n'étaient pas seulement les hommes de la

Révolution que l'Empire avait désarmés; tout ami de la liberté avait été compris dans le même anathème : ou niais ou jacobin. Nous avions sucé avec le lait le mépris, la peur, le dégoût de tout ce qui avait précédé l'origine sacrée, le 18 brumaire; ce monde-là nous avait été dépeint cent fois comme un chaos plein de monstres, et, s'il restait quelque représentant de l'héroïsme de ces temps, nous nous le montrions au doigt, il faisait peur. Lui-même se taisait sur un passé glorieux pour lui; il semblait demander pardon au pays de l'avoir sauvé une fois. Comment de cette prostration, de cette humiliation des forts, de cette lapidation continue des meilleures renommées par toute une génération, aurait pu sortir une résolution héroïque? Déjà les enfants commençaient à renier leurs pères.

D'ailleurs, si Napoléon lui-même avait été annulé par les événements, que l'on juge des autres! Le péril, l'inconnu, l'attente, les glaçaient, sans nul doute, c'est là ce que les anciens appelaient fatalité, destin, quand les esprits sont liés, aveuglés, et qu'aucune évidence ne peut percer leurs ténèbres. Dans cette société foudroyée, un homme reste debout, un homme conserve ses facultés, un homme garde son sang-froid au milieu de la stupeur publique : c'est Fouché.

Chez les autres, l'intelligence est suspendue; ils sont là frappés de cette sorte d'hébétement sacré qui suit les coups trop violents du sort. Fouché seul pense pour tous, et chacune de ses pensées est une fraude. Lui seul agit, et chacune de ses actions est un piége. On le prend dans ses embûches; il en rit, et l'on en rit avec lui. Ses lettres de connivence à l'ennemi sont interceptées, il s'en moque; surprises, il les fait lire audacieusement à la tribune, et ceux qu'il livre par ces lettres s'en déclarent satisfaits. Fascinés, éblouis, hébétés (de quel mot se servir?), ils applaudissent de leurs mains liées à ce Judas au triple visage.

Dans cet évanouissement de tous les autres, il grandit d'une grandeur monstrueuse. Non-seulement ses facultés ne sont pas paralysées, elles s'aiguisent, elles atteignent leur plus grand développement. Il a trouvé son milieu, son élément naturel dans la ruine, et il se joue dans cette calamité suprême avec l'agonie d'un peuple. Son terne et livide langage se colore. Qu'est-ce que Napoléon pour lui? « Un grand homme devenu fou! » Et la proscription qu'il médite contre ses amis auxquels il serre la main? « Un arbre touffu pour les garantir de l'orage. »

Chacun vient chercher auprès de ce sphinx le mot de l'énigme. Quand celle-là est dénouée, il en invente une autre. Et c'est d'une nation qu'il s'agit, de la plus grande de toutes! Quel jeu! quel enseignement! quelle chute incroyable, et qu'il en coûte cher de s'être abandonné une fois au pouvoir et aux fantaisies d'un seul!

Tous subissent à leur tour la fascination de l'aspic dans les ruines; Napoléon d'abord, puis Louis XVIII, puis le comte d'Artois. Ni la révolution, ni la contre-révolution, ni la terreur rouge, ni la terreur blanche, ne peuvent se passer de lui. Il est à tous leur ministre fatal, ou plutôt il est le maître, le tribun, le roi, l'empereur dans cet interrègne de la justice et du droit. Il trône dans ce vide. Voyez! cette figure domine tout, remplit tout; ce pâle visage acéré, qui va de l'un à l'autre, voilà ce qui reste à ce moment de la glorieuse France, de la maîtresse des peuples et des rois!

C'est ici que doivent triompher ceux qui mettent la réalité au-dessus de la poésie; car il est certain qu'aucun ouvrage d'art des poëtes ne renferme un personnage si complexe, si multiple que celui que l'histoire nous montre à ce moment. Dans les imaginations des poëtes, Narcisse, Macbeth, Iago ne suivent à la fois qu'une seule trame, et ils y sont absorbés. Fouché n'a pas une trame seule : il en a dix, vingt à la fois; il y travaille comme un tisserand sur son métier. S'il est surpris, il en ourdit une nouvelle, et c'est là son chef-d'œuvre. Tous sont ou troublés, ou désespérés; lui seul est inaccessible au deuil. Il est heureux; il triomphe dans l'universelle ruine.

Mais laissons ce personnage. Aussi bien nous en sommes arrivés à ce point que dans l'histoire il n'est plus convenable de parler de défections, de trahisons.

Pour toutes ces choses, nous avons des mots indulgents qui sont le vrai savoir-vivre. Il y a pourtant un inconvénient à cela. On dirait que l'âme humaine est morte, et c'est après tout la pire des catastrophes.

IX

NAPOLÉON A LA MALMAISON.

Dans le même temps, le 25 juin, Napoléon, obéissant à des ordres que l'on décorait encore d'un autre nom, se retirait à la Malmaison. Là, cette solitude, remplie des prospérités du Consulat, le réveille comme d'un songe. A peine arrivé, il s'étonne de son isolement. Pour en sortir, il veut faire entendre une fois encore sa voix à l'armée. Dans une première proclamation dictée à la hâte, il oublie qu'il a renoncé à l'empire. Il se plaint, il accuse, il commande ; et tout à coup, se souvenant que ce n'est plus le maître qui doit parler, il change de ton : il adjure, il encourage. Ce sont les adieux d'un général à des compagnons d'armes; mais, même sous cette forme, qui ne laisse plus rien paraître de l'ancien empereur, ses paroles ne parviendront pas à ceux auxquels il les adresse. Fouché s'y oppose. Napoléon n'a plus le pouvoir de faire insérer même ses adieux dans le *Moniteur!* Il apprend à son tour ce que c'est qu'un cri de l'âme étouffé par une main de police; comme si cela n'eût pas été nouveau pour lui, il n'en témoigne ni surprise ni douleur.

C'était déjà comme une sorte d'exil; car on ne voyait plus autour de lui que ceux qui avaient résolu de s'expatrier avec lui, s'il le fallait, au delà de l'Océan! Et ceux-là, pour la première fois, n'attendaient plus rien des inspirations soudaines de son génie, qui s'abandonnait lui-même. Ils faisaient déjà leurs apprêts de départ; chacun apportait son avis, comme si l'adversité avait déjà mis entre eux je ne sais quelle égalité. Le duc de Rovigo conseillait de recourir une dernière fois aux armes, le duc de Bassano de se résigner, le duc de Caulaincourt de se hâter d'échapper aux ennemis qui s'approchaient. Même le secrétaire du cabinet, M. Fleury de Chaboulon, apporta son opinion, qui était de s'en remettre aux généraux alliés et de s'offrir en victime, sans essayer de se dérober par la fuite.

Au milieu de tant de contradictions, tantôt défiant, tantôt crédule, toujours incertain, Napoléon pèse, discute tour à tour ces opinions. Il s'enferme avec ses conseillers et les retient suivant que leur avis lui semble préférable; puis tout à coup il en ouvre lui-même un nouveau, et alors il semble qu'il ne veuille rien que tromper les heures et donner une pâture d'un moment à son imagination et à celle des autres. En ces instants-là, il se voit déjà par delà l'Atlantique, en Amérique, cultivant ses troupeaux comme le premier homme, cherchant, trouvant enfin la paix au Mexique, à Caracas, en Californie ; car il s'attache à tous ces noms ; mais, bientôt réveillé de cette aventure, il revient au projet tout réel de se jeter dans les bras des soldats. On le contredit alors ; il se rend au premier mot. « Allons ! je vois bien qu'il faut toujours céder, » ajoute-t-il, comme si chacun de ses projets n'était qu'une imagination vaine. Ce maître du monde est à ce moment plus faible qu'un roseau ; le moindre souffle le pousse en des sens opposés.

D'autres fois, cette lamentable incertitude lui pèse ; il s'interrompt, il écoute, il demande si le peuple, l'armée ne s'émeuvent pas pour lui. Les soldats ne viendront-ils pas l'arracher à son inertie, qui est déjà un commencement de captivité ? On l'entend s'écrier : « Comment Paris ne me demande-t-il pas ? » Il tressaille au bruit lointain des armes. Quelques détachements qui passent sur la grande route font encore çà et là retentir l'air de leurs acclamations ; mais ils ne se détournent pas, en corps, vers la demeure de Napoléon : il attend des autres un élan, une impulsion que l'on est accoutumé à recevoir de lui ! S'il se montrait seulement, s'il agissait, qui sait ce que sa présence seule pourrait encore produire sur les hommes? Mais, renfermé, invisible dans les murs de cette maison écartée, il espère vainement que la multitude prendra pour lui la résolution à laquelle il ne peut ni s'arrêter ni renoncer. En voyant un tel homme réduit à l'inaction, tous crurent qu'agir était devenu impossible. L'inertie dont il donnait l'exemple gagna promptement les plus déterminés. Tous l'appelèrent comme lui résignation. En effet, qui pouvait croire encore à sa bonne fortune, quand lui-même avait cessé d'y croire?

A ce long supplice de l'attente, l'outrage manquait encore. On annonce que le général Bekker arrive, chargé d'arrêter Napoléon au nom du gouvernement provisoire. On se trompait. Le général Bekker n'était chargé que de le surveiller, sous le prétexte de garantir sa sûreté. Par quelques mots, Napoléon subjugue son gardien, et il en fait son mandataire auprès du gouvernement. Sur les nouvelles que le général apporte de la position des ennemis, Napoléon a conçu l'idée de punir Blücher de sa marche téméraire en avant des Anglais. Il propose de déboucher par Saint-Denis; il s'engage à battre isolément les Prussiens avant que leurs alliés puissent se trouver en ligne. C'est là sa dernière conception militaire. Qu'on la lui laisse seulement exécuter. Cette victoire suprême obtenue, il partira, il s'éloignera par delà les mers. Tout ce qu'il veut, tout ce qu'il demande, c'est de donner par ce dernier triomphe un appui au gouvernement français pour négocier.

Le général Bekker, entraîné, convaincu, se hâte de porter les propositions de son captif au gouvernement. Déjà les chevaux de bataille sont sellés dans la cour de la Malmaison. Chacun se prépare à courir aux armes. Napoléon attend; il reprendra le commandement ou partira pour l'exil. Trois heures se passent dans cette incertitude entre le trône reconquis et le bannissement.

Napoléon crut-il sérieusement que sa proposition avait une seule chance d'être acceptée de la part de ceux qui déjà l'avaient mortellement offensé? C'est donc qu'il voulut espérer contre toute évidence. Commander, pour lui, c'était régner; et, s'il ne se donnait pas la peine de reprendre le pouvoir de vive force, comment pouvait-il imaginer que ses adversaires le lui rendissent par complaisance? Déjà ils l'avaient trop frappé pour ne pas craindre en lui le pire des ennemis. Il semble que cette proposition ne fut qu'un de ces splendides changements de scène dont il amusait alors son imagination et celle des autres sans y attacher fortement son esprit. On dit pourtant que Carnot fut d'avis de lui rendre le commandement; mais il fut le seul. Fouché repoussa la prière de son ancien maître avec un persiflage insultant, Davout avec la rudesse d'un soldat : « Votre Bonaparte ne veut pas partir. Il faudra bien qu'il nous débarrasse de lui. S'il ne part à l'instant, je l'arrêterai moi-même. »

Ces paroles sont rapportées à Napoléon, il répond qu'il est prêt à tendre la gorge. Plusieurs années après, dans le silence de Sainte-Hélène, revenant sur ces événements, il dicta en quelques mots la défense de Davout, comme s'il n'avait attaché lui-même que peu d'importance et nul regret au refus d'une proposition qu'il n'avait pas jugée très-sérieuse. Quand lui-même cédait et s'abandonnait aux circonstances avec une si grande facilité, il s'armait d'indulgence pour ceux qui y cédaient comme lui. Il avait un si grand respect de la force, sa seule divinité, qu'on ne le surprit jamais à blâmer sévèrement quelqu'un d'y avoir cédé. D'ailleurs, il était trop bon calculateur pour ne pas savoir que ce qu'il avait demandé ne lui serait pas accordé. L'empire, une fois abandonné, se reprend, il ne se donne plus.

S'il était résolu à reprendre le commandement, ce n'est pas la complaisance de Fouché qu'il fallait invoquer : il n'avait qu'à se porter avec ses aides de camp vers le premier rassemblement de troupes ; elles l'eussent mis sur le pavois. Mais, comme disait celui de ses familiers qui le connaissait le mieux, la peur de tout compromettre s'était emparée de lui. La même irrésolution qu'il avait montrée dans les champs de

Ligny, le lendemain de la bataille, reparaissait bien plus grande encore à l'Élysée, à la Malmaison, à mesure qu'approchait le dénoûment. Sa seule décision arrêtée fut alors de courber la tête sous les événements ; il se dissimulait à lui-même et aux autres cette inertie par des projets subitement conçus et plus subitement abandonnés.

La première chose qui s'use dans l'homme, c'est la force de vouloir et d'agir. Ce fut aussi, pendant les Cent-Jours, la seule partie qui se montra atteinte dans Napoléon. Comme un édifice hardi, resté intact dans tout le reste, si l'équilibre manque aux fondements, tout ce magnifique ensemble qui éblouissait les yeux chancelle et s'abîme au même instant. Ainsi il ne manquait qu'une chose à Napoléon pour être ce qu'il avait été jusque-là : la résolution soudaine, énergique, inflexible. Ce point ayant cédé, tout l'édifice de cette prodigieuse fortune perdit l'équilibre et s'écroula en un jour. Nous vîmes avec stupeur les plus magnifiques projets tomber en poussière, parce qu'ils n'avaient plus d'appui dans la volonté de celui qui les avait conçus.

Si, au 18 brumaire, Napoléon eût tergiversé au lieu d'agir, si, laissant à ses adversaires le temps de se reconnaître, il les eût suppliés d'entrer dans les projets qu'il avait de se rendre maître d'eux et des autres, est-il bien sûr que son entreprise se serait accomplie avec la même facilité ? Les temps étaient changés, dit-on. Oui, sans doute, ils l'étaient; mais il avait encore pour lui l'armée et le peuple ; et, puisque, avec cet appui de tous les bras, il fut réduit à une si grande impuissance de rien tenter pour lui, pour les siens, pour la France, n'est-ce pas le plus grand aveu que son règne était fini, et que le système auquel il avait donné son nom était devenu impossible?

Le 29 juin, à cinq heures du soir, il monte en voiture précédé de ceux qui doivent être ses compagnons de captivité. Il semble d'abord n'avoir que l'impatience de s'éloigner. « Je m'ennuie de la France et de moi, » disait-il; mais bientôt il ralentit sa marche, il s'arrête à Rambouillet, demandant encore si on ne le rappelle pas. La nuit se passe dans cette oisive attente. Le jour vient. Napoléon reprend maintenant sans espoir son morne voyage vers l'Océan.

Il ne se retrouva lui-même que sur *le Bellérophon*. L'Angleterre fit alors une chose inutilement odieuse : elle eut l'incroyable bassesse de vouloir ôter à ce prisonnier son épée. L'amiral, à la tête de ses officiers, vint lui faire cette inconcevable injonction. Sans répondre, Napoléon, par son regard, repoussa l'amiral et les officiers, qui se retirèrent les yeux baissés, honteux de cet opprobre. Cette victoire fut la dernière de Napoléon. A mon avis, ce ne fut pas la moins grande.

X

NÉGOCIATIONS.

L'ennemi était aux portes, il n'était plus possible de l'ignorer. Soit que la commission du gouvernement crût réellement que Napoléon était le seul motif de guerre, soit qu'elle affectât de le croire, elle envoya des plénipotentiaires aux commandants en chef des armées alliées. Quelques-uns de ces commissaires atteignirent le duc de Wellington à Étrée, et ses dépêches[1] contiennent à ce sujet de graves déclarations.

On y voit clairement que l'assemblée, par ses négociateurs, avait deux ou plutôt trois langages, l'un pour le peuple et l'armée, l'autre pour les alliés, le troisième pour les politiques. Elle avouait, par ses mandataires, au duc de Wellington que son plus vif désir

---

[1] Gurwood, *the Dispatches of the field-marchal the duke of Wellington*, vol. XII.

était d'ouvrir les portes à la Restauration ; au peuple qu'on proclamait Napoléon II ; aux étrangers que cette proclamation n'était qu'un leurre; aux soldats qu'il s'agissait de défendre la patrie; aux coalisés que les soldats étaient un danger de guerre civile; à l'armée que Napoléon II était son chef; aux rois que tout autre que Louis XVIII ne serait qu'un usurpateur. Dans ce conflit de paroles opposées, la seule chose qui parut certaine, c'est qu'on voulait la Restauration sans avoir l'air d'y être forcé.

Quelle autorité pouvaient exercer sur nous ces mots ambigus dans une crise semblable? Quelle résolution pouvait sortir de là, ou même quelle *habileté*, puisque dès ce temps ce mot sembla surnager seul dans le naufrage de la langue elle-même?

Le jugement que l'histoire portera sur cette assemblée sera sévère. Elle vécut à peine un mois; dans cet intervalle, elle renversa un maître abattu, elle fut impuissante dans tout le reste. En dehors du despotisme militaire, il n'y avait que deux choses (car il ne faut pas croire que les formes de gouvernement soient en nombre infini) : ce qui a précédé l'Empire et ce qui l'a suivi, la République ou la Restauration. Et, comme personne n'osa seulement prononcer le nom de la première, que l'armée empêchait que l'on avouât ouvertement la seconde, il ne resta que la ressource des paroles détournées, des subterfuges, des subtilités :

triste berceau de la liberté à venir, dans lequel disparut un moment la nation française.

N'osant rien attester, ni de la France nouvelle, ni de la France ancienne, ni de la Révolution, ni de la Restauration, cette assemblée ne put conserver la tradition d'aucun droit ni empêcher l'invasion. Pour ce dernier point, elle ne le tenta pas même; mais elle nous laissa dans le gouffre. Tout ce qu'elle nous apprit, c'est ce funeste secret : que l'on peut, sous de vains subterfuges, faire illusion sur les dangers les plus criants, que la grande affaire désormais est *d'avoir l'air*, que le temps des subtilités de Byzance est revenu, et que l'esprit français, jusque-là simple et lumineux, même dans ses erreurs, entrait dans sa période d'ambiguïtés et de sophismes.

Dans le péril suprême, l'action de cette assemblée fut nulle, son héritage funeste. Pour nous qui avions eu à peine le temps de la connaître, nous ne sûmes ni la regretter ni l'accuser. Elle disparut sans bruit dans le naufrage de tous. L'oubli la sauva des reproches.

Waterloo n'avait été qu'un désastre ; les négociations furent pis. On souffre en lisant ces notes, ces instructions, ces correspondances sur des négociations qui n'existent pas, qui ne sont qu'un leurre grossier, dont le mensonge éclate à chaque mot. Pourquoi remplir ces dernières heures par tant de paroles dérisoires? Que ne se taisait-on comme en 1814? Le silence eût cent fois mieux valu. Un pays tombe sous le poids de six cent mille ennemis : cela est simple et peut être digne. Mais ces vides colloques au nom de la liberté, qui concluent à une prompte servitude sous l'étranger ! c'était déjà ce langage effacé sous lequel devait disparaître un jour, chez nous, jusqu'à la dernière trace des énergies de l'âme.

La vraie calamité de 1815, la voici : dans l'invasion de l'année précédente, Napoléon seul avait paru responsable ; mais ici la liberté se montra, et ce fut seulement pour prendre la responsabilité de la dernière heure dans une cause perdue. Ainsi, ce qui aggrava toutes choses, après l'impuissance du despote on vit l'impuissance de la liberté ; il sembla que l'on assistait à la défaite de l'esprit après la défaite des armes.

Que l'on ait pu croire à l'efficacité des négociations, qu'un manque si absolu de pénétration et de clairvoyance ait été possible, que les commissaires de l'Assemblée aient si obstinément fermé les yeux à l'évidence, que les outrages n'aient pu leur rendre la conscience d'eux-mêmes et des choses, cela semble incroyable. Nous le déclarerions impossible, si nous n'avions vu nous-même de quel aveuglement peut être frappé un parti au moment où il touche à sa ruine.

Le duc de Wellington renvoya les négociateurs avec ces mots : « qu'il ne voudrait pourtant pas leur faire perdre leur temps ; » et, comme ils insistaient pour rester, il leur offrit de les diriger vers les souverains alliés, qui étaient alors à Heidelberg. Les négociateurs firent ce long et inutile voyage jusqu'à Haguenau : les rois refusèrent de les voir et les renvoyèrent à leurs ministres; les ministres les congédièrent sans réponse.

Ici encore, la haine de Blücher fut moins nuisible, car elle ne permit pas l'erreur. Il ne consentit pas même à échanger une parole avec les négociateurs français. Un de ses aides de camp répondit pour lui, avec une franchise barbare, « qu'il suspendrait les hostilités quand il serait entré dans Paris, pourvu que Napoléon lui fût livré. » Cela n'empêcha pas le maréchal Davout de tenter directement de nouvelles ouvertures; sur quoi, Blücher prit occasion d'exhaler sa haine dans la réponse suivante : « Voulez-vous assumer sur vous le sac de Paris comme celui de Hambourg? Nous voulons entrer dans Paris pour garantir les honnêtes gens contre le pillage dont ils sont menacés par le peuple. »

Ainsi cette accusation de pillage, c'est de notre ennemi le plus acharné que nous la tenons. Que de fois nous l'avons entendue depuis ce temps-là et toujours dans le même sens! Le maréchal Blücher l'a fait entrer dans notre langue politique. Toutes les fois qu'il s'est agi de montrer quelque énergie, quelque courage d'esprit, quelque hauteur d'âme, ou lorsqu'il aurait fallu défendre une position morale, une idée acquise, une vérité obtenue au prix de millions de vies, le mot de Blücher a été répété : « Vous voulez donc le pillage? » et l'on a ouvert les portes et cédé jusqu'à ce qu'il n'y eût plus rien à défendre.

L'assemblée des Cent-Jours en a appelé dans ses derniers moments à la conscience des générations futures. Nous sommes ces générations, et nous répondons que nous avons été fraudés. C'était à elle de nous léguer le désastre sans l'augmenter de ces prosternations. On n'a pas le droit d'exiger d'une assemblée l'héroïsme d'un autre temps, cela est vrai; mais on doit reprocher à celle des Cent-Jours d'avoir servi de jouet aux ennemis en se laissant amuser jusqu'au bout par des négociations dérisoires. Le plus grand mal que l'on puisse faire à la liberté, à la justice, à l'honneur, à toutes les belles choses de ce monde, c'est de leur faire jouer le rôle de dupe : infaillible moyen d'en dégoûter les hommes.

Dans ces entrefaites, Fouché n'avait cessé d'être en communication suivie avec les ennemis. Il était décidé à agir conformément à leurs vues. La première chose était de gagner un grand nombre de députés. Il y réussit sans trop de peine, tenant à chacun un langage différent. Son dernier effort fut de préparer les Chambres à la restauration de la légitimité; pour cela, il fallait trouver une phrase, un mot qui mît à l'aise toutes les défections. Ce mot fut alors la *conservation de la capitale*. On faisait à chacun par là un devoir civique de se livrer sans résistance; la pusillanimité même devenait une vertu.

Quand on a fait aux hommes une dignité de leur propre faiblesse, il faut admirer avec quelle unanimité ils se précipitent, car on a à la fois les bons et les mauvais. Cette unanimité ne manqua pas à Fouché. Sous sa dictée, la chambre des représentants adressa une proclamation aux Français, modèle de ce langage tortueux qu'on n'avait plus revu depuis la dernière journée de Florence en 1527. Dans cette proclamation, on parlait d'abord de Napoléon avec complaisance, mais sans aucune hostilité pour les Bourbons; puis il y avait des caresses pour les libéraux et en même temps une première voie ouverte au droit divin. Enfin d'ambages en ambages, de circuits en circuits, on arrivait à une conclusion toute semblable à la proclamation de Louis XVIII. Ainsi cette adresse aux Français parlait de Bonaparte pour arriver aux Bourbons, et sur un ton guerrier « des nécessités d'une imposante attitude militaire » pour conclure à la reddition et soumission sans coup férir.

Avant de disposer de l'assemblée, Fouché s'était emparé de Davoût. L'un et l'autre, quoique sûrs du concours de tous les pouvoirs, redoutaient encore l'impression publique. D'abord ils allèrent à leur but avec une extrême circonspection au milieu d'ordres, de décisions contraires, qui se détruisaient les unes les autres; puis, trouvant partout des complices, la hardiesse leur vint. Dès le 26 juin, Davout était en communication secrète avec le parti des Bourbons; le 27, en plein conseil, il avait déclaré que la France était perdue, si elle ne se hâtait de traiter avec Louis XVIII; le 29, il fut même surpris par une députation des Chambres en conférence avec l'affidé de ce parti, M. de Vitrolles[1]. Cela pourtant n'ouvrit les yeux à personne. Le lendemain parut une fière déclaration contre les Bourbons; elle était signée de Davout. La complaisance ou l'illusion devait tout couvrir jusqu'à la dernière heure.

A l'approche du dénoûment que l'on aperçoit déjà, M. le colonel Charras fait éclater des paroles indignées, ardentes, qui couronnent noblement son ouvrage. Pour moi, accoutumé depuis trop longtemps à réprimer mes plus justes indignations et à n'en laisser échapper que ce que je ne puis étouffer, je ferai effort pour terminer ce récit comme je l'ai commencé.

[1] *Mémoires de M. de Vitrolles*, cités par M. Duvergier de Hauranne, *Histoire parlementaire*.

XI

INVESTISSEMENT DE PARIS. — AFFAIRE DE VERSAILLES.

Des négociations fictives jointes à la demande réitérée de suspendre les hostilités ne pouvaient avoir d'autre résultat que d'accroître outre mesure la confiance des ennemis. Elle alla bientôt jusqu'à la témérité. Certains, par les intelligences qu'ils avaient avec Fouché, qu'il suffirait de frapper un grand coup sur les esprits, ils formèrent une résolution dont ils ne se seraient pas avisés l'année précédente, même avec des forces supérieures. Ce fut encore Blücher qui se chargea de l'exécuter.

Une reconnaissance rapide en avant de la plaine de Saint-Denis lui avait appris que la position ne pouvait être emportée de ce côté de la Seine qu'après une bataille. Vaincre l'armée française retranchée dans ses lignes était difficile, et un échec suffirait pour détruire tous les résultats inespérés de la campagne. Mais, si la rive droite de la Seine présentait de tels obstacles, on savait que la rive gauche était sans défense ; probablement on n'y rencontrerait que des détachements isolés. L'apparition soudaine de l'armée prussienne sur ce point, où elle n'était pas attendue, achèverait de consterner les habitants; et l'on entrerait à l'improviste au cœur de la capitale par le défaut de la cuirasse.

Sans doute, c'était là une témérité insigne, de se porter au delà d'un grand fleuve en laissant ses alliés sur l'autre bord. On risquait d'être détruits successivement, sans pouvoir se rallier; mais l'audace avait réussi jusque-là : pourquoi y renoncerait-on, si près de toucher le but? Les Anglais masqueront le mouvement devant les lignes de Saint-Denis et de Montmartre, pendant que les Prussiens déboucheront par les deux ponts de Saint-Germain et de Maisons, dont on vient justement de s'emparer. Ce plan à peine conçu, on commence à l'exécuter; mais l'expérience ne tarda pas à montrer combien il eût pu coûter cher à l'ennemi.

Le soir du 30 juin et dans la nuit, le 1er et le 3e corps prussiens se mirent en marche pour Saint-Germain, l'un par Blancménil et Aulnay, l'autre par Gonesse et Argenteuil. Le 4e corps resta en position au Bourget, avec ses avant-postes à Stains et Aubervilliers. L'armée anglaise avait sa droite sur les hauteurs de Richebourg, sa gauche au bois de Bondy. La hâte de Blücher était si grande, qu'il aventura le colonel de Sohr avec deux régiments de cavalerie légère pour le précéder jusque sur la route d'Orléans. Le général prussien comptait sans doute que l'arrivée de ses éclaireurs dans une direction si éloignée, coupant à la fois les communications avec la Normandie et la Loire, ferait tomber tous les projets de défense. Le colonel de Sohr, après avoir passé la Seine à Saint-Germain, bivaqua à Marly; le lendemain, n'apercevant aucun obstacle, il se hasarda plus loin : à midi, il occupait Versailles.

Cependant un mouvement si téméraire n'avait pu échapper aux Français. Excelmans, qui avec Vandamme couvrait le sud de Paris, ayant appris que des hussards prussiens s'étaient jetés sur Versailles, résolut de les enlever. Avec les 5e, 15e, 20e dragons et le 6e de hussards, il marche par Montrouge et Plessis-Piquet. En même temps, la cavalerie légère de Piré, avec le 44e régiment d'infanterie, est détachée par Sèvres sur les flancs et les derrières de la brigade prussienne. Dans l'après-midi du 1er juillet, de Sohr rencontre les fantassins de Vandamme. Il se retire et tombe au milieu des chasseurs de Piré et des dragons d'Excelmans. Il revient sur Versailles. La garde nationale, postée aux barrières, l'accueille par un feu nourri qui l'oblige de se rejeter sur Roquencourt. Traquée de village en village, il ne restait plus de cette brigade que 150 hommes. Ils sont culbutés dans le village du Chesnay. Le colonel de Sohr y est grièvement blessé. Les soldats mettent bas les armes jusqu'au dernier.

Que serait-il arrivé, si les deux corps de Vandamme et la garde avaient soutenu cette attaque d'Excelmans? L'armée prussienne, morcelée à droite et à gauche de la Seine, était certainement en péril; mais les espérances que ce succès avait réveillées ne devaient pas durer. Sans en recueillir aucun avantage, Vandamme et Excelmans reçoivent l'ordre de se retirer, la droite sur la Seine, la gauche sur Montrouge, le centre en arrière du village d'Issy. Les avant-postes qui avaient occupé Montenotte, Rivoli, les pyramides, Vienne, Madrid, Lisbonne, le Kremlin, sont maintenant repliés à Châtillon, Clamart, Meudon, Sèvres et Saint-Cloud!

Le lendemain 2 juillet, Blücher, à qui on avait laissé le temps de concentrer son armée sur la rive gauche, marche en plusieurs colonnes par la vallée de la Seine et par les hauteurs qui de Saint-Germain se rattachent à Meudon. A trois heures, Ziethen avait atteint Sèvres. Les Français s'y défendirent et se retirèrent sur les Moulineaux, de là sur Issy, et dans la nuit sur le faubourg de Vaugirard. Pendant cette dernière nuit, les armées ennemies occupent les positions suivantes : Ziethen, sa droite à Clamart, le centre à Meudon, la gauche aux Moulineaux; Thielmann à Châtillon, Bulow en réserve à Versailles. L'armée anglaise était immobile sur le front des lignes fortifiées, au côté nord de

Paris; le duc de Wellington avait jeté un pont à Argenteuil, et, par Asnières, Courbevoie, Suresnes, il avait lié ses communications avec les Prussiens.

Ainsi, le 2 juillet, les Français étaient enfermés de tous côtés dans leurs lignes, et à ce moment leur situation put paraître désespérée; mais avait-on fait, du 29 juin jusqu'à ce jour, le nécessaire pour empêcher les choses d'empirer au point où elles étaient maintenant arrivées? On avait laissé trois jours à l'armée prussienne pour se jeter sur la rive gauche, s'y rassembler, s'y déployer. Le succès de Vandamme n'avait pas été poursuivi; au contraire, les combats livrés à Sèvres, aux Moulineaux, à Issy, avaient paru plutôt des démonstrations pour masquer la retraite que des projets de résistance véritable. Dans ces feintes, on voit l'exécution du dessein formel de céder Paris et la France sans coup férir. Où étions-nous donc tombés pour que le héros d'Eckmühl et d'Auerstaedt ne servît plus qu'à couvrir Fouché?

Le jeu convenu fut joué avec une parfaite assurance; le gouvernement provisoire commença par répéter sa demande ordinaire d'un armistice aux généraux alliés. Le duc de Wellington excellait dans cette diplomatie militaire. Il répondit avec son flegme accoutumé que, le grand obstacle à l'armistice ayant été éloigné avec Napoléon, la question se réduisait, selon lui, aux termes suivants : les Anglais et les Prussiens entreraient dans

Paris le 7; l'armée française évacuerait la capitale et se retirerait de l'autre côté de la Loire jusqu'à ce que le roi (à sa rentrée, le 8) en avisât autrement. Sa Grâce s'offrit même à tenter d'obtenir que le prince Blücher retînt deux jours ses troupes dans leur position de Clamart et de Meudon; mais, en même temps, elle déclara qu'elle ne pouvait consentir à suspendre les hostilités tant qu'il resterait un seul soldat français dans Paris. Ayant reçu cette déclaration expresse de la part de Sa Grâce, les commissaires se retirèrent.

A force de haine, Blücher rendit aux choses le tragique et le sérieux que tant de dissimulation leur enlevait. Comme on lui avait envoyé pour commissaire un simple général, il requit d'abord du maréchal Davout un négociateur plus autorisé. Enfin, il indiqua pour signer la capitulation le palais de Saint-Cloud, et il se hâta d'y porter son quartier général. Pour couronner l'humiliation de la France, il voulut que la capitulation fût signée dans le même palais d'où étaient sortis tant d'ordres absolus pour la Prusse et l'Europe.

XII

CONSEIL DE GUERRE. — CONVENTION DE PARIS.

Le projet de capituler allait s'exécuter comme il était convenu; mais il fallait le déguiser encore aux yeux du grand nombre. Voilà pourquoi, avec un éclat singulier, on réunit un conseil de guerre formé des principaux généraux ; mais, en même temps, on ne le réunit que dans la matinée du 2 juillet, lorsqu'on était enveloppé de toutes parts. Avec une ruse où il est impossible de ne pas reconnaître la main de Fouché, on posa la question de la défense quand elle put paraître résolue aux yeux mêmes des meilleurs. Si l'on voulait combattre, c'est le 29, le 30 juin qu'il fallait s'y résoudre; mais, le 2 juillet, il était trop tard : la délibération ne pouvait plus servir qu'à masquer les conciliabules avec l'ennemi.

Rien de plus imposant que la réunion des généraux à la Villette, et pourtant il n'est pas croyable que la postérité ratifie la décision qu'ils prirent de rendre Paris sans combat. Quelle différence on vit alors entre 1814 et 1815! L'année précédente, en des circonstances plus désespérées, les maréchaux Mortier et Marmont, avec une vingtaine de mille hommes, n'avaient pas hésité un instant à livrer bataille sous Paris, à la Villette, à Belleville, jusque dans les faubourgs et aux barrières même. Ils ne s'étaient retirés que lorsque toute résistance avait été épuisée. Cela n'avait étonné personne. On n'aurait pas même compris qu'il pût en être autrement. Et maintenant, dans les mêmes lieux fortifiés par l'art, avec 80,000 soldats appuyés de 17,000 tirailleurs, de 30,000 gardes nationaux rangés derrière la position presque inexpugnable du canal de l'Ourcq, en face d'un ennemi partagé, on se décidait à se retirer, à céder Paris et la France sans brûler une amorce! Pourtant on avait vu, dans les combats de Compiègne, de Senlis, hier encore à Versailles, par le coup de main d'Excelmans, que c'étaient des Français que l'on commandait, et qu'ils savaient encore aborder l'ennemi!

Que s'était-il donc passé? Le voici. Dans l'intervalle de cette année, on avait fait cette étrange découverte, qu'il est trop dangereux pour l'ordre de défendre une capitale, que l'on fait courir par là un trop grand risque aux arts, au commerce, à *l'amélioration des mœurs* (car ces singulières considérations furent alléguées par le gouvernement dans sa proclamation).

Comme si l'année précédente il n'y avait point eu de beaux-arts et de mœurs à améliorer! comme si les étrangers avaient hésité jamais à livrer bataille sous leur capitale pour la sauver ou la reprendre : les Autrichiens sous les murs de Vienne, à Essling et à Wagram; les Espagnols sous Madrid, à Somo-Sierra; les Russes sous Moscou, à la Moskova, et dans cette même campagne les Anglo-Belges à Bruxelles!

Il faut bien admettre que, dans ce conseil suprême de la Villette, ces hommes si familiarisés avec la mort ne l'ont pas crainte pour eux-mêmes ce jour-là plus que les autres jours de leur vie; mais ils subirent la force des choses, qui se montrait partout. Bonaparte tombé, le bonapartisme avait disparu. A sa place ne se montra aucun principe qui semblât valoir qu'on s'ensevelît avec lui.

Les militaires, comme les autres hommes, en des circonstances trop fortes, laissent entrer dans leurs jugements pratiques, sur ce qu'ils savent le mieux, des considérations étrangères à leur profession. Quand cela arrive, tout est perdu, car ils peuvent couvrir de la gloire qu'ils ont acquise dans vingt batailles les sophismes de la lassitude ou de l'inconstance. Et qui alors, dans une question militaire, peut résister à leur autorité? quelle voix serait entendue? Lorsque tous les maréchaux, moins un seul, Lefebvre, opinaient pour la reddition, il ne restait qu'à opposer chacun d'eux à lui-même. Que le prince d'Eckmühl, le prince d'Essling, le duc de Dalmatie se souviennent seulement de Davout, de Masséna et de Soult. En effet, il n'y avait pas là un seul homme qui n'eût, en d'autres temps, engagé quelque affaire avec des chances beaucoup moins grandes. Davout, le plus décidé à capituler, n'avait-il pas, avec 30,000 hommes, battu les 90,000 Prussiens d'Auerstaedt? Mais maintenant la raison stratégique ne servait qu'à couvrir la raison politique.

Pour quelle cause se battrait-on à outrance? La Révolution? Napoléon se vantait de l'avoir détruite. Le bonapartisme? Il avait abdiqué avec son chef. La patrie? Elle avait été violée l'année précédente. La liberté? On avait appris pendant quinze ans à s'en passer. L'égalité? Était-ce donc à des princes, à des ducs, à des comtes, à des barons de s'immoler pour elle? Restait le mobile sacré, l'intérêt ; et il est certain qu'il y en avait un évident à ne pas se compromettre davantage avec la Restauration et à lui ouvrir les portes sans tarder.

D'ailleurs, l'accusation de pillage reparut, et cette fois contre les soldats français, les défenseurs étant, disait-on, plus à craindre que les ennemis. Et cela se répétait à la vue même de cette armée qui n'avait rapporté pour butin que ses blessures. Quant au chef, le prince d'Eckmühl mit fin aux dernières hésitations en déclarant qu'il avait vaincu depuis quelques jours *ses idées et ses préjugés*. Cette difficulté écartée, il était bien entendu, en effet, qu'il ne restait plus aucun motif de combattre.

Les masses de l'armée eurent un instinct différent, puisqu'on assure qu'elle voulut se donner un autre général. Elle s'offrit, dit-on, à Vandamme; mais le général Vandamme avait été des conciliabules du prince d'Eckmühl, et il pensait exactement comme lui. Ne trouvant donc plus de chef illustre et ne voulant pas se donner à un chef obscur, d'ailleurs ne pouvant sauver le gouvernement et l'Assemblée malgré eux, il ne resta à cette armée décapitée qu'à se retirer derrière la Loire, jusqu'à ce qu'elle fût licenciée.

La capitulation de Paris s'explique par la prostration et les embûches de l'esprit politique. Au point de vue militaire, elle ne se comprend plus. Admettez en principe que, dans l'intérêt d'une capitale, une armée de défense, sous ses murs, doit la céder à l'ennemi sans combattre; il n'y a plus aucune garantie pour la sécurité ou l'indépendance d'une nation. Car il suffirait à l'ennemi de surprendre quelques marches et de se présenter devant la capitale pour que la nation fût aux abois et dût se rendre sans merci.

Les Russes, les Autrichiens, les Bavarois avaient déjà, il est vrai, passé le Rhin. Ils pouvaient faire leur jonction dans quinze jours, et cet ennemi absent agit sur les esprits comme s'il eût été présent. Il pesa de tout son poids sur la décision du conseil de guerre. Pourtant quel essor une bataille gagnée sous Paris n'eût-elle pas donné à la France? Qui sait les combinaisons nouvelles qu'un grand succès eût amenées? La France en eût été peut-être toute changée.

D'ailleurs, si l'on se refusait à battre l'ennemi présent par la considération que l'on aura peut-être affaire plus tard à des ennemis encore absents, il faudrait renoncer à la guerre. N'avait-on pas vu des causes ruinées subitement relevées par un seul coup? La postérité répondra que, puisque Napoléon s'abandonnait, il ne fallait pas s'abandonner soi-même, qu'il ne doit pas être permis de désespérer quand on a encore 100,000 hommes sous la main, sans compter les corps de Rapp, de Suchet, de Lamarque. Et, au pis aller, que pouvait-il arriver? Que la bataille fût perdue, et que l'honneur fût sauvé.

Dans cette crise suprême, on cherche les traces d'un homme que l'historien Niebuhr admirait comme un ancien Romain, qui avait autrefois sauvé la France, et que Napoléon avait repris, mais en l'affaiblissant à son insu d'un titre féodal, Carnot. Lui aussi (et rien ne montre mieux l'embûche) désespéra de la défense de Paris au moment où la question fut posée. Avec Carnot, la patrie sembla se voiler et s'abandonner elle-même ; mais, ce moment excepté, ses avis gardèrent quelque chose de la trempe des temps inébranlables. Après Waterloo, il avait voulu que Napoléon, descendu au palais de l'Élysée, retournât sur-le-champ à l'armée pour la rallier. Après la capitulation de Paris, il voulait que l'Assemblée et le gouvernement se retirassent au milieu des troupes, sur la Loire, pour continuer la défense et appeler la France aux armes. Tels furent ses avis. Le seul que l'on accepta fut celui où il avait désespéré. Cet homme antique s'adressait à des hommes nouveaux qui ne l'entendaient plus. Aussi cette capitulation, déguisée sous le nom de convention, a-t-elle été si funeste, que tous les partis qui y ont prêté la main, tous les gouvernements qui s'y sont associés de près ou de loin, ont péri les uns après les autres, frappés d'impuissance ou soupçonnés de défection.

Au milieu de ces ruines, la chambre des représentants récapitula les vœux du peuple. Comme première garantie, elle demandait une constitution délibérée par la représentation nationale, la liberté politique, le système représentatif, la liberté de la presse, la responsabilité des ministres, l'abolition de la noblesse ancienne et nouvelle. Prises pour devise dans le combat, ces paroles eussent pu avoir une grande puissance ; mais, jetées au hasard, avant de se rendre sans résistance, elles ne devaient rien produire de durable.

Vains simulacres par lesquels de faibles assemblées couvrent leur retraite et leur abandon de la chose publique, d'autant plus que personne ne prend la responsabilité de semblables protestations. On jette au vent des mots fastueux; à leur abri, on court prêter un nouveau serment au plus fort. Rien n'a plus usé la parole chez les Français que ces déclarations qui ne sont suivies d'aucun acte, d'aucun sacrifice. C'est par là que la langue française a été comme exténuée. Dans tout cela se trouvait déjà le germe de ce que nous sommes devenus.

La liberté même sembla se parodier, quand, au milieu de ce manque de résolution, un député osa reproduire les paroles de Mirabeau : « que l'on ne céderait qu'à la puissance des baïonnettes. » Tous les membres se levèrent : ils s'écrièrent qu'ils resteraient inébranlables à leurs places. Le lendemain 7 juillet, les portes étaient fermées; des troupes en interdisaient l'approche aux députés. Le général la Fayette se présenta pour entrer; on lui cria à travers les grilles qu'il y avait ordre de ne laisser entrer personne. Encore une assemblée française expulsée par des soldats! Du moins, ce jour-là, ils étaient étrangers[1].

[1] *Mémoires du général la Fayette*, t. IV, p. 478.

XIII

L'INVASION. — SECONDE RESTAURATION.

C'était donc là ce que la France avait gagné en se mettant à la discrétion d'un seul : d'abord des victoires éclatantes qui tenaient du prodige, puis des victoires plus durement achetées, longtemps incertaines, suivies d'avantages douteux; enfin, dans les dernières années, des entreprises plus gigantesques, plus éblouissantes que solides, l'espérance prise pour la réalité, l'imagination pour les faits! Et pendant qu'on avait réveillé chez les peuples étrangers le désir de l'indépendance à force d'oppression, on avait étouffé chez nous la liberté, qui seule pouvait faire les miracles : de là le vide au dedans et les invasions infaillibles aussi longtemps que le régime eût duré.

En 1792, les armées étrangères s'étaient consumées dans quelque siége obscur sans oser entamer un pouce du sol sacré. Elles avaient été arrêtées par le prestige ou la superstition de la révolution française au moins

autant que par les armes; mais le rempart moral qui
nous avait protégés était tombé avec notre liberté
même. Les idées, les principes qui nous avaient défendus comme des forteresses, nous les avions laissé
démanteler. Cent jours n'avaient pas suffi à les refaire;
et c'est par cette grande brèche ouverte, non point
par une autre, que l'ennemi entrait maintenant de
toutes parts et sans obstacle.

C'est par là que faisaient irruption les Russes de Barclay, les Autrichiens de Schwartzenberg, les Bavarois,
après avoir franchi le Rhin à Mannheim, à Bâle, à Oppenheim. Les armées poussaient les armées. Derrière elles,
les prédications des enthousiastes poussaient les peuples
contre nous; et que nous restait-il à leur opposer? A
qui pouvions-nous faire croire, des Allemands, des
Prussiens, des Anglais, des Italiens, des Espagnols,
que l'obéissance passive était la continuation de la
liberté, que les institutions de Charlemagne étaient
les institutions de la Constituante? Grâce à une éducation particulière qui nous avait isolés du genre humain, nous avions pu nous pénétrer péniblement de
ces maximes; mais, quand même les étrangers eussent
compris ces choses bizarres, quel prestige pouvaient-elles exercer encore sur eux? Ce que l'on appelle les
idées nouvelles présentées sous la figure d'un maître
absolu leur parut ce qu'il y avait de plus vieux et de
plus insupportable. Et, en effet, il n'est pire chose au

monde que la servilité qui prend le masque de l'indépendance.

A toutes les revendications de la liberté nous avions eu beau opposer le Code civil ; les universités de Prusse et d'Allemagne nous avaient répondu, par la bouche des Fichte, des Goerres, des Jahn, des Thibaut, que le code de Justinien lui-même n'avait pas eu la prétention de remplacer la vie morale, libre, détruite par l'empire de Byzance. Et ils ajoutaient « qu'il n'était pas une des maximes de 1789 qui n'eût été abandonnée ou reniée, que cent jours n'avaient pas changé l'ouvrage de quinze ans, et qu'on n'avait plus affaire à la révolution française. » Nous nous trouvâmes ainsi désarmés plus encore que par nos défaites ; car nos simples maximes avaient été remplacées par des contradictions telles que celle-ci : « que la liberté s'établit par le despotisme. » Dans cette idée fausse devait succomber deux fois la France, en 1814 et 1815[1]. Le monde entier lui-même y périrait, si l'on pouvait réussir à l'armer pour ces subtilités.

Louis XVIII reparut ; et, comme si on eût voulu marquer que la guerre seule avait tout fait, il rentra dans Paris le lendemain même du jour où les Anglais et les Prussiens en avaient pris possession. Rien ne dissimu-

---

[1] « Il n'y a plus de France tant que les armées étrangères occupent notre territoire. » (Madame de Staël, *Considérations sur la Révolution française.*)

lait plus les armes étrangères. Le roi n'avait plus, comme en 1814, des rois pour compagnons et pour introducteurs. L'empereur Alexandre n'était plus là pour se faire pardonner la victoire par ses sourires. C'étaient des généraux ennemis, couverts du sang nouvellement versé, qui ouvraient le chemin. L'un d'eux menaçait déjà de renverser les monuments qui lui rappelaient ses défaites.

Ainsi nul artifice ne dissimulait aux yeux les dures conditions de la force et de la nécessité. Elles apparaissaient dans toute leur rigueur en dépit des acclamations. On oublia même d'aller, comme l'année précédente, à l'église Notre-Dame rendre grâces à Dieu de ce trône reconquis; mais on se hâta vers le palais des Tuileries par le plus court chemin, soit précipitation après ce nouvel exil, soit que l'on crût inutile de dissimuler. Don funeste que cette couronne ainsi reçue, sans intermédiaire, des mains de Blücher et de Wellington, que M. de Chateaubriand appelait alors *notre nouveau Turenne !* Les Bourbons auront raison de soutenir qu'il n'y a eu entre eux et la nation ni conditions ni contrat[1]. Ils ont pour eux le droit de la guerre, et il est presque impossible qu'ils ne finissent point par s'en prévaloir. Ce jour-là, l'excès même de leur droit

---

[1] « Fouché, déjà ministre du roi, annonça que les alliés le ramenaient impérieusement sans *négociations ni pacte.* » (La Fayette, *Mémoires*, t. V, p. 478.)

sera leur ruine, car les mêmes hommes qui veulent bien aujourd'hui se rendre à merci l'oublieront dès demain. Bientôt ils s'indigneront qu'on leur dispute les garanties qu'ils ont refusé de défendre.

Entre les Bourbons et la masse des Français que restait-il des illusions et des espérances de l'année précédente? Désormais on se connaissait trop bien, et l'on avait appris que nul n'était changé. Le roi savait qu'il pouvait être abandonné de ses sujets, et ceux-ci qu'ils pouvaient être asservis sous prétexte d'être affranchis.

Ce jour-là, un seul homme put triompher sans crainte de l'avenir : c'était Fouché. Ministre de Napoléon, il se voyait ministre des Bourbons. Au pied du trône qu'il relevait, au milieu de la stupeur du peuple qu'il changeait en acclamations, il dut croire dans le cortége que lui seul était infaillible et nécessaire; mais c'est lui, au contraire, qui devait être le premier désabusé par l'exil et par une mort obscure et misérable.

Qui eût pu lire dans l'avenir eût vu que cette *admirable entrée* préparée par Fouché ne devait profiter à personne. Le bonapartisme y trouvait sa ruine, la Restauration un motif permanent de reproches, puis d'accusations, enfin sa perte. Quant au parti constitutionnel, il ne s'était montré que pour ouvrir les portes aux ennemis : fatal commencement qui devait aussi se retourner contre lui et contre nous!

XIV

NAPOLÉON A SAINTE-HÉLÈNE.

Napoléon seul profita de son désastre; il se releva et grandit à Sainte-Hélène. Et là quelles plaintes aiguës il fit entendre! Elles ont été ouïes de chaque point de la terre. Et pourtant il avait avec lui, pour lui faire cortége, toute la gloire du monde, tandis que la plupart des hommes qui, en France, ont aimé ou servi la liberté avec un peu d'éclat ont dû mourir sur l'échafaud ou dans l'exil, ou au moins dans l'abandon et dans l'oubli. Mais eux sont morts seuls et sans cortége; ils n'ont pas eu pour adieu et pour consolation suprême la renommée et les acclamations des peuples, ceux-ci les réservant presque toujours pour le maître qui leur a mis le frein.

Une grande pitié nous a saisis au cœur en voyant Napoléon à Sainte-Hélène; et qui eût pu alors s'en défendre? Comme bientôt lui-même, dans ce prodigieux changement, se mit au niveau de sa nouvelle fortune, que dans l'adversité il se montra accessible à ses familiers, sensible aux maux qu'il venait d'apprendre à connaître, ouvert à tous les sentiments humains depuis que le trône ne le garantissait plus des indignités de la destinée ordinaire ; comme il laissa voir l'homme quand l'empereur eut disparu, et qu'il loua la liberté sitôt qu'il fut captif, on en conclut qu'il avait toujours été ainsi en secret dans l'ancienne prospérité. Les élans de justice qu'il montra quand il fut le plus faible, nous supposâmes qu'il les avait éprouvés quand il était le plus fort. La figure de Napoléon de 1800 à 1815 fut ainsi altérée dans l'histoire par le reflet des années de 1816 à 1821. Nous fîmes remonter dans le passé sur le trône impérial la sagesse tardive, puisée dans la captivité. Grande cause de perturbation pour la plupart des récits! De là ce Napoléon modéré, impartial, presque débonnaire, tout l'opposé de celui que les contemporains ont connu, et dont ils nous ont transmis l'impression véritable. Ne brouillons pas tous les temps par une molle complaisance, qui aussi bien n'a plus d'objet, car la tombe vide de Sainte-Hélène ne sollicite plus la pitié de personne. Nous pouvons croire que cette grande ombre est apaisée et satisfaite, et que ses vœux, à elle, sont comblés. Transportons donc ailleurs notre pitié vers des maux plus réels ou plus immérités, et profitons au moins de ce que nous sommes dégagés de la compassion pour revenir à la vérité seule.

La gloire de Napoléon est assez grande ; ne la faisons pas surhumaine en louant les désastres à l'égal des triomphes. Quand nous le comparons à César, n'oublions pas les différences. César a gardé toutes ses conquêtes ; Napoléon a perdu toutes les siennes. César n'a été trompé dans aucun de ses calculs ; il n'a subi aucun mécompte. Rien ne peut être comparé aux succès de Napoléon, si ce n'est ses revers.

Si César avait amené deux fois par sa faute l'invasion des barbares dans Rome, s'il avait perdu dans quatre campagnes les armées romaines, en Gaule, en Germanie, en Ibérie, en Scythie, est-il croyable que les anciens lui eussent su autant de gré de ses défaites que de ses victoires ? Pour qui connaît leur esprit judicieux, il est permis d'en douter.

NOTES

I

ELLE S'AVANCE EN COLONNES SUR L'EXTRÉMITÉ DE LA LIGNE PRUSSIENNE. (Pages 123 et 124.)

Les Français marchaient dans des champs de seigle très-élevés qui les empêchaient de rien découvrir devant eux. Les officiers supérieurs à cheval se détachaient seuls au-dessus des masses. Le colonel Matis, apercevant quelque mouvement devant lui[1], dit au général Girard : « Il me semble que se sont des Prussiens. » Mais le général n'en

---

[1] *Mémoires* (inédits) *du général Matis.*

voulut rien croire, pensant que c'étaient des troupes de Vandamme qui se retiraient. Un feu de bataillon sortit alors de dessous les moissons. On ne s'attendait pas à être si près de l'ennemi. Il y eut un moment de surprise dans les rangs; après quoi, le commandement se fit entendre et les colonnes doublèrent le pas.

II

C'est un colonel qui commande. (Page 125.)

Dans les relations les plus détaillées de la bataille de Ligny (16 juin 1815), on s'accordait à dire que le colonel Tiburce Sébastiani commanda la division Girard après que les généraux eurent été mis hors de combat. Les écrivains qui m'ont précédé, et chez lesquels j'avais puisé cette assertion, n'ont pas été contredits [1]. Je m'étais conformé, après eux, à ce qui pouvait passer pour un fait accepté. Les fils du général Matis, poussés par un sentiment respectable, réclament l'honneur de ce commandement pour leur père, déjà colonel en 1811, qui s'était signalé au siège de Sagonte et commandait en 1815 le 82ᵉ à Ligny. Les preuves qu'il allèguent pour cette revendication sont l'ancienneté

---

[1] Le capitaine de Mauduit, *les Derniers Jours de la grande armée*, p. 73, 1848. — Le colonel Charras, *Campagne de 1815*, p. 144-155, 1857.

du grade, les souvenirs d'anciens officiers du 82e, et, par-dessus tout, l'assertion du général Matis dans ses Mémoires posthumes et encore inédits. On y lit, en effet, ce qui suit : « Le général de brigade Villiers prit le commandement de la division, et moi celui de sa brigade. Il fit avancer la seconde et marcha sur les Prussiens; mais à peine avions-nous parcouru un quart de lieue, qu'il fut blessé d'une balle à la main et me remit le commandement de la division.

III

Plusieurs heures ont été consumées sans résultat. (Page 130.)

À la droite, on s'est contenté longtemps de s'observer. Grouchy, avec la seule division d'infanterie de Hulot et la cavalerie de Maurin, Pajol, Excelmans, a réussi à occuper Thielmann autour des villages de Tougrinne, Boigne, Balâtre. Par ses mouvements et ses feux de tirailleurs, il a inquiété et harcelé l'ennemi jusqu'au soir. Mais alors on s'est lassé des deux côtés de ces démonstrations. Les lanciers prussiens de Lettum sont venus rompre leurs lances contre les cuirassiers d'Excelmans, qui les ont refoulés et leur ont pris six pièces de canon.

Thielmann cède aux fantassins de Hulot la ferme de Potriaux, les hameaux de Boigne et Balâtre, mais il conserve Sombref.

IV

Le général d'Erlon. (Page 137.)

Comment Napoléon, dans sa seconde relation, peut-il dire que les marches et contre-marches du général d'Erlon, depuis midi jusqu'à neuf heures du soir, ne l'ont retardé que d'une demi-heure? N'est-ce pas vouloir s'abuser après coup par une arithmétique imaginaire? « Il fut joint par le premier corps que commandait le comte d'Erlon, dont le mouvement par Saint-Amand ne retarda l'arrivée que d'une demi-heure. » (*Mémoires pour servir à l'histoire de France en 1815. Livre XIX, page 71.*)

V

Le général Durrieu donne l'exemple de ce stoïcisme. Blessé d'une balle a la cuisse... (Page 252.)

Une note du général Durrieu ajoute à ces détails ceux qui suivent :

« Le général Durrieu, blessé vers les quatre heures, ne quitta le champ de bataille qu'avec le gros de l'armée, vers huit heures du soir, et il ne put se tenir plus longtemps à cheval. Il se fit placer sur un caisson d'artillerie, qui fut bientôt dételé par les artilleurs pour sauver au moins les chevaux. Le général resta au bord d'un fossé, d'où il fut retiré par quelques soldats qui le déposèrent dans une maison abandonnée et déjà encombrée d'autres blessés arrivés avant lui; il fut fait prisonnier le lendemain par les Anglais. »

VI

Ceux qui les subissent ou les acclament. (Page 331).

La chambre des pairs ne sortit de sa torpeur que par deux incidents tragiques; le maréchal Ney souleva le premier. On a mal jugé la situation d'esprit de ce maréchal à son retour. Les combinaisons alors obscures, incompréhensibles, inexplicables de cette campagne qu'il déclarait absurde, lui apparaissaient comme autant de marques de duplicité; elles avaient agi sur lui plus encore que la calamité elle-même[1]. Pour comble, il venait d'apprendre que l'on rejetait sur lui la catastrophe. Cette pensée le révolte. Il brûle de démentir chacune des assertions officielles. Tout lui semble piége à la bonne foi. Aussi à peine Carnot a-t-il

[1] Voyez sa lettre au duc d'Otrante.

commencé, à la chambre des pairs, la lecture d'une lettre tranquillisante de Davout sur l'état de l'armée, il l'interrompt, il conteste, il nie la vérité des témoignages. Selon lui, Grouchy ne peut avoir rallié que sept à huit mille hommes, et Soult n'a personne à Rocroy. Persuadé qu'il a été trompé sur le champ de bataille, et que l'on veut tromper encore, Ney ne voit de salut que dans les négociations, dont le premier effet sera de lui ôter la vie. Et si lui désespère, qui osera encore espérer et combattre?

D'autre part, le général Labédoyère demande que l'on sorte des circonlocutions et que l'on jette les masques. Un légiste lui répond par les formules de *non-recevoir* que les assemblées opposent si aisément aux hommes d'exécution dans les moments suprêmes. Labédoyère sent qu'on l'étouffe, lui et sa cause, dans ces formes évasives. Il crie sous le bâillon. Le désespoir l'entraîne ; il provoque le sénat, *les vils généraux et les traîtres qui peut-être siégent ici*. Masséna se lève ; avec l'autorité de son nom, il clôt cette scène de désespoir par ces mots : « Jeune homme, vous vous oubliez. »

Après tout, ce jeune homme avait mis sa vie dans l'enjeu ; il ne se souvenait que trop bien de ce qu'il avait vu de ce même sénat, l'année précédente ; sa mort allait bientôt aussi suivre ses paroles.

VII

CE FUT AUSSI, PENDANT LES CENT-JOURS, LA SEULE PARTIE QUI SE MONTRA ATTEINTE DANS NAPOLÉON. (Page 379.)

Ceux qui ont approché de Napoléon pendant les Cent-Jours sont unanimes sur l'impression qu'ils ont reçue. Benjamin Constant[1] : « Napoléon interrompait les conversations les plus importantes pour se livrer à des entretiens qui ne touchaient en rien à ses intérêts. Il ne domptait plus comme autrefois les distractions, le sommeil, la fatigue. »

Miot de Mélito, en d'autres termes, dit la même chose[2] : « Je sortis de cette audience peu satisfait. Je n'y avais pas retrouvé l'empereur tel que je l'avais vu autrefois. Il était soucieux. Déjà il ne comptait plus sur sa destinée. »

Ces observations de deux témoins oculaires ont été renouvelées plusieurs fois pendant les Cent-Jours. Le soir de son arrivée à Laon (quelques jours avant Waterloo), il reçut les autorités civiles. Ceux qui assistèrent à cette réception furent frappés de son aspect sombre, qu'il ne se donna aucune peine de dissimuler.

---

[1] Benjamin Constant, *Lettres sur les Cent-Jours*.
[2] *Mémoires du comte Miot de Mélito*.

PIÈCES JUSTIFICATIVES

I

NAPOLÉON AU MARÉCHAL NEY.

« Charleroi, le 16 juin 1815.

« Mon cousin, je vous envoie mon aide de camp, le général Flahaut, qui vous porte la présente lettre; le major général a dû vous donner des ordres; mais vous recevrez les miens plus tôt, parce que mes officiers vont plus vite que les siens. Vous recevrez l'ordre de mouvement du jour; mais je veux vous écrire en détail, parce que c'est de la plus haute importance.

« Je porte le maréchal Grouchy, avec les 3° et 4° corps d'infanterie, sur Sombref; je porte ma garde sur Fleurus, et j'y serai de ma personne avant midi. J'y attaquerai l'ennemi, si je le rencontre, et j'éclairerai la route jusqu'à Gembloux. Là, d'après ce qui se passera, je prendrai mon parti, peut-être à trois heures après midi, peut-être ce soir. Mon intention est que, immédiatement après que j'aurai pris mon parti, vous soyez prêt à marcher sur Bruxelles. Je vous appuierai avec la garde, qui sera à Fleurus ou à Sombref, et je désirerais arriver à Bruxelles demain matin. Vous vous mettriez en marche ce soir même, si je prends mon parti d'assez bonne heure pour que vous puissiez en être informé de jour, faire ce soir trois ou quatre lieues, et être demain à sept heures du matin à Bruxelles.

« Vous pouvez donc disposer vos troupes de la manière suivante : une division à deux lieues en avant des Quatre-Bras, s'il n'y a pas d'inconvénient; six divisions d'infanterie autour des Quatre-Bras, et une division à Marbais, afin que je puisse l'attirer à moi, à Sombref, si j'en ai besoin; elle ne retarderait pas, d'ailleurs, votre marche; le corps du comte de Valmy, qui a 3,000 cuirassiers d'élite à l'intersection de la chaussée romaine et du chemin de Bruxelles, afin que je puisse l'attirer à moi si j'en ai besoin; aussitôt que mon parti sera pris, vous lui enverrez l'ordre de venir vous rejoindre.

« Je désirerais avoir avec moi la division de la garde que commande le général Lefebvre-Desnouettes, et je vous envoie les deux divisions du corps du comte de Valmy pour la remplacer. Mais, dans mon projet actuel, je préfère placer le comte de Valmy de manière à le rappeler si j'en avais besoin, et ne point faire faire de fausses marches au général Lefebvre-Desnouettes, puisqu'il est probable que je me déciderai ce soir à marcher sur Bruxelles avec la garde. Cependant couvrez la division Lefebvre par les deux divisions de la cavalerie de d'Erlon et de Reille, afin de ménager la garde; car, s'il y avait quelque échauffourée avec les Anglais, il est préférable que ce soit avec la ligne plutôt qu'avec la garde.

« J'ai adopté pour principe général pendant cette campagne de diviser mon armée en deux ailes et une réserve. Votre aile sera composée des quatre divisions du 1er corps, des quatre divisions du 2e corps, de deux divisions de cavalerie légère et des deux divisions du corps de Valmy. Cela ne doit pas être loin de 45 à 50,000 hommes.

« Le maréchal Grouchy aura à peu près la même force et commandera l'aile droite. La garde formera la réserve et je me porterai sur l'une ou sur l'autre aile, suivant les circonstances.

« Le major général donne les ordres les plus précis pour qu'il n'y ait aucune difficulté sur l'obéissance à vos ordres lorsque vous serez détaché, les commandants des corps devant prendre mes ordres directement quand je me trouve présent. Selon les circonstances, j'affaiblirai l'une ou l'autre aile en augmentant ma réserve.

« Vous sentez assez l'importance attachée à la prise de Bruxelles. Cela pourra, d'ailleurs, donner lieu à des incidents; car un mouvement aussi prompt et aussi brusque isolera l'armée anglaise de Mons, Ostende, etc.

« Je désire que vos dispositions soient bien faites, pour qu'au premier ordre vos huit divisions puissent marcher rapidement et sans obstacle sur Bruxelles.

« Napoléon. »

II

ORDRE DE NAPOLÉON AU MARÉCHAL NEY.

« En avant de Fleurus, le 16 juin 1815.

« Monsieur le maréchal, l'empereur me charge de vous prévenir que l'ennemi a réuni un corps de troupes entre Sombref et Bry, et qu'à deux heures et demie, M. le maréchal Grouchy, avec les 3e et 4e corps, l'attaquera.

« L'intention de Sa Majesté est que vous attaquiez aussi ce qui est devant vous et qu'après l'avoir vigoureusement poussé, vous rabattiez sur nous pour concourir à envelopper le corps dont je viens de vous parler. Si ce corps était enfoncé auparavant, alors Sa Majesté ferait manœuvrer dans votre direction pour hâter également vos opérations.

« Instruisez de suite l'empereur de vos dispositions et de ce qui se passe sur votre front. »

III

ORDRE DE NAPOLÉON AU MARÉCHAL NEY.

« En avant de Fleurus, le 16 juin, à trois heures un quart.

« Monsieur le maréchal, je vous ai écrit, il y a une heure, que l'empereur ferait attaquer l'ennemi à deux heures et demie dans la position qu'il a prise entre Bry et Sombref. En ce moment, l'engagement est très-prononcé. Sa Majesté me charge de vous dire que vous devez manœuvrer sur-le-champ de manière à envelopper la droite de l'ennemi et à tomber à bras raccourcis sur ses derrières. Cette armée est perdue si vous agissez vigoureusement. Le sort de la France est dans vos mains. Ainsi n'hésitez pas un instant à faire le mouvement que l'empereur vous ordonne, et dirigez-vous sur les hauteurs de Bry et de Saint-Amand pour concourir à une victoire peut-être décisive. »

IV

ORDRE DE NAPOLÉON AU MARÉCHAL NEY.

« Fleurus, le 17 juin 1815[1].

« Monsieur le maréchal, le général Flahaut, qui arrive à l'instant, fait connaître que vous êtes dans l'incertitude sur les résultats de la journée d'hier. Je crois cependant vous avoir prévenu de la victoire que l'empereur a remportée. L'armée prussienne a été mise en déroute et le général Pajol est à sa poursuite sur les routes de Namur et de Liége. Nous avons déjà plusieurs milliers de prisonniers et trente pièces de canon. Nos troupes se sont bien conduites : une charge de six bataillons de la garde, des escadrons de service et de la division de cavalerie du général Delort a percé la ligne ennemie, porté le plus grand désordre dans les rangs et enlevé la position.

« L'empereur se rend au moulin de Bry, où passe la grande route qui conduit de Namur aux Quatre-Bras ; il n'est donc pas possible que l'armée anglaise puisse agir devant vous ; si cela était, l'empereur marcherait directement sur elle par la route des Quatre-Bras, tandis que vous l'attaqueriez de front avec vos divisions, qui, à présent, doivent être

[1] Vers huit heures du matin.

réunies, et cette armée serait dans un instant détruite. Ainsi, instruisez Sa Majesté de la position exacte des divisions et de tout ce qui se passe devant vous. L'empereur a vu avec peine que vous n'ayez pas réuni hier les divisions; elles ont agi isolément. Ainsi, vous avez éprouvé des pertes.

« Si les corps des comtes d'Erlon et Reille avaient été ensemble, il ne réchappait pas un Anglais du corps qui venait vous attaquer. Si le comte d'Erlon avait exécuté le mouvement sur Saint-Amand que l'empereur a ordonné [1], l'armée prussienne était totalement détruite et nous aurions fait peut-être trente mille prisonniers.

« Les corps des généraux Gérard, Vandamme et la garde impériale ont toujours été réunis; l'on s'expose à des revers lorsque des détachements sont compromis.

« L'empereur espère et désire que vos sept divisions d'infanterie et la cavalerie soient bien réunies et formées, et qu'ensemble elles n'occupent pas une lieue de terrain, pour les avoir bien dans votre main et les employer au besoin.

« L'intention de Sa Majesté est que vous preniez position aux Quatre-Bras, ainsi que l'ordre vous en a été donné; mais, si, par impossible, cela ne peut avoir lieu, rendez-en compte sur-le-champ avec détail, et l'empereur s'y portera ainsi que je vous l'ai dit; si, au contraire, *il n'y a qu'une arrière-garde* [2], attaquez-la et prenez position.

« La journée d'aujourd'hui est nécessaire pour terminer cette opération et pour compléter les munitions, rallier les

---

[1] Voilà l'origine des reproches contradictoires dirigés contre Ney. Napoléon a supposé, plus tard, que c'est Ney qui a envoyé d'Erlon à Saint-Amand. Il le croyait encore à Sainte-Hélène.

[2] Napoléon n'ordonne à Ney d'attaquer que *s'il* n'a devant lui qu'*une arrière-garde*. Or, toute l'armée anglaise était là.

militaires isolés et faire rentrer les détachements[1]. Donnez des ordres en conséquence et assurez-vous que tous les blessés sont pansés et transportés sur les derrières; l'on s'est plaint que les ambulances n'avaient pas fait leur devoir.

« Le fameux partisan Lutzow, qui a été pris, disait que l'armée prussienne était perdue et que Blücher avait exposé une seconde fois la monarchie prussienne.

« Duc de Dalmatie. »

V

ORDRE AU MARÉCHAL NEY.

« En avant de Ligny, le 17 juin, à midi.

« Monsieur le maréchal, l'empereur vient de faire prendre position en avant de Marbais à un corps d'infanterie et à la garde impériale; Sa Majesté me charge de vous dire que son intention est que vous attaquiez les ennemis aux Quatre-Bras, pour les chasser de leur position, et que le corps qui est à Marbais secondera vos opérations. Sa Majesté va se rendre à Marbais, et elle attend vos rapports avec impatience.

« Le maréchal d'Empire, major général,

« Duc de Dalmatie. »

[1] Tel est l'emploi que Napoléon voulait faire de la journée du 17; il n'est pas question d'une seconde bataille à livrer ce jour-là.

VI

NOTICE DU GÉNÉRAL D'ERLON SUR LES MOUVEMENTS DE SO CORPS, LE 16 JUIN 1815.

« Vers onze heures ou midi, M. le maréchal Ney m'envoya l'ordre de faire prendre les armes à mon corps d'armée et de le diriger sur Frasnes et les Quatre-Bras, où je recevrais des ordres ultérieurs. Mon armée se mit donc immédiatement en marche.

« Après avoir donné l'ordre au général qui commandait la tête de colonne de faire diligence, je pris l'avance pour voir ce qui se passait aux Quatre-Bras, où le corps d'armée du général Reille me semblait engagé. Je m'arrêtai au delà de Frasnes avec des généraux de la garde, et j'y fus joint par le général Labédoyère, qui me fit voir une note au crayon qu'il portait au maréchal Ney, et qui enjoignait à ce maréchal de diriger mon corps d'armée sur Ligny. Le général Labédoyère me prévint qu'il avait déjà donné l'ordre pour ce mouvement en faisant changer de direction à ma colonne, et m'indiqua où je pourrais la rejoindre. Je pris aussitôt cette route et j'envoyai au maréchal mon chef d'état-major, le général Delcambre, pour le prévenir de ma nouvelle destination...

« M. le maréchal Ney me renvoya mon chef d'état-major (le général Delcambre), en me prescrivant impérativement de revenir sur les Quatre-Bras, où il s'était fortement engagé, comptant sur la coopération de mon corps d'armée. Je devais donc supposer qu'il y avait urgence, puisque le maréchal prenait sur lui de me rappeler, quoiqu'il eût reçu la note dont j'ai parlé plus haut. J'ordonnai, en conséquence, à la colonne de faire contre-marche; mais, malgré toute la diligence qu'on a pu mettre dans ce mouvement, ma colonne n'a pu paraître en arrière des Quatre-Bras qu'à l'approche de la nuit.

« Le général Labédoyère avait-il mission pour faire changer la direction de ma colonne, avant que d'avoir vu le maréchal Ney? Je ne le pense pas. Dans tous les cas, cette circonstance a été cause de toutes les marches et contre-marches qui ont paralysé mon corps d'armée pendant la journée du 16. »

(Extrait des documents inédits publiés par le duc d'Elchingen).

VII

INSTRUCTIONS DE NAPOLÉON AU MARÉCHAL GROUCHY.

« Ligny, le 17 juin 1815.

« Monsieur le maréchal, rendez-vous à Gembloux avec le corps de cavalerie du général Pajol, la cavalerie du quatrième corps et le corps de cavalerie du général Excelmans, la division du général Teste, dont vous aurez un soin particulier, étant détachée de son corps d'armée, et les troisième et quatrième corps d'infanterie. Vous vous ferez éclairer sur la direction de Namur et de Maëstricht, et vous poursuivrez l'ennemi.

« Éclairez sa marche et instruisez-moi de ses manœuvres, de manière que je puisse pénétrer ce qu'il veut faire. Je porte mon quartier général aux quatre chemins, où ce matin étaient encore les Anglais. Notre communication sera donc directe par la route pavée de Namur. Si l'ennemi a évacué Namur, écrivez au général commandant la deuxième division militaire, à Charlemont, de faire occuper cette place par quelques bataillons de garde nationale et quelques atteries de canon qu'il formera à Charlemont. Il donnera ce commandement à un maréchal de camp.

« Il est important de pénétrer ce que l'ennemi veut faire : ou il se sépare des Anglais, ou ils veulent se réunir encore pour couvrir Bruxelles et Liége[1], en tentant le sort d'une nouvelle bataille. Dans tous les cas, tenez constamment vos deux corps d'infanterie réunis dans une lieue de terrain, et occupez tous les soirs une bonne position militaire, ayant plusieurs débouchés de retraite. Placez des détachements de cavalerie intermédiaire, pour communiquer avec le quartier général. »

---

[1] Napoléon a toujours soutenu que l'intérêt des Anglais et des Prussiens était de chercher leur champ de bataille de l'autre côté de la forêt de Soignes. C'est un des projets qu'il leur attribue ici.

VIII

RAPPORT DU MARÉCHAL GROUCHY A NAPOLÉON.

« Gembloux, dix heures du soir, le 17 juin 1815.

« Sire,

« J'ai l'honneur de vous rendre compte que j'occupe Gembloux, et que ma cavalerie est à Sauvenière. L'ennemi, ort d'environ 30,000 hommes, continue son mouvement de retraite; on lui a saisi ici un parc de 400 bêtes à cornes, des magasins et des bagages.

« Il paraît, d'après tous les rapports, qu'arrivés à Sauvenière, les Prussiens se sont divisés en deux colonnes : l'une a dû prendre la route de Wavre, en passant par Sart-les-Walhain; l'autre colonne paraît s'être dirigée sur Perwez.

« On peut, peut-être, en inférer qu'une portion va rejoindre Wellington, et que le centre, qui est l'armée de Blücher, se retire sur Liége, une autre colonne avec de l'artillerie ayant fait son mouvement de retraite sur Namur. Le général Excelmans a ordre de pousser ce soir six escadrons sur Sart-les-Walhain, et trois escadrons sur Perwez. D'après leurs rapports, si la masse des Prussiens se retire sur Wavre, je le suivrai dans cette direction, afin qu'ils ne puissent gagner Bruxelles [1] et de les séparer de Wellington.

---

[1] Ainsi, à ce moment, Grouchy admet que le projet des Prussiens peut être de se réunir aux Anglais en gagnant directement Bruxelles par

PIÈCES JUSTIFICATIVES

« Si, au contraire, mes renseignements prouvent que la principale force prussienne a marché par Perwez, je me dirigerai par cette ville à la poursuite de l'ennemi.

« Les généraux Thielmann et de Borstel faisaient partie de l'armée que Votre Majesté a battue hier; ils étaient encore ce matin à dix heures ici et ont annoncé que 20,000 des leurs avaient été mis hors de combat. Ils ont demandé, en partant, les distances de Wavre, Perwez et Hannut. Blücher a été blessé au bras, ce qui ne l'a pas empêché de commander après s'être fait panser. Il n'a point passé par Gembloux.

« LE MARÉCHAL COMTE DE GROUCHY. »

IX

ORDRE DE NAPOLÉON AU MARÉCHAL GROUCHY.

« En avant de la ferme du Caillou, le 18 juin, dix heures du matin.

« Monsieur le maréchal, l'empereur a reçu votre dernier rapport, daté de Gembloux; vous ne parlez à Sa Majesté que de deux colonnes prussiennes qui ont passé à Sauvenière et à Sart-les-Walhain; cependant des rapports disent qu'une troisième colonne, qui était assez forte, a passé à Géry et à Gentinnes, se dirigeant sur Wavre.

Wavre. Mais on ne voit aucune trace de l'idée que la jonction des ennemis pourra se faire en avant de la forêt de Soignes.

« L'empereur me charge de vous prévenir qu'en ce moment Sa Majesté va faire attaquer l'armée anglaise, qui a pris position à Waterloo, près de la forêt de Soignes; ainsi Sa Majesté désire que vous dirigiez vos mouvements sur Wavre, afin de vous rapprocher de nous, de vous mettre en rapport d'opérations et lier les communications, poussant devant vous les corps de l'armée prussienne, qui ont pris cette direction et qui ont pu s'arrêter à Wavre, où vous devez arriver le plus tôt possible.

« Vous ferez suivre les colonnes ennemies qui ont pris votre droite par quelques corps légers, afin d'observer leurs mouvements et ramasser leurs traînards.

« Instruisez-moi immédiatement de vos dispositions et de votre marche, ainsi que des nouvelles que vous avez sur les ennemis, et ne négligez pas de lier vos communications avec nous; l'empereur désire avoir très-souvent de vos nouvelles. »

X

ORDRE DE NAPOLÉON AU MARÉCHAL GROUCHY.

« Du champ de bataille de Waterloo, le 18 juin,
à une heure de l'après-midi.

« Monsieur le maréchal, vous avez écrit ce matin, à deux heures, à l'empereur, que vous marchiez sur Sart-les-Walhain; donc, votre projet était de vous porter à Corbais ou à Wavre. Ce dernier mouvement est conforme aux dispositions de Sa Majesté qui vous ont été communiquées.

« Cependant l'empereur m'ordonne de vous dire que vous devez toujours manœuvrer dans notre direction. C'est à vous à voir le point où nous sommes, pour vous régler en conséquence, et pour lier nos communications, ainsi que pour être toujours en mesure de tomber sur les troupes ennemies qui chercheraient à inquiéter notre droite, et à les écraser. En ce moment, la bataille est engagée sur la ligne de Waterloo; ainsi, manœuvrez pour joindre notre droite.

« P.-S. Une lettre qui vient d'être interceptée porte que le général Bulow doit attaquer notre flanc. Nous croyons apercevoir ce corps sur les hauteurs de Saint-Lambert; ainsi ne perdez pas un instant pour vous rapprocher de nous et nous joindre, et pour écraser Bulow, que vous prendrez en flagrant délit. »

XI

LE MARÉCHAL GROUCHY AU GÉNÉRAL VANDAMME.

« Limal, nuit du 18 au 19 juin.

« Je mets sous votre commandement tout le corps de Gérard. Nous ferons effort, par ici, à la pointe du jour; nous ferons occuper l'ennemi à Wavre par un simulacre d'efforts, et nous réussirons, j'espère, à joindre l'empereur, ainsi qu'il ordonne de le faire. On dit qu'il a battu les Anglais; mais je n'ai plus de ses nouvelles et je suis fort dans l'embarras pour lui donner des nôtres.

« C'est au nom de la patrie que je vous prie, mon cher général, d'exécuter de suite le présent ordre. Je ne vois que cette manière de sortir de la position difficile où nous sommes; et le salut de l'armée en dépend. Je vous attends.

« *P. S.* Le rapport des prisonniers faits ici annonce que Blücher et Bulow sont en face de nous. J'en doute fort. »

(Lettre citée pour la première fois par M. le colonel Charras.)

XII

CONTROVERSE SUR LES OPÉRATIONS DU MARÉCHAL GROUCHY.

«... L'officier que j'envoyai à l'empereur de Sart-les-Walhain fut, au trot et au galop de son cheval, deux heures et demie à se rendre près de lui. Un corps d'armée d'infanterie eût certainement mis trois fois autant de temps à y arriver. A vol d'oiseau, il y a de Sart-les-Walhain à Mont-Saint-Jean douze mille cent toises. En y joignant un quart en sus à raison des sinuosités des chemins de traverse, que les troupes eussent été obligées de suivre, la distance à parcourir par elles était de quinze mille cent vingt-cinq toises ou plus de sept lieues et demie de poste. Ainsi il était impossible qu'elles fussent rendues à Mont-Saint-Jean avant huit heures du soir, époque à laquelle l'attaque de Blücher sur le flanc droit de l'armée française avait eu lieu, et où le sort de la bataille était décidé. » (Grouchy, *Fragments historiques*, page 16.)

OBSERVATION INÉDITE (DE LA MAIN DE GROUCHY).

« La proposition de marcher au canon était contraire au premier ordre donné le 17 de poursuivre les Prussiens, qu'on croyait en retraite sur la Meuse, au deuxième ordre donné le 18, à dix heures du matin, au moment où l'empereur, trouvant seule l'armée anglaise en position à Waterloo près de la forêt de Soignes, ordonna de marcher à Wavre et de pousser devant moi tous les corps prussiens qui ont pris cette direction.

« Il est difficile de soutenir qu'il soit permis d'obéir à des inspirations, quelque heureux qu'eussent pu être leurs résultats, quand d'aussi positives injonctions ont été faites. »

AUTRE OBSERVATION INÉDITE.

« Les corps prussiens pouvaient aussi bien se reformer vers Liége et Maëstricht et se porter dans cette direction qu'opérer leur jonction avec l'armée de Wellington. Telle avait été l'opinion de Napoléon. »

LETTRE DU LIEUTENANT-COLONEL DE LA FRESNAYE AU MARÉCHAL GROUCHY.

« Au moment de mon départ, une canonnade qui n'avait pas l'air d'un engagement général se fit entendre; je me dirigeai sur le bruit du canon, et, après avoir marché deux grandes heures et demie au trot et au galop, je trouvai Napoléon sur le champ de bataille de Waterloo. Je lui remis les dépêches que vous m'aviez confiées...

« Il les lut, me demanda le point où vous vous trouviez, et me dit de rester près de lui. J'y demeurai jusqu'au soir; aucuns ordres ne m'ont été donnés à vous rapporter, et il n'est pas à ma connaissance que d'autres officiers vous aient été expédiés. »

EXTRAIT DES OBSERVATIONS DU GÉNÉRAL GÉRARD.

« En commençant le mouvement à midi, comme il n'y avait de Sart-les-Walhain au mont Saint-Lambert ou à Frichermont pas plus de quatre lieues, il est incontestable que la tête de notre colonne y serait arrivée vers quatre heures et demie, heure à laquelle les premières troupes de Bulow commençaient à déboucher. »

LETTRE DU GÉNÉRAL BERTHEZÈNE AU GÉNÉRAL GÉRARD.

« Ce ne fut que vers deux heures que nous arrivâmes à *la Baraque*. Depuis longtemps, nous entendions le feu. De ce point, je vis très-distinctement la marche des Prussiens se dirigeant vers le feu.

« J'en rendis compte, et il me fut répondu : « Dites au « général qu'il soit tranquille. Nous sommes sur la bonne « route; nous avons des nouvelles de l'empereur, et il nous « ordonne de marcher sur Wavre. »

LETTRE DU GÉNÉRAL VALAZÉ.

« Où est le feu? demandai-je à un de mes guides qui sor-« tait de la garde impériale. — C'est vers Mont-Saint-Jean, « et, dans trois ou quatre heures, nous pourrons être là où « l'on se bat. »

« Le propriétaire du château disait de même. »

XIII

DIVISION GIRARD.

Qu'est devenue cette division après la bataille de Waterloo? Il restait une grande obscurité sur ce point. Je trouve la réponse dans un extrait des Mémoires inédits du général Matis :

« Le lendemain de la bataille de Ligny, ma division (celle de Girard) fut appelée au grand quartier général, qui était aux Quatre-Bras... Une heure après, je reçus l'ordre de me rendre à Fleurus pour y arrêter des maraudeurs qui commettaient des désordres, et protéger l'arrivée des convois destinés à l'armée.

« J'ai été oublié dans cette ville le jour de la bataille de Waterloo. Dans la soirée de cette fatale journée, je reçus l'ordre de soutenir la retraite. J'ai passé la Sambre à Charleroi, et j'eus la douleur de voir toute l'armée dans une déroute complète. »

XIV

DÉPÊCHE DU DUC DE WELLINGTON.

« ... Je dis alors aux commissaires que l'Europe trouverait sa meilleure garantie dans la restauration du roi; que l'établissement de tout autre gouvernement que celui du roi de France conduirait bientôt à de nouvelles guerres sans fin; qu'après la défaite de Bonaparte, le moyen le plus naturel et le plus simple était de rappeler le roi; qu'il était beaucoup plus digne de le rappeler *sans conditions*...; que, par-dessus tout, il était important de rappeler le roi, sans perte de temps, avant qu'ils eussent l'air d'y être contraints par les alliés.

« Les commissaires déclarèrent individuellement et collectivement que leur plus vif désir était de voir la restauration du roi, dans le mode que je venais d'exposer, et que ce qu'ils disaient là était aussi le désir du gouvernement provisoire.

« Dans le cours de la conversation, les commissaires établirent que les assemblées n'avaient proclamé Napoléon II qu'en vue des officiers et des soldats, qui étaient venus à Paris en tel nombre, que l'on aurait eu à craindre une guerre civile si cette mesure n'avait pas été adoptée.

« Pendant que nous discutions sur les conditions à proposer au roi... je reçus de sir Charles Stuart la déclaration du roi du 28, contre-signée par Talleyrand, et je la communiquai aussitôt aux commissaires.

« Je leur dis alors que je ne pouvais davantage prendre sur moi de suspendre les opérations militaires, afin de leur donner le temps de prendre leurs mesures pour rappeler le roi.

« Plus tard, à Louvres, je leur dis que, selon mon opinion, il n'y avait pas d'espoir de paix pour l'Europe si une autre personne que le roi était appelée au trône; que tout autre devait être considéré comme un usurpateur, quel que fût son rang et sa qualité; qu'il s'efforcerait, pour couvrir son défaut de titre, de détourner le pays vers la guerre et les conquêtes étrangères... et que je pouvais les assurer que j'emploierais toute mon influence sur les souverains alliés pour les inviter à prendre d'autres garanties de la paix que le traité lui-même.

« A quoi les commissaires répliquèrent qu'ils me comprenaient parfaitement; et quelques-uns ajoutèrent : *Et vous avez raison!* »

(*Dispatches*, vol. XII, p. 534.)

XV

PROCLAMATION.

La Commission de gouvernement aux Français.

. . . .

« ... Français, la paix est nécessaire à votre commerce, à vos arts, à l'amélioration de vos mœurs, au développement des ressources qui vous restent : soyez unis, et vous touchez au terme de vos maux. Le repos de l'Europe est inséparable du vôtre ; l'Europe est intéressée à votre tranquillité et à votre bonheur.

« Donné à Paris, le 5 juillet 1815.

« Le président de la Commission,
« *Signé :* Duc d'Otrante

« Par la Commission du gouvernement,
« Le secrétaire adjoint au ministre secrétaire d'État,
« F. Berlier. »

XVI

CONSEIL DE GUERRE A LA VILLETTE.

Questions et réponses.

D. Quel est l'état des retranchements et leur armement, tant sur la rive droite que sur la rive gauche?

R. L'état des fortifications et de leur armement sur la rive droite de la Seine, quoique incomplet, est en général assez satisfaisant. Sur la rive gauche, les retranchements peuvent être considérés comme nuls.

D. L'armée peut-elle défendre toutes les approches de Paris, même sur la rive gauche de la Seine?

R. Elle le pourrait, mais non pas indéfiniment. Elle ne doit pas s'exposer à manquer de vivres et de retraite.

D. L'armée pourrait-elle recevoir le combat sur tous les points en même temps?

R. Il est difficile que l'armée soit attaquée sur tous les points à la fois; mais, si cela arrivait, il y aurait peu d'espoir de résistance.

D. En cas de revers, le général en chef pourrait-il réserver ou recueillir assez de moyens pour s'opposer à l'entrée de vive force dans Paris?

R. Aucun général ne peut répondre des suites d'une bataille.

D. Existe-t-il des munitions suffisantes pour plusieurs combats?

R Oui.

D. Enfin, peut-on répondre du sort de la capitale, et pour combien de temps?

R. Il n'y a aucune garantie à cet égard.

XVII

AFFAIRE DE VERSAILLES. — CAPITULATION.

Parmi tant de calamités, on ne peut être indifférent aux détails de la prise de la ville et du château du grand roi par un détachement de hussards prussiens. Voici le texte de la capitulation :

« L'an 1815, le samedi 1er juillet, sept heures du matin, un détachement d'une colonne de l'armée prussienne s'est présentée au poste de la grille du boulevard Saint-Germain, demandant passage pour une colonne de mille hommes de cavalerie : le commandant du poste a répondu qu'il fallait en référer à M. le maire. Le commandant du détachement ayant été conduit à la mairie à titre de parlementaire, il a déclaré se nommer le baron de Mulhein, lieutenant de l'état-major de l'avant-garde du 4e corps de l'armée prussienne, et a demandé le passage par Versailles pour une colonne de mille hommes de cavalerie; plus, qu'il soit fourni mille rations d'avoine, mille rations de vivres en pain, viande, eau-de-vie et tabac, et aussi des subsistances pour environ soixante officiers. M. le maire a répondu qu'avant de pouvoir déférer à cette demande, il convenait que M. le général commandant l'avant-garde du 4e corps de l'armée prussienne voulût bien se rendre à la mairie pour y déterminer les conditions de ces diverses demandes. M. le baron de Mulhein s'est retiré en annonçant qu'il allait rendre compte de ces observations à M. le général commandant, et en insistant pour que les fournitures fussent faites.

« M. le baron de Sohr, général commandant l'avant-garde de l'armée prussienne, s'étant rendu à la mairie, il a été arrêté, entre lui et M. le maire de Versailles, assisté de M. l'adjoint en second, de plusieurs membres du conseil et de M. le commandant de la garde nationale, les conventions suivantes, la ville étant privée de chefs militaires et se trouvant sans moyens de défense :

« La colonne prussienne entrera par la grille de Saint-Germain. La garde nationale conservera tous les postes et les armes, et continuera toutes ses patrouilles.

« Les militaires malades et blessés ne seront pas inquiétés, et, après leur guérison, il leur sera délivré des saufs-conduits. La sûreté des personnes, les monuments publics et les propriétés publiques et particulières seront respectés.

« Les hôpitaux civils et militaires, l'école de Saint-Cyr, les manufactures particulières de Jouy et de Bièvre auront des sauvegardes.

« Les militaires prussiens n'exigeront que les vivres de marche.

« D'après ces conditions promises et acceptées par M. le général commandant, la grille de Saint-Germain a été ouverte et l'entrée de la ville de Versailles accordée à la colonne prussienne ; les fournitures demandées ont été accordées.

« Versailles, 1er juillet 1815. »

XVIII

Dans le dix-neuvième volume de l'*Histoire du Consulat et de l'Empire*, M. Thiers affirme que madame de Staël est restée à Paris pendant les Cent-Jours et qu'elle approuvait l'acte additionnel, d'accord avec les publicistes genevois, c'est-à-dire avec M. de Sismondi. Les amis de madame de Staël se sont émus de cette assertion, et il a été prouvé que, loin d'être restée à Paris, elle en est partie le 11 mars. Quant aux espérances de liberté qu'elle pouvait placer dans la conversion de Napoléon, il suffira, je pense, de citer les lignes suivantes de sa correspondance avec la comtesse d'Albany. Le 8 décembre 1815, madame de Staël écrivait de Pise :

« Je suis de votre avis sur Sismondi. C'est un homme de la meilleure foi du monde. *Nous avons eu des querelles terribles par lettres sur Bonaparte ; il a vu la liberté là où elle était impossible.* Mais il faut convenir aussi que, pour la France, tout valait mieux que l'état où elle est réduite actuellement. »

Et, le 20 décembre 1815 :

« J'ai dit à Paris, quand la nouvelle de cet affreux débarquement de Bonaparte, est arrivée :

« S'il triomphe, *c'en est fait de toute liberté en France;* « s'il est battu, c'en est fait de toute indépendance. »

« N'avais-je pas raison? Et ce débarquement, à qui s'en prendre? Se pouvait-il que l'armée tirât sur un général qui l'avait menée vingt années à la victoire? Pourquoi l'exposer à cette situation? et pourquoi punir si sévèrement la France des fautes qu'on lui a fait commettre? J'aurais plutôt conçu du ressentiment en 1814 qu'en 1815; mais alors on craignait encore le colosse abattu, et, après Waterloo, c'en était fait. Voilà ma pensée entière... Ai-je raison? C'est à votre noble impartialité que j'en appelle [1].

« N. DE STAËL. »

Les fonds publics montèrent, après Waterloo, de dix francs en dix jours; un franc de hausse à chaque étape des ennemis! Singulière perturbation, que je ne puis qu'indiquer ici, entre les lois du crédit et celles de l'indépendance nationale.

[1] Ces lignes sont extraites des lettres publiées, pour la première fois par l'un des critiques les plus judicieux et les plus élevés de notre temps, M. Saint-René Taillandier, dans son ouvrage sur *la Comtesse d'Albany* (un vol. grand in-18, Michel Lévy frères, 1862). Combien il est à désirer que nous ayons aussi connaissance des lettres où se livraient ces *querelles terribles* entre madame de Staël et M. de Sismondi!

FIN

ERRATUM

Page 366, ligne 2 : *au lieu de* Nantes, *lisez :* Nevers.

TABLE

PREMIÈRE PARTIE.
LES HISTORIENS DE L'EMPIRE.

I.	La fatalité..	1
II.	La légende et l'histoire........................	7
III.	Principes des campagnes de 1812, 1813, 1814...	14
IV.	Relations écrites par Napoléon. — Les historiens récents..	25
V.	Restauration de 1814...........................	39
VI.	Retour de l'île d'Elbe. — L'acte additionnel.......	45
VII.	Plan de campagne. — État militaire de la France.....	55
VIII.	Composition et situation des armées françaises, anglaises et prussiennes................	62
IX.	La Belgique au point de vue stratégique. — Cantonnements anglais et prussiens.............	72

DEUXIÈME PARTIE.
LIGNY ET LES QUATRE-BRAS.

I.	Ouverture de la campagne. — Passage de la Sambre...	79
II.	Examen des reproches adressés au maréchal Ney dès l'entrée en campagne..................	92
III.	Retards du duc de Wellington. — Concentration de l'armée prussienne. — Temporisations de Napoléon.......	106
IV.	Plan de bataille de Napoléon..................	115
V.	Bataille de Ligny...............................	123
VI.	Mouvements et contre-marche du corps de d'Erlon. — Quelle en fut la cause?................	135
VII.	Les Quatre-Bras................................	139
VIII.	Retraite des Prussiens. — D'où vint l'inaction de Napoléon dans la matinée du 17? — Instructions données au maréchal Grouchy.............	155

IX. Retraite du duc de Wellington sur Mont-Saint-Jean. . . . 173
X. Nuit qui précède la bataille.. 179
XI. Ordre de bataille des deux armées. — Plan de Napoléon. . 187

TROISIÈME PARTIE.

WATERLOO.

I. Première phase de la bataille. 203
II. Changement du plan de bataille. 218
III. Grouchy entend le canon de Waterloo. — Gérard conseille de marcher au feu. — Pourquoi ce conseil est repoussé. 236
IV. Suite de la bataille. — Intervention du corps de Bulow. . . 247
V. Les deux attaques de la garde. 254
VI. Irruption du corps de Ziethen. — Marche en avant de l'armée anglaise.. 265
VII. Suite. — Défense de Planchenoit par Lobau. 276
VIII. Poursuite de nuit. 280
IX. Résumé des opinions émises sur la bataille de Waterloo. . 287
X. Examen des jugements portés sur la conduite du maréchal Grouchy. — Conclusion. 297

QUATRIÈME PARTIE.

L'ABDICATION.

I. Combats de Wawre. — Retraite de Grouchy. 311
II. Retour de Napoléon au palais de l'Élysée.. 324
III. Abdication.. 332
IV. Projets de Napoléon.. 338
V. Le ralliement de l'armée. 345
VI. Marche de l'ennemi sur Paris.. 351
VII. La chambre des représentants.. 358
VIII. Fouché.. 366
IX. Napoléon à la Malmaison. 372
X. Négociations.. 380
XI. Investissement de Paris. — Affaire de Versailles. 388
XII. Conseil de guerre. — Convention de Paris. 394
XIII. L'invasion. — Seconde Restauration.. 402
XIV. Napoléon à Sainte-Hélène. 407
Notes. 411
Pièces justificatives. 419

PARIS. — IMP. SIMON RAÇON ET COMP., RUE D'ERFURTH, 1.

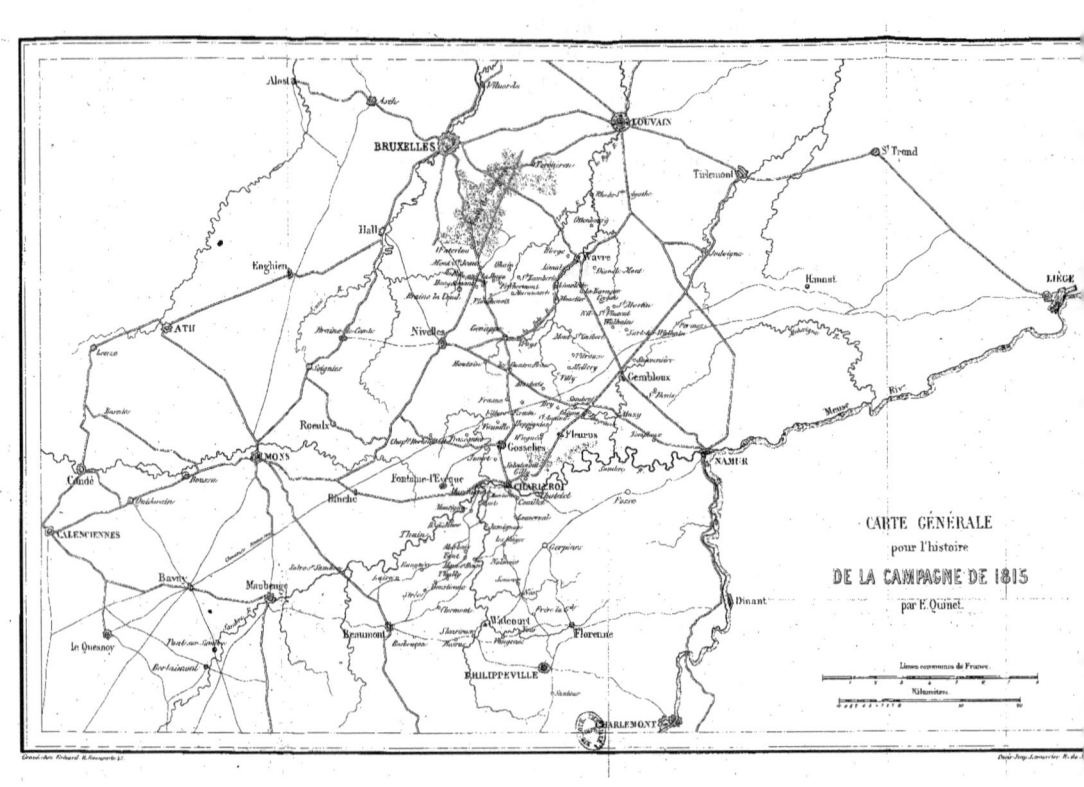

www.ingramcontent.com/pod-product-compliance
Lightning Source LLC
Chambersburg PA
CBHW070537230426
43665CB00014B/1726